DU ROLE AUXILIAIRE

DE LA

LITTÉRATURE

DANS LE MOUVEMENT SOCIAL

JULIEN LE ROUSSEAU

DU ROLE AUXILIAIRE

DE LA

LITTÉRATURE

DANS LE MOUVEMENT SOCIAL

LA MORT DE LOUIS D'ORLÉANS

LE MONDE DRAMATIQUE

« Désormais toute littérature, pour
avoir de la valeur, sera scientifique. »
PHILARÈTE CHASLES.

PARIS

E. DENTU, LIBRAIRE-ÉDITEUR

PALAIS-ROYAL, GALERIE D'ORLÉANS, 15

1876

A

MONSIEUR

HIPPOLYTE PASSY,

MEMBRE DE L'INSTITUT,

ANCIEN MINISTRE

DU ROLE AUXILIAIRE

DE LA

LITTÉRATURE

DANS LE MOUVEMENT SOCIAL

Un fait qui caractérise invariablement les phrases de déclin des périodes humanitaires, dans le double mouvement de décomposition directe du système social présent et de préparation indirecte de celui qui devra suivre, c'est la concordance des dispositions affectives et intellectuelles constituant la moralité particulière des générations.

Durant ces évolutions, dont l'issue est toujours voilée, dont les éventualités sont plus ou moins menaçantes, les esprits, les consciences, les espérances se troublent, se déconcertent, s'affaiblissent. Comme on n'aperçoit point de but déterminé, que l'on doute de ce qui pourra être, que l'on ne se sent plus qu'une destinée instable, on ne vise point l'avenir; on ne lui fait pas volontiers crédit de son travail, de ses efforts, de ses ambitions. On s'ennuie, on se dégoûte de tout. En effet, s'il n'y a point de lendemain, ni de la vie, ni de la mort, à quoi bon prendre souci de sa fortune dans le temps, de son immortalité au delà ? Les soins, les fatigues, ne sont-ils pas en ce cas, de la démence, et la jouissance la sagesse ? C'est aussi ce que pensent nos générations contemporaines.

Dès-lors, sans respect pour l'autorité sociale, pour les règles de conduite qui ont dirigé jusqu'ici, au nom d'impérieuses nécessités d'ordre, celles qui les ont précédées, elles secouent le joug du devoir, pour s'abandonner aux ivresses de la liberté, de *cette liberté qui s'exagère, se déprave, crée des monstres et se tue* (1). Plus d'études sérieuses, d'application constante en vue d'une carrière utile. S'affranchir, s'appartenir, s'amuser, abuser des autres, de soi-même, telles sont les impulsions dominantes qu'il ne faut ni contenir, ni gêner (2).

Et, non-seulement rien ne doit faire obstacle à cette émancipation prématurée, mais tout , littérature ,

---

(1) Philarète Chasles, *la Psychologie sociale*, p. 87.

(2) « Maintenant en France, tout le monde veut bien vivre, bien s'amuser et ne pas beaucoup travailler. » (*Rapport des ouvriers horlogers en pendules sur l'exposition de Vienne* 1873.)

« Hélas ! dit à ce propos le docteur Ch. Pellarin, dans son examen du rapport de la commission parlementaire d'enquête sur les conditions du travail en France; hélas! cette disposition, très-naturelle d'ailleurs, n'est pas propre seulement aux ouvriers; c'est la tendance générale. Des plus hauts rangs jusqu'aux derniers, chacun veut mener joyeuse vie, sans se donner de peine. C'est la grosse difficulté que présente de nos jours le problème social, et pour le résoudre en plein, il ne faut pas moins qu'arriver, quelque invraisemblable que cela paraisse, à donner à la production autant de charme qu'à la consommation : en d'autres termes, il faut transformer le travail utile *en fête et en partie de plaisir*. Au point de vue de la remarque très-juste des délégués horlogers, *le travail attrayant, l'utopie des utopies,* devient *une nécessité logique.* C'est aussi la condition *sine quà non* de *la liberté effective pour tous.* » (*La question du travail,* 59, 60. Lib. des Sciences sociales, rue Hautefeuille, 3.)

arts, institutions, doit la seconder, en brusquer l'avénement.

Sans doute le plaisir est la loi de la nature, comme il sera celle du monde social, dès que, comprises et appliquées, les méthodes techniques qui ressortent de la constitution même de l'homme, régleront, combineront convenablement l'activité de ses mobiles et inclinations. Jusque-là, la prépondérance du plaisir pour le plaisir, offrira le grave danger de détourner du travail tel qu'il est actuellement organisé, de réduire la production, d'atteindre les intérêts économiques, de jeter les impulsions natives méconnues dans l'anarchie ; car, à l'incohérence, à la confusion, s'ajoutera un ferment de liberté sauvage, d'égoïsme indisciplinable, qui dépravera les énergies, faussera, énervera tous les rapports, tous les liens.

Les peuples qui possèdent des classes très-contrastées, les unes livrées aux excès du raffinement, au luxe, à la mollesse, les autres, témoins de cet abus du superflu, dévorées par la misère, par l'envie ; les peuples divisés contre eux-mêmes ne sauraient pas plus résister aux agressions de leurs voisins qu'à leurs tourmentes intérieures, et si un pouvoir intelligent de cette situation, si une littérature saine, bien inspirée, s'emparant de l'esprit public, ne les retiennent sur la pente, le mouvement s'accélère, les précipite dans l'abîme (1).

(1) « Si notre France en ces dernières tristes époques a été vaincue, fait observer Philarète Chasles (Ouvrage cité, p. 28, 120.), c'est qu'en admettant des concessions fatales et en désespérant d'elle-même, en méprisant la pensée pour la matière et la conscience pour les jouissances, elle a laissé dépérir sa vie morale... Quand toute une population fait sa Bible des conteurs, elle est perdue. La parole de vie devient une parole de sommeil, et

C'est malheureusement le cas dans lequel se trouve l'Europe civilisée, et la France, plus en ce moment peut-être, qu'aucune autre nation.

Evidemment, elle obéit, comme toutes les familles politiques, comme toutes les races, à ce courant irrésistible qui mène, avec ou sans le concours conscient de l'opinion, à l'accomplissement des faits logiques. Néanmoins, si à défaut d'une orientation sociale certaine, les hommes d'État cherchaient sérieusement le mieux en toutes choses, sans pour cela proscrire ce qui le rend aimable, ils n'encourageraient, en fait d'art, de littérature, que ce qui porterait les esprits à vouloir, à poursuivre ce même but. Ils comprendraient les premiers, que, dans un temps où le devoir n'est plus volontairement accepté, où l'on n'écoute plus guère la raison, où toute obligation légitime est presque regardée comme un attentat contre les prérogatives du citoyen, il y a à chercher, à inventer, pour ramener au travail utile, salutaire, un système nouveau, une science naturelle fondée sur le principe de l'attrait, cette force, cet amour qui meut tout ce qui vit. Ce ne sont point alors les amplifications sonores, mais le plus souvent creuses, de la poésie, de l'éloquence, les banalités d'une morale sans autorité, les protestations du caprice, de la chair, au théâtre ou dans le roman, qu'ils applaudiraient, qu'ils encourageraient, mais les inspirations originales, ingénieuses qui porteraient à introduire dans la pratique indus-

bientôt une parole de mort, surtout chez les races dont l'éducation est mauvaise ou nulle. »

On peut ajouter que les révolutions et guerres sociales dérivent de ces mêmes causes, que l'ignorance politique ne sait ni comprendre, ni combattre.

trielle, dans les relations domestiques, dans les rapports
de sentiment, d'intérêt, cette suprême et universelle
loi de gravitation qui ferait enfin descendre sur la
terre le royaume de Dieu (1).

C'est dans cette direction féconde qu'entreront certainement à un moment donné, l'art et la littérature.
C'est à la lui signaler, à l'y incliner que les intelligences
clairvoyantes, que les âmes généreuses doivent consa-
sacrer dès à présent leurs efforts, dussent-elles ne rencontrer d'abord qu'indifférence, ingratitude. Qu'elles
se rassurent toutefois pour l'avenir : les consciences
répondront à leur appel, la postérité leur fera pleine
justice. Alors que les illustrations officielles ou populaires, le plus souvent dues aux cabales de coterie, seront
depuis longtemps sorties de la mémoire des hommes, les
auteurs, obscurs aujourd'hui, qui auront concouru gratuitement à éclairer, à préparer l'évolution salutaire du
monde, seront glorifiés hautement jusqu'à la consommation des siècles. L'humanité reconnaissante vengera
ainsi l'injure faite aux modestes ouvriers préposés à
l'œuvre providentielle, par les partis alternativement
dominants qui ne recherchent le pouvoir que pour en
confisquer les avantages (2).

(1) « Le balancement esthétique de la vie et du monde est inévitable, fait observer Philarète Chasles, dans l'ouvrage précé-
demment cité, p. 75, 6; la force de gravitation raisonnable et la
force d'attraction créatrice se pondèrent : la liberté fait marcher
l'ordre, l'amour amène la critique... Éternelle et sublime roue,
harmonie plus que divine, dont nous sommes à peine des rayons
infiniment petits, et qui donne le progrès, car elle ne tourne pas
sur elle-même ; elle avance comme un homme marcherait, eût dit
Pascal, le Hamlet des philosophes et des penseurs. »
(2) « La vie des grands hommes offre deux particularités également extraordinaires. Les uns sont acclamés de leur vivant, puis
méconnus, conspués de la postérité. Les fils traînent aux gémo-

On s'étonne du mauvais esprit qui envahit les masses, des doctrines subversives qui inondent les livres et les journaux, des progrès alarmants de la conspiration contre l'ordre établi, des dangers constants de bouleversement. « C'est l'effet inévitable des injustices sociales, toutes les fois que l'autorité les couvre de sa sanction, d'imprimer aux idées un cours fécond en écarts déréglés et subversifs... Examinez une à une, toutes les animosités, toutes les passions haineuses qui font obstacle à l'accord dont les populations auraient besoin pour intervenir pratiquement dans leurs propres affaires, vous découvrirez que toutes ne sont qu'un fruit de quelque infraction ancienne ou actuelle aux règles de l'équité... Noblesse, clergé, gens de robe et d'épée, manufacturiers, marchands, artisans, tous ont subi la fascination des intérêts qui leur étaient propres, et tous ont cherché et trop souvent réussi à obtenir des concessions qui ne leur étaient pas dues.

« Eh bien! cette préoccupation exclusive de ses intérêts particuliers, qui jusqu'à présent a exercé tant d'empire sur l'esprit de chacune des classes sociales, il n'y a pas lieu de s'étonner si elle se montre chez celle de ces classes dont les moyens d'existence consistent principalement en salaires quotidiens, et si elle s'y montre ardente, féconde en erreurs et en passions révolutionnaires.

« Il y a pour ces classes une cause permanente de souffrance et d'irritation. C'est la comparaison qu'elles

nies ceux que leurs pères conduisaient triomphalement au Capitole. Les autres ont eu à subir les insultes, les dédains de leurs contemporains, tandis que la postérité plus juste jette sur leurs tombeaux de tardives couronnes. » J. Darche, *Clé de l'Imitation de Jésus-Christ*, p. 339.

font de leur sort avec celui des autres fractions de la communauté. Tandis que des labeurs rudes et continus les laissent en butte à de nombreuses privations, elles voient des classes plus favorisées par la fortune, jouir des douceurs de l'oisiveté et vivre dans l'opulence. Un tel contraste les choque et les blesse, et il est bien rare que l'impuissance d'en discerner les vraies raisons, ne les conduise à les considérer comme l'œuvre de lois qui ont sacrifié leurs intérêts à ceux des hommes qui les ont faites. Telle est la pensée qui, de tout temps, a surgi et circulé dans leurs rangs, qui en tout temps y a répandu en plus ou moins large mesure la haine des riches, et, de tout temps aussi, le goût des changements et des commotions politiques.

« Aujourd'hui cette pensée agit énergiquement sur les populations ouvrières, et là même où l'égalité civile et politique est complète, elle a acquis plus de vie et de puissance qu'elle n'en avait aux époques antérieures... Chez elles s'est formée la conviction que des lois injustes les privent d'avantages qu'elles ont droit de réclamer et d'obtenir, et jamais leurs dispositions envers l'ordre établi n'ont été aussi manifestement hostiles (1). »

Ces faits ont leur cause dans les vices fondamentaux du régime économique, source naturelle, nécessaire, des lois temporaires et successives, et ne céderont qu'à sa reconstitution sur des bases non plus arbitraires, mais équitables et consenties. En d'autres termes, on ne pacifiera vraiment la société que par l'accord des intérêts, la juste part faite aux passions légi-

---

(1) H. Passy, *Des formes de gouvernement et des lois qui les régissent*, p. 267, 416, 7, 9, Guillaumin et Cⁱᵉ.

1.

times, indestructibles de l'homme, ce qui implique,
au moyen d'une organisation supérieure de l'atelier éco-
nomico-industriel, un accroissement suffisant de ressources au profit de la prospérité commune. Toutefois,
si ce sont là les questions primordiales de la solution
du problème de la mécanique sociale, on ne saurait
trop répéter que l'inspiration de l'État, l'expansion du
droit public, l'élévation morale de ceux qui s'adressent
aux intelligences, peuvent beaucoup pour l'avance-
ment des études sociologiques, pour la découverte ou
l'application prochaine des procédés politico-indus-
triels devenus nécessaires, enfin, pour l'apaisement
des mécontents, le relèvement de l'espoir commun en
un avenir meilleur que le présent.

Lorsque les empires, qui tiennent la tête d'une civilisation, doivent par là même concourir plus spécialement à sa transformation progressive, c'est aux gouver-
nants, s'ils sont à la hauteur de leur tâche, des
circonstances, de modérer les perturbations des phases
de cette métamorphose en poussant aux explorations
utiles tout ce qu'il y a d'exubérant, d'aventureux dans
les tempéraments ardents.

Cette politique très-simple, n'aurait pas seulement
l'avantage d'agrandir les voies de la science, de servir
efficacement le progrès réel, positif, mais encore de
contenir, de discipliner, de mettre en valeur tous ces
éléments passionnés, dont un ignorant dédain, une
étroite prévention, font autant d'ennemis dangereux de
la paix publique, des gouvernements quels qu'ils
soient.

Au lieu de cela, « nous qui aujourd'hui faisons des révolutions et qui ne faisons que cela, savons-nous comment vivent et doivent vivre les peuples, demande

Philarète Chasles? Nous n'en avons pas la moindre idée. Les deux sciences qui nous sont les plus étrangères sont précisément la géographie et l'ethnologie, c'est à dire celles qui nous enseignent quelle est la maison que nous habitons; nous nous contentons de notre chambre; et quels sont les gens qui l'habitent ou l'ont habitée. »

Par ces désignations de géographie et d'ethnologie, c'est évidemment *sociosophie* et *psychologie* qu'il faut entendre pour pénétrer la pensée intime de l'auteur. En effet, quelles connaissances replaceront l'humanité dans ses voies? Celle des conditions qui lui sont propres, et celle qui permet d'établir le rapport de ces conditions avec la constitution naturelle et immuable de l'homme. Les études sociologiques ne sauraient avoir d'autres bases.

Au surplus cette interprétation, l'auteur que nous venons de citer, la fournit lui-même à propos des considérations émises dans l'enquête ouverte pour rechercher les causes de nos derniers soulèvements populaires.

« Il y a, dit-il, une partie, un coin de l'étude dont pas un ne s'occupe. C'est la connaissance des rapports entre les hommes, ou *caractère propre de chacun*, des désirs nourris, des mobiles qui faisaient agir, penser et marcher, des sympathies ou antipathies individuelles, des chocs entre les amours-propres, des *personnalités distinctes*, de l'effet produit sur chaque nature par le métier exercé, ou le milieu dans lequel on a vécu. Chacun des déposants a vu les masses; et pas un d'entre eux qui n'ait dit : « Je ne les comprends pas!» Ce qui leur échappe, c'est le roman, ou si vous l'aimez mieux, *la conception analytique de l'homme. L'homme est cependant mis en jeu dans ces redoutables crises.* » (1).

« En pareille matière, c'est aux faits, et aux faits tels que l'histoire les montre, qu'il faut demander les informations que nécessite le succès des recherches. Les faits sont le produit, la résultante du jeu combiné des *aspirations, des besoins, des sentiments, des passions, des mobiles divers auxquels l'humanité obéit;* en d'autres termes, *l'expression la plus complète et la plus réelle des véritables lois de la nature.* En négliger l'observation, en récuser l'autorité, c'est la condamner à marcher à l'aventure, au risque inévitable de faire fausse route...

« A dire vrai, telle est la faute qui a pesé jusqu'ici le plus dommageablement sur le progrès des sciences sociales et politiques. Au lieu d'étudier l'homme dans *les manifestations les plus générales et les plus constantes de son activité,* de demander à ses œuvres ce qu'il est en réalité, la plupart des publicistes l'ont fait tel qu'à leur avis il devrait être. Dédaignant ou méconnaissant les leçons de l'histoire, ils ont prêté à certains de ses penchants plus de force qu'ils n'en possèdent, retiré à d'autres une partie de celle qui leur appartient, attribué à quelques-unes de ses aptitudes et de ses qualités une prédominance trop exclusive, et, de données en partie imaginaires, sont sorties des conceptions d'ordinaire inexactes et trop souvent chimériques (2). »

Cette politique tirée des entrailles de l'âme humaine, inspirée d'en haut, soutenue en bas par tout ce qui

(1) *La psychologie sociale,* p. 99, 160.
(2) H. Passy, ouvrage cité, p. v, vi.

s'intéresse sincèrement au sort des peuples, à la puissance de l'État, cette politique serait bientôt accueillie, recommandée, acclamée dans les diverses branches de la littérature, qui ne répondraient plus seulement à de simples tendances de curiosité, d'amusement puéril, de réalisme corrupteur, mais aux grandes et universelles passions du vrai, du beau, du bien, à l'usage de tous. Surgirait alors, comme on l'a vu à toutes les époques favorisées d'une impulsion progressive, un art grandiose, sublime, à la fois lumière et chaleur de l'opinion. Toutes les forces vivantes du pays, corps politiques et savants, penseurs, artistes, vulgarisateurs, rivaliseraient de zèle pour exalter les sentiments, l'imagination au profit de la justice, du bonheur social. Le théâtre, le roman ne se fourvoiraient plus dans l'impasse des amours libres, de l'adultère, des subversions temporaires que l'on suppose définitives : erreurs qui déroutent la raison, vicient le sens moral, découragent l'honnêteté.

Au contraire, dans l'étude expérimentale des passions, dans la foi au milieu tutélaire, bienfaisant, qu'elle peut édifier, dans l'élan général qu'elle imprimerait aux âmes vers un but d'harmonie, d'unité, les auteurs rencontreraient des thèses, des caractères, des incidents, des effets non moins intéressants qu'imprévus, non moins moralisateurs qu'instructifs ; en un mot, au côté analytique, au divin idéal, qui ont jusqu'ici constitué le principe, l'objet de l'art, s'ajouterait la notion organique et progressive, complément synthétique de toute œuvre achevée.

Non seulement tous les peuples créent leur littérature spéciale, mais ils la modulent suivant les dons de leur génie essentiel, la direction qu'imprime à leur

destinée celui-ci, comme ils lui imposent aussi, à un
moment, le cachet de leur décadence. D'où il suit que
le sentiment commun donne seul aux langues le caractère, l'expression, l'accent qui conviennent à la nature
des idées, des aspirations, qui tendent à l'élévation
des conditions sociales. Et lorsque la confusion germe,
se développe après l'apogée d'une civilisation, de manière à produire la fermentation nécessaire à un nouvel essor, ce trouble se réfléchit dans la pullulation des
mots, dans l'indécision, le vague de l'épithète, dans les
formes du style, jusqu'à ce qu'il se dégage de ce chaos,
un vocabulaire plus précis, plus étendu, plus abondant.
C'est ainsi, par exemple, que « la littérature proprement dite, paraît aujourd'hui s'étioler en Europe, parce
que l'énergie humaine se porte sur un grand nombre
d'autres points : les sciences, *la reconstitution des sociétés, l'emploi des sources vives de la nature, appliquées à des besoins toujours croissants.* » Ce travail
de diffusion altère, dérange momentanément la plastique beauté, la limpide élégance du langage ; mais il
les ressaisit bientôt au sein d'une plus grande opulence.
« Désormais toute littérature, pour avoir de la valeur,
sera scientifique. Sa forme même deviendra simple.
L'exagération passera, la vérité se manifestera. En
critique, il faudra l'impartialité la plus complète ; en
histoire, l'appréciation la plus juste des documents
réels ; en tout, il faudra le vrai (1). »

En matière d'art ou d'idéal, ajoutons que cette vérité réside entièrement dans l'intuition du principe
métaphysico-analogique qui fait la valeur expressive de
toute manifestation phénoménale. C'est là, en effet, ce

(1) *La Psychologie sociale*, p. 90.

qui constitue la poésie dans le domaine de la pensée, dans la rencontre des images, dans la personnification des créations naturelles.

Nous n'avons pas assurément la prétention de présenter dans les essais qui suivent, un modèle du genre, mais tout au plus une indication pratique dans le sens le plus compréhensif des doctrines rationnelles. Nous n'avons pas voulu davantage faire de la théorie méthodique dans nos considérations préliminaires. C'eût été soumettre le lecteur à une étude sans doute rebutante. Toutefois, sans insister sur une façon particulière de concevoir la fonction sociologique de la littérature en général, ni sur une question de système toujours controversable, quant aux procédés qui peuvent y répondre, nous nous sommes pourtant attaché, sans diminuer ni trop embarrasser l'intérêt, espérons-nous, à signaler tout ce qui peut porter au désir de rectifier les données de la poétique, d'élargir le cadre dans lequel se meuvent, se jouent les passions, ces forces intelligentes qui engendrent les péripéties infiniment variées du drame humain.

LA MORT

DE

LOUIS D'ORLÉANS

CONSIDÉRATIONS PRÉLIMINAIRES

LA MORT

DE

LOUIS D'ORLÉANS

CONSIDÉRATIONS PRÉLIMINAIRES

I

Le goût des épisodes dramatisés est tellement répandu de nos jours, malgré l'abaissement de la littérature qui s'y consacre, que l'on peut, ce semble, espérer se faire pardonner un essai de cette nature, moyennant qu'il présente quelque intérêt.

Et si, à cette première condition, s'ajoute une étude
sérieuse des passions et mobiles des personnages de
l'action, peut-être cet intérêt sera-t-il suffisamment
justifié.

Sans doute, une interprétation savante, soutenue
d'une mise en scène appropriée aux tableaux des événements, donnerait à cette ébauche une vie, un mouvement que ne saurait comporter son seul texte. Cependant ceux qui cherchent dans ces lectures autre chose
que de vains effets, y trouveront du moins d'utiles
notions.

En tout cas, l'auteur n'inclinant pas à poursuivre, auprès des entreprises théâtrales, un accès impossible, n'avait d'autre alternative que d'enfouir son manuscrit dans ses cartons ou de le publier sous forme de livre. Le lecteur jugera s'il a eu tort ou raison d'obéir à ce dernier parti.

—

Ainsi qu'on commence à le reconnaître généralement, c'est aux circonstances qui n'ouvrent le théâtre qu'aux auteurs d'*affaires*, favorablement accointés, et le ferment impitoyablement à ceux qui ne le sont point, qu'il faut surtout attribuer la décadence dramatique. Elle ne s'arrêtera que devant une institution fort simple, qu'auraient dû imaginer depuis longtemps ceux qui ont mission de protéger l'art ou en ont conservé le culte.

En raison de son organisation, même dans les établissements subventionnés par l'État, le théâtre ne peut guère accueillir que les pièces d'auteurs connus, réputés, conséquemment plus ou moins inféodés aux préjugés vulgaires. Influence commerciale du nom, exploitation des fantaisies puériles, des penchants sensuels de la foule, tels sont à peu près, en effet, aujourd'hui les seuls éléments de prospérité. Pourquoi y renoncerait-il, en faveur de mérites tout au plus appréciés d'une imperceptible minorité de délicats?

Tant qu'il n'existera pas à côté de ce régime, trop conforme à la confusion, à l'incohérence caractéristique de toutes choses, un contrepoids, non de concurrence ou restrictif de sa liberté, mais, au besoin, profitable aux intérêts de ceux-là mêmes qui le subissent à travers de si grands risques, il faudra prendre son

parti d'une dégénérescence qui envahit, aussi bien que
les scènes secondaires, celle qui devrait leur servir de
modèle, et qui, pour cause de recettes, ne recrute plus
son répertoire courant qu'au moyen d'ouvrages longtemps et justement dédaignés de ceux qui, jusqu'ici,
avaient fait respecter ses grandes traditions.

« Faire de l'argent étant devenu le dernier mot de
l'art dramatique, rien, au premier abord, ne semblerait plus inutile et plus déplacé que de gémir d'un état
de choses dont le public des théâtres prend si allègre-
ment son parti. La maison de Molière n'est supérieure
au Gymnase, aux Variétés, au Vaudeville, que par
ses traditions et sa subvention, et même avec ces avantages, ne la voit-on pas aborder leurs genres, en attendant que, par désespoir d'égaler leurs succès, elle fasse,
— patience cela viendra, cela vient même — concurrence par certains points plastiques, aux Bouffes, à la
Gaîté et à la Renaissance (1). »

Subventionnés ou non, les théâtres sont aujourd'hui
des opérations purement mercantiles. Il faut, dans l'intérêt commun des directeurs, auteurs, artistes, qu'ils
attirent la foule qui verse l'argent, crée un simulacre
de succès, donne aux œuvres une plus value, dont les
ministres se croient alors tenus de faire état ; car, dans
notre monde d'ombres, de mensonges, où tout s'enchaîne
se relie, comme s'il reposait sur un système vrai, ce
n'est point le mérite, mais son semblant qui réussit.
Le succès, quel qu'il soit, surpris, escamoté, fonde
donc la fortune des entrepreneurs, la réputation des comédiens, la célébrité des auteurs, invariablement confirmée par des distinctions plutôt destinées, parait-il,

(1) François Duclos, *Figaro* du 30 mars 1874.

à ce qui semble valoir qu'à ce qui vaut. Dès-lors, il
ne s'agit plus de savoir s'il existe, derrière les par-
venus, des hommes de talent, d'avenir, que l'on puisse
aider à honorer l'art, le pays ; pas davantage s'il est
présenté aux directions subventionnées, des œuvres fortement conçues, littérairement formulées. On ne songe
point à prendre ce souci, on laisse faire, on laisse aller
dans ce pêle-mêle d'intrigues où, comme dans l'arène
politique, ne percent, sauf rare exception, que les audacieux, les seuls qui comptent, avec qui l'on croit devoir compter.

D'après un article de renseignements publié par
M. Adrien Marx (1), sur le comité de lecture de la Comédie française, travail sur lequel nous reviendrons ailleurs
on peut juger des chances que rencontrent les auteurs
inconnus qui ont la naïve témérité de vouloir aborder ce
théâtre, sans être, non patronnés, mais *imposés* par un
chef d'État ou tout au moins par un puissant ministre.

En admettant la compétente impartialité, la bienveillance des trois lecteurs auxquels sont d'abord remis les
manuscrits des auteurs non accrédités, on se demande
lors même qu'ils auraient le dangereux courage de renvoyer au comité, des ouvrages qui n'y rencontreraient
sans doute que dédain, comment ces premiers juges
seraient assez... impolitiques pour entrebâiller la porte
à des intrus, susciter des concurrents aux gros bonnets
de l'endroit, pour embarrasser enfin l'administration,
qui nécessairement, à défaut de pièces nouvelles de ses
faiseurs, préfère exploiter de fructueuses reprises, plutôt que de tenter des aventures littéraires éventuelle-
ment incertaines.

(1) *Figaro* du 13 novembre 1875.

Si les lecteurs du théâtre Richelieu doivent penser ainsi et agir en conséquence, rencontrera-t-on de meilleures dispositions de la part de son administrateur et des membres de son comité? Ceux-ci sont bien autrement engagés encore vis-à-vis des fournisseurs habituels et des intérêts financiers de la maison. Ces fournisseurs sont leurs amis, les dépositaires de leur confiance, de véritables collaborateurs, de plus, les dispensateurs des rôles à effet, bâclés à la mesure des chefs d'emploi, et d'ailleurs les premiers mobiles des recettes sûres ou probables. Iront-ils compromettre tout cela pour un monsieur qui leur est parfaitement indifférent, qui, n'ayant peut-être rien fait représenter, ne doit, ne peut avoir pour eux aucun mérite? Les douze ou quinze ans de sommeil de *la Fille de Rolland*, dans les cartons de la Comédie française, répondent péremptoirement à cette question. Il a fallu, non un lettré, mais un artiste peintre à la tête de notre premier théâtre, pour l'en tirer. Cependant, M. de Bornier n'était ni sans titres, ni sans relations.

Est-il besoin d'ajouter maintenant que les sociétaires et administrateurs de la Comédie Française, participant aux bénéfices de l'entreprise, ce qui logiquement devrait exclure toute idée de subvention, ne peuvent vouloir, autant que possible, opérer qu'à coup sûr dans le choix des pièces à monter, et qu'ils s'en tiendront, par là même, à la clientèle de leurs auteurs privilégiés? Il tombe sous le sens, à moins, encore une fois, d'intervention souveraine, qu'ils ne laisseront pas même approcher un sur cent, sur mille, des manuscrits des malheureux poètes sans appui. Nous fournirons là-dessus, dans un autre travail, des données statisti-

ques qui prouveront que M. Marx est loin d'avoir tout
su ou qu'il n'a pu tout dire.

Il y a toutefois, dans son article, soit sur la responsabilité des comédiens-jurés, soit sur la portée de leur
critique, soit sur les éventualités d'ambition, de vanité
qui les dominent, soit enfin sur l'impression des lectures
plus ou moins bien faites, des aperçus qui autorisent
suffisamment de conclure à la complète illusion d'un mode
d'épreuve qui n'est qu'une véritable comédie au delà des
coulisses, fiction à l'usage des simples qui croient que
la justice, absente du monde réel, peut s'être réfugiée
précisément là où tout n'est qu'artifice et subterfuge.

Comptera-t-on avec plus de raison sur le commissaire-
administrateur ? Ne fût-il pas, par situation, nécessairement opposé à la formation d'auteurs nouveaux, ceux
qui l'entourent pouvant toujours l'évincer, s'il menace
leurs intérêts ou leur orgueil, que sa participation dans
l'excédant des recettes sur les dépenses, lui interdirait
toute expérience littéraire.

Il est donc évident, comme on le démontrera plus
tard, que l'organisation administrative du Théâtre
Français et, en particulier, de son comité de réception,
sont les premiers et insurmontables obstacles au progrès, même à la stabilité du niveau de la grande littérature dramatique ; et que, s'il est difficile, impossible
d'améliorer ce vicieux système, il faut alors, encore
une fois, fonder en dehors de lui, une institution ouverte, accessible à chacun, à ses risques et périls,
inoffensive pour l'autorité, les intérêts des théâtres subventionnés, comme aussi pour la liberté des entreprises
particulières, entièrement maîtresses chez elles (1).

(1) A l'Odéon, second théâtre français, également subventionné

A ces imputations d'organisation administrative défectueuse du théâtre en général et de favoritisme ministériel qui en consacre les abus, on ne manquera pas d'opposer qu'il en est ici, pour les situations à conquérir, comme de la lutte pour la vie dans l'ordre naturel, où les forts l'emportent finalement; qu'il n'y a, dès lors, dans les préférences directoriales, ainsi que dans les encouragements officiels qui les ratifient, qu'une légitime sanction. Cette doctrine peut être commode, légère surtout aux consciences qui mettent le bon plaisir au dessus des devoirs de l'équité. Toutefois, elle n'est ni opportune, ni conséquente, en ce qu'elle abandonne, en définitive, au vulgaire incompétent, le jugement de questions qu'il n'appartient qu'aux esprits distingués de décider. Ce ne sont plus, en effet, les gens d'étude, de goût, qui prononcent en pareille matière, mais uniquement la masse obtuse, égarée par les impressions, les

au profit exclusif des directeurs qui, de notoriété publique, empochent personnellement les fonds alloués par l'État, le nombre des manuscrits présentés est, en moyenne, dit-on, de 250 à 300 (*Figaro* du 8 septembre 1874). Ces manuscrits étaient encore répartis en 1874, entre MM. Édouard Thierry, Michel Masson et Alphonse Royer, chargés de leur examen préalable. Ces messieurs, en admettant qu'ils pussent lire avec quelque soin, offraient-ils toutes les garanties désirables pour ce travail? On peut se le demander. Ce qu'il y a de certain, c'est que, à part quelques pièces d'auteurs, affranchis de cet aréopage, ce théâtre trop richement doté, n'a ouvert ses portes à aucune personnalité nouvelle. Des trois cents auteurs qui se présentent annuellement à l'Odéon, aucun n'offrirait donc le moindre espoir, ou, s'il en était autrement, la direction de ce théâtre ne serait alors qu'une sinécure, sans autre raison d'être que le bon plaisir ministériel. On devait croire, sous le contrôle des mandataires du suffrage universel, que cette dépense en pure perte serait biffée. La maintient-on sous prétexte d'école pratique de haute comédie? Pour les rares sujets qui en sortent, soixante mille francs par an, c'est bien payé.

caprices des temps. Ici encore, comme sous l'absurde loi du nombre, ce sont ceux qui devraient suivre qui dirigent, ceux qui devraient diriger qui suivent. Quand personne n'ignore l'influence de l'opinion, des mœurs sur le sort des empires, est-ce bien à ces hasards qu'il convient d'abandonner les destinées d'un art qui s'adresse quotidiennement à la foule, surtout quand cette foule, tourmentée d'aspirations contraires, affolée de la passion du changement, ne distingue plus entre le progrès et l'anarchie. Les gouvernements ne sentent-ils pas que le théâtre, essentiellement radical en psychologie, conséquemment révolutionnaire en morale (1), en politique, en administration, doit au moins tempérer ses con-

(1) Sans se rendre bien compte de cette vérité, de l'influence transformatrice de cet inévitable fait sur les mœurs, on a voulu, ne voyant que son sensualisme subversif, essayer dans ces derniers temps de lui opposer au moins une protestation en instituant un *théâtre moral*. C'était un double contre-sens. Demander au théâtre de se coordonner aux notions morales du moment, de *ne point nuire aux mœurs*, selon l'expression naïve de M. Paul Féval (*Le théâtre moral*, p, 18,) c'est. en effet, lui interdire de fouiller la nature humaine, d'en dégager les instincts, les sentiments essentiels des préjugés ou des nécessités temporaires qui les oppriment à un certain moment. Mais on ne saurait châtier des mœurs définies et vraies. Cette action implique donc leur imperfection relative, et comme celle-ci ne se rectifie que par l'intelligence, la possibilité du mieux, il s'ensuit que la moralité ou; si l'on veut, l'immoralité dramatique doit explorer, pénétrer sans relâche les profondeurs de l'âme. L'auteur qui s'arrêterait dans cette tâche, s'en tiendrait aux seuls effets actuellement connus des passions, s'inclinerait devant les derniers arrêts de la casuistique, cesserait aussitôt d'intéresser les esprits sérieux, comme on le voit, par exemple, pour le répertoire contemporain, dont les reprises réveillent à peine l'attention d'un rare public. Aussi est-ce bien plus à l'inanité psychologique des œuvres, inanité qui se réfléchit naturellement dans l'interprétation, qu'à la frivolité de la génération, qu'il faut attribuer le triomphe de l'opérette, des pièces à femmes ou à petits traits d'esprit.

ceptions, ses thèses, ses théories par la hauteur des sentiments, la bienfaisance des principes, la pureté, la noblesse du langage, sous peine de fausser en le brusquant, le développement de la sociabilité? Assurément, il faut bien accorder au théâtre toute latitude dans le choix des sujets, des éléments de composition au moyen desquels il poursuit, consciemment ou non, l'accomplissement de cette tâche ; mais l'autorité sociale ne saurait oublier qu'il lui incombe, à elle, de maintenir l'ordre dans la gravitation des forces morales du monde ; et si ses dépositaires, malencontreusement absorbés par d'autres préoccupations, ne peuvent ni veiller, ni faire veiller à ces soins, ils doivent au moins témoigner de l'utilité de procurer aux œuvres susceptibles d'honorer l'art, de servir efficacement la science, des chances d'être interprétées quelque part.

Il n'est pas nécessaire pour cela d'entraver, de gêner plus qu'elles ne le sont par la censure, les exploitations théâtrales, encore moins de charger le budget de ces primes, toujours arbitrairement allouées aux protégés des jurys formés à cet effet, ainsi qu'on l'a vu pour de pitoyables pièces d'auteurs dont le mérite balançait la moralité (1). Il suffit de permettre, en dehors de toute immixtion de l'État, aux producteurs dramatiques, repoussés par les directions, d'arriver, par ailleurs, sur une scène fondée spécialement dans ce but, à la con-

(1) Parmi les pièces couronnées comme moralisatrices sous le second empire, qui, s'il ignorait parfois comment améliorer, en avait du moins, par son chef, la constante préoccupation, on peut citer celle du *Luxe*, de M Jules Leconte, imposée par une haute influence à la Comédie française où elle tomba très-justement. L'œuvre était misérable, sans autorité par les précédents et l'existence sybaritique de son auteur; aussi décerna-t-on à celui-ci le prix Montyon !

naissance, au jugement de ceux qui peuvent entendre
à la conservation, au progrès de cette branche de littérature (1).

Quant à ces encouragements, souvent peu enviables,
prodigués aux spéculateurs en scandales, que les gou-
vernants de tous régimes les continuent, s'ils considè-

(1) Ce moyen déjà indiqué dans notre ouvrage intitulé : *Progrès
de la littérature dramatique par le libre concours des auteurs nouveaux*,
sera développé, dans ses voies pratiques, à la suite d'une minutieuse enquête sur les circonstances qui président à la réception,
à l'exécution des œuvres représentées.

M. Ballande qui avait annoncé, il y a quelques années, l'intention de fonder un théâtre d'essai, principalement pour lui-même,
a-t-on dit, a tenté dernièrement (mai 1876) de reprendre l'idée
au compte de l'État. On doit s'étonner, eu égard à la sollicitude
de nos ministres républicains, ou du moins de la République,
pour tout ce qui touche au cabotinage, que la demande de subvention de M. Ballande, pour la réalisation de son projet, n'ait
pas été accueillie.

La dépense eût été évidemment aussi logique, aussi utile que
celles dont on grève le budget au profit de la Comédie-Française et de l'Odéon, qui n'en ont nul besoin, de l'aveu même du
directeur de ce dernier théâtre; mais elle eût assuré de bonnes
rentes à l'intéressant entrepreneur auquel de cruels concurrents
disputent le monopole des matinées dramatiques. Aussi, l'expérience n'est-elle peut-être qu'ajournée.

Toutefois, il est facile de comprendre que, pour réussir, cette
expérience doit se présenter dans d'autres conditions, ne demander
son efficacité qu'au concours volontaire de ceux qui peuvent l'ap-
prouver et à sa seule organisation administrative. Tout au plus
l'État aurait-il à intervenir indirectement au moyen de son personnel d'élèves, qui rencontrerait ainsi dans ce théâtre l'avantage d'un complément d'éducation pratique.

Le *droit* de M. Ballande, à une récompense nationale, n'ayant
pu être admis encore, cet ex-artiste s'est dévoué à augmenter ses
titres à la munificence du gouvernement. Il a donc annoncé, par
missive du 27 juin, *qu'il prenait, à ses risques et périls, la salle Déjazet pour en faire un véritable théâtre littéraire, franchement ouvert
à chaque œuvre de talent,* dont il sera *seul juge.* Réjouissez-vous,
jeunes auteurs : l'infaillibilité descend du dogme à la littérature
dramatique.

rent vraiment, comme on est autorisé à le croire, que l'abaissement du goût, le relâchement des mœurs, l'accumulation des plaisirs abrutissants, sont d'utiles auxiliaires de leur politique d'expédient. Dans l'état de décomposition de la civilisation actuelle, cela tire de moins en moins à conséquence et n'engage nulle-

Un autre novateur, M. Laforêt, a tout récemment aussi sollicité du pouvoir l'établissement d'un *droit spécial* sur *la mutation des œuvres posthumes des auteurs dramatiques*, dont le produit serait réparti en primes *aux directeurs de théâtres qui monteraient des pièces d'auteurs nouveaux*.

Nous ne voyons pas quelle pourrait être l'importance de ces ressources; mais, en valussent-elles la peine, nous voyons moins encore l'avantage qui en résulterait pour la littérature, surtout pour ceux que l'on aurait dessein d'aider à se produire. En effet, cet appât ne porterait nullement les directeurs vers les premiers venus, tout au plus leur ferait-il lire quelques-uns des manuscrits les mieux recommandés. Et pourquoi primer les industriels qui restent toujours maîtres de conduire leur métier comme ils l'entendent? Quelle garantie sérieuse donneraient-ils qu'ils ont réellement rendu à l'art le service qui leur serait payé? Ce serait, s'ils n'avaient leurs fournisseurs attitrés, leur intérêt de chercher, de trouver de bons ouvrages. Pourquoi les encourager, les récompenser de travailler à leur profit? Ce serait, il est vrai, l'extension de cette intelligente tradition qui consiste à n'honorer que ceux qui, arrivés à la notoriété, à la fortune, sont déjà suffisamment rémunérés par leurs succès. Franchement, cette absurdité tient assez de place comme cela. Que l'on subventionne, que l'on distingue des hommes de mérite qui mettent au-dessus de la cupidité l'amour de la science, des lettres et des arts, rien de mieux. C'est ainsi que se passeraient les choses, si ceux qui occupent le pouvoir avaient souci de l'intérêt, de la dignité de l'État, s'ils professaient une politique propre à relever les caractères, à satisfaire la conscience commune; mais leur demander d'étendre encore leur système de favoritisme, déjà si pernicieux pour la moralité publique, c'est tout au moins une idée malheureuse.

D'ailleurs, les pièces d'auteurs nouveaux seront bonnes ou mauvaises. On subventionnera donc les directeurs pour avoir, dans le premier cas, réussi dans leurs opérations, dans le second cas, manqué d'intelligence, de jugement?

Décidément, nos journalistes et amateurs de littérature drama-

2.

ment l'opinion des gens sensés qui savent qu'en penser.
Si ce n'est que la dignité, le progrès de l'art en éprouvent un préjudice, qu'importeraient ces échanges de
bons procédés entre les ministres et leurs amis! Mais
cette impulsion perturbatrice qu'ils impriment ici,
comme en bien d'autres cas, où ils usent et abusent,
sans contrôle, de certaines pérogatives, est aussi fatale
aux lettres qu'à la moralité même des conceptions.
L'expérience prouvant que l'excitation d'une curiosité
malsaine équivaut au succès réel, le prime même dans
l'esprit des chefs de l'administration, les auteurs,
avant tout épris du positif, se gardent bien de manquer
cette aubaine. Les protestations de la conscience publique, les révolutions, qui remplacent les hommes
sans atteindre les institutions, n'ont rien modifié, au
contraire, à ces errements. Tant il est vrai que le mieux,
en toutes choses, ne résulte que de l'initiative coura-
geuse, persévérante des intérêts méconnus, jamais de
ce qu'on appelle à tort les forces dirigeantes, invariablement asservies à la routine.

tique n'ont pas le génie inventif. Pas un seul ne sait concevoir
le moyen, pourtant bien simple, de lui ouvrir une issue de progrès ou même de conservation.
    En face de cette stérilité absolue sur les questions de plaisir,
les seules qui passionnent nos générations, comment s'étonner
que nos politiques de tous partis nous laissent dériver vers
l'abîme des révolutions, faute de comprendre les plus élémen-
taires problèmes sociaux?

II

Ces considérations qui semblent n'appartenir qu'à la critique générale, n'étaient pas inutiles pour empêcher le lecteur de se méprendre sur les motifs qui ont déterminé la publication de cette étude, motifs qui ne tiennent point, comme on le pourrait croire, à des refus multipliés, car elle n'a été soumise qu'à une seule direction, et dans des conditions d'exécution bien différentes de celles où elle se trouve actuellement. Mais, fût-elle aujourd'hui suffisamment scénique, il est douteux qu'elle pût arriver néanmoins à la représentation. Reçue par un directeur étourdi, elle ne tarderait pas à soulever, à la lecture, les protestations des comédiens, qui, à bien peu d'exceptions, n'admettent que les effets connus, convenus, marqués, c'est-à-dire ces formes en usage dans la partie mécanique du métier d'auteur dramatique. Il n'y aurait, de leur part, qu'une voix contre une conception qui, non-seulement ne pivote pas exclusivement sur l'amour, mais ne présente de celui-ci.que le côté sentimental assez indifférent au gros public. — Comment! s'écrieraient-ils, voilà une composition que l'amour sensuel, tangible ne régit point! Comment! pas d'intrigue scabreuse, ouverte-

ment adultère entre Louis d'Orléans et Marguerite de
Hainault ! Aucune de ces péripéties qui constatent les
chutes, caractérisent les passions souillées ! Un amour
chaste ! purement spirituel ! Ce n'est là que de l'amitié
fade ! Que pouvons-nous faire d'une affection innocente,
honnête? Qui s'y intéressera? Où sera l'émotion? Que
va penser notre public? Quelle attitude prendra-t-il
en face de cette situation sans sexe ? (Car c'est surtout
au sexe qu'il faut que le comédien ait affaire). Nous
allons tomber sous l'ennui, sous les sifflets!.... — Pourtant, la pièce n'est peut-être ni mal pensée, ni mal
écrite, eût timidement hasardé le directeur fourvoyé :
Votre grand talent (cliché indispensable pour apaiser
les comédiens) votre grand talent sauvera le reste...
(C'est aussi toujours le seul mérite des acteurs qui fait,
assure en tout, partout le triomphe des œuvres.....
Comme en politique, les ministres à ressources qui sau-
vent chaque jour la patrie). — Qu'importe, répartiraient
en chœur les comédiens, que l'auteur pense, écrive,
soit éloquent, si bon vous semble ! Raison de plus pour
qu'il n'entende rien au théâtre ! Ses idées, son style feront
dormir debout ! Nous paierons, nous, de nos intérêts,
de notre réputation ! Ce ne sont pas ces qualités que
demande la scène ; elle veut des situations, du mouvement, des effets sûrs, empoignants, qui attirent le flot
des curieux, emplissent la caisse des directions, maintiennent la notoriété, la valeur exploitable des artistes.
Voilà le vrai, le solide théâtre, celui qui satisfait tout
le monde dans le présent ! Si l'avenir veut autre chose,
il y pourvoira en son temps : c'est son affaire !

Ces observations incontestablement pratiques, attei-
gnent toujours leur but, et les œuvres malencontreuses
qui les suscitent, sont retournées à leurs auteurs, ou,

sous prétexte de corrections, s'enfouissent dans les cartons pour attendre un tour qui ne viendra jamais (1). Dans l'état des choses, ces directions, sauf la convenance des procédés, sont dans la raison, dans leur droit, en agissant ainsi. Il n'y a pas à leur imposer d'autre conduite que celle qu'elles jugent convenable aux entreprises dont elles [assument seules les risques. S'il y a là un grave préjudice pour l'art, c'est à ceux qui croient à l'importance de sa mission dans les sociétés policées à prendre les mesures nécessaires pour en sauvegarder le principe, l'avenir.

En attendant, au point de vue esthétique, et relativement à l'étude qui suit, il peut être intéressant pour ceux qui admettent que la science est inséparable de l'art, de remarquer combien sont encore incomplètes les théories de la poétique usuelle, quant à l'analyse des passions. Ainsi, par exemple, pour ce qui est de l'amour, on ne l'admet guère au théâtre, que sous deux aspects qui se confondent dans leur tendance : l'exercice ou l'expectative d'exercice de la passion. En dehors de cette brutale synthèse, on ne conçoit pas d'autres ressorts du sentiment, comme s'il ne se décomposait pas, de même que les autres impulsions primitives de l'âme, en un faisceau de rayons spéciaux, ayant chacun son rang, sa fonction dans sa sphère affective. La psychologie, en général, et la poétique en particulier, sont si peu avancées encore sous ce rapport, qu'il existe plusieurs branches de cet arbre presque igno-

(1) « Je me hâte de dire, lit-on dans l'article mentionné plus haut, de M. Adrien Marx, que l'on compte les pièces qui, ayant subi des réparations, parviennent à voir les feux de la rampe. La réception à correction est le plus souvent une manière polie de dire aux gens : « Faites mieux » ou « faites autre chose. »

rées, ou tout au moins très-mal connues. Demandez en effet, à la plupart des gens qui se vantent d'avoir vécu, même à la grande majorité de ceux qui n'ont pas franchi l'âge des naïves croyances, ce qu'ils pensent de l'amour céladonique ou exclusivement sentimental, ne visant qu'à l'admiration, au culte de la perfection morale, ils souriront, vous répondront par des plaisanteries d'un goût douteux. Que sera-ce, si vous leur parlez de nuances plus rares ou tout à fait inusitées dans la pratique du monde galant? Ils sembleront entendre un langage inintelligible. Que veut-on qu'y comprennent des esprits rétrécis par les préjugés d'une philosophie des plus obscures en ces matières, telle que celle qui couronne l'instruction classique? Ils devront évidemment regarder comme très-hasardeux, comme extravagant, d'entretenir le vulgaire d'impulsions animiques si entièrement discordantes avec ses notions morales convenues, quels que soient d'ailleurs les faits d'expérience qui pourront les justifier.

. Et pourtant dans chacune des passions, comme dans chacune des facultés qui les constituent, il existe une série de forces composantes, notes indispensables dans le grand concert providentiel, causes imperceptibles des innombrables péripéties du drame social des humanités.

On trouvera plus loin l'esquisse d'un tableau élémentaire de cet ordre progressif en ce qui concerne le sentiment génératif.

A priori, indépendamment de toute étude méthodique, on sent que si le théâtre cherche la vérité morale, va réellement à la nature, il doit tenir compte des ressources de celle-ci, partant, introduire dans sa sphère d'action, les ressorts qui y ont un rôle, montrer à la

scène les principes vivants, conscients, soit dans leur
expansion normale, noble, soit, sous une contrainte
quelconque, dans leur subversion grotesque ou mons-
trueuse. L'art dramatique qui ne repose que sur le jeu
des affections de l'âme, comporte donc, comme elle,
une infinie variété de situations, mettant tour à tour
en lumière la trempe des caractères, les incidents
des destinées personnelles, suivant leurs conditions,
les diverses formes du milieu dans lequel elles se meuvent. C'est pourquoi il y a simultanément en tout temps
deux théâtres bien tranchés : le théâtre essentiellement
psychologique, éternel dans sa profondeur, dans sa
vérité absolue; celui d'actualité, changeant avec les
circonstances extérieures, réfléchissant les mœurs re-
latives, le mouvement troublé, incohérent des passions.
Le génie seul conçoit, réalise le premier, crée ainsi la
grande, l'impérissable littérature, féconde pour l'a-
vancement de la connaissance de l'homme. L'esprit, le
talent suffisent au second, auxiliaire de l'histoire morale contemporaine, ordinairement aussi des folies, des
misères qui précipitent la décomposition des civilisa-
tions. Ces deux théâtres, subordonnés à la prédominance des impulsions animiques qui les caractérisent,
traduisent par là même, les principaux moments des
phases sociales où ils fleurissent.

L'observateur un peu attentif distingue, en effet,
dans ces peintures, les oscillations de la moralité publique, le progrès ou le déclin des institutions fondamentales des sociétés. Aux temps où l'on sent profondément l'honneur, la gloire, où le grand art et le culte
qui lui est dû, rencontrent, l'un le génie intuitif et
créateur, l'autre une protection souveraine, les chefs-
d'œuvre s'épanouissent, se multiplient, marquent les siè-

cles de leur sublime empreinte. Au contraire, pendant
les accès de doute, de fléchissement, durant les crises
de désorganisation morale, les ouvrages d'esprit, même
de médiocre portée, sont rares. Le théâtre ne vit alors
que de pauvretés comme celles qui, par exemple, s'ac-
cumulent en France depuis une trentaine d'années, à
la satisfaction d'un vulgaire déconcerté, des compères
et complices des sophistiqueurs dramatiques.

Si, du souvenir des grands auteurs, on se reporte à
ces artisans mercenaires, qui n'ont même plus la pudeur de leur métier, c'est pour ainsi dire, à chacun
d'eux qu'il faudrait appliquer ces fines satires d'E-
rasme : « Mon petit écrivailleur est plus heureux dans
son délire. Il ne travaille pas ; son esprit joue. Il couche par écrit tout ce qui vient au bout de sa plume ;
tout jusqu'à son rêve de la nuit. Cela ne coûte qu'un
peu de papier. Il est bien sûr que plus il battra la
campagne, plus il aura d'approbateurs ; car il aura les
ignorants et les fous... Les plagiaires sont ceux qui
font mieux. Il ne leur en coûte qu'un mensonge pour
s'approprier ce qui a coûté un long et pénible travail
à d'autres. Ils savent bien que tôt ou tard on criera
au voleur : n'importe, ils auront joui d'autant (1). »

Certainement cela changera quelque jour, avant
même que l'ordre moral, rétabli dans le monde, per-
mette l'éclosion des originalités vraies, des poëtes qui
les devinent. S'il peut en être ainsi, il y aura chance
du moins d'opposer quelque contrepoids au dévergon-
dage de la bohême irrégulière ou académique ; de voir
enfin le théâtre concourir, pour sa légitime part, à la
haute éducation sociale, à la transformation, à l'édifi-

(1) *Éloge de la Folie*, p. 143, 4 (1789).

cation des mœurs définitives. Sans doute, il procédera
toujours par l'attrait, par le plaisir ; mais, au lieu de
lui démander des commotions violentes, des inventions
invraisemblables, des aventures graveleuses, indé-
centes, de niaises et lourdes farces, des trucs et des
machines, des réclames de toilette, de modes, on lui
demandera l'expression des passions profondes, le
souffle des aspirations grandioses, la peinture des ex-
centricités piquantes, enfin la mise en œuvre des caractères de toutes nuances dans un milieu savamment
intrigué.

« Molière persiffle les mœurs surannées, les vieilles
méthodes de gouvernement domestique, remarque
Philarète Chasles. La sobre gestion de la famille,
Sully au pourpoint de velours, les chausses à la vieille
mode, la fille élevée sans connaissance des lettres,
Sganarelle et ses clefs, Gorgibus et ses gros mots ;
il veut que la famille se transforme, se rajeunisse, se
civilise. Il admet la musique, la danse, l'amour et bien
entendu le théâtre ; cependant il veut aussi que la fleur
de naïveté délicate, qui fait de Henriette un personnage si charmant, ne perde rien à ce nouveau souffle (1)».

Ces vues laissent, on le voit, un vaste champ au relèvement, au déploiement du génie dramatique. Qui
semble s'en douter parmi les auteurs contemporains ?

Aussi, peut-être est-il permis à ceux qui ne deman-
dent rien qu'à leur libre conscience et aux lecteurs
bienveillants qui les honorent de quelque attention, de
s'affranchir des règles étroites, illogiques, qu'imposent
à la poétique les préjugés d'un public fourvoyé par
les lâches complaisances de la critique. C'est du moins

(1) *Voyages, Philosophie, Beaux-arts*, p. 202.

ce qu'a pensé l'auteur de cet essai sur la mort de Louis d'Orléans. Il a cru que le respect de l'histoire, quant au caractère, aux vues, à l'état psychologique des principaux personnages du drame, n'enlèverait rien, au contraire, à l'émotion qu'il comporte ; que cette émotion serait même d'autant mieux ressentie, que ces personnages conserveraient toute la dignité d'une sympathie pure, honorable (1).

Quant à ceux qui, raisonnant d'après les pratiques habituelles de ce que l'on nomme faussement la galanterie, contesteraient qu'un homme jeune, passionné, tout puissant, dominé par la fougue des sens, par la vanité de multiplier ses conquêtes, d'afficher d'éclatants succès, ait dû s'en tenir à une sympathie exclusivement spirituelle, on peut leur demander sur quelle théorie spécieuse, sur quelle expérience irrécusable ils fondent cette opinion. Ont-ils fourni de l'amour une analyse si complète, qu'il n'y ait vraiment plus de place pour sa réalité sentimentale? Ont-ils établi, par une observation constante, invariable, que l'amour ne puisse prendre plusieurs formes, revêtir divers contrastes chez le même individu? Ont-ils prouvé l'impossibilité du triomphe de l'idéal, en certains cas, sur une sensualité passée à l'état chronique? En n'admettant qu'un seul des moules de la série nombreuse des amours, ils font simplement preuve de légèreté, d'ignorance. En supposant que l'homme blasé ne saurait

(1) Bien que l'histoire mentionne l'imprudente vanterie à laquelle se serait livré le duc d'Orléans à l'égard de Marguerite, il n'a jamais été prouvé que des relations coupables eussent vraiment existé entre eux. Toute conception dramatique est donc en droit de considérer, comme absolument pur cet amour, très-réel d'ailleurs, qu'ils ressentaient l'un pour l'autre.

se retremper parfois dans une affection chaste, ils montrent qu'ils n'ont saisi qu'un seul côté de la nature, le côté inférieur. En estimant aussi que toute femme mariée ne doit éprouver, sous peine de déchoir moralement, pour une autre que son époux, une tendresse noble et pure, ils témoignent d'une singulière insuffisance d'appréciation en matière psychologique.

En effet, les impulsions primitives de l'homme, dont on ne pénètre qu'imparfaitement la portée en général, sont distribuées en raison des accords indispensables à l'unité de sociabilité encore à l'état d'utopie, en tant que fait, mais de vérité théorique en tant qu'aspiration. Ces diverses ramifications de chacune des forces fondamentales, ne s'étendent donc point au hasard ; elles sont heureusement calculées en vue des fonctions qui leur incombent, et ne peuvent conséquemment être entravées, comprimées, sans amener des arrêts, des engorgements plus ou moins dangereux dans l'économie passionnelle, comme il arrive des machines où les pièces se heurtent, se faussent, se brisent, au risque de tout faire sauter. Ces nuances, qui pour la plupart échappent à l'attention des philosophes, ont donc leur réalité, leur valeur, leur rôle, aussi bien dans l'individu que dans ses rapports sociaux, suivant les émotions qu'elles occasionnent, partant leur côté dramatique exploitable dans l'histoire, le roman ou au théâtre. L'esprit superficiel peut ne pas les apercevoir, les dédaigner, en tant que causes infinitésimales ; le génie les sent, en devine l'importance, sait en tirer parti au profit de la science de l'âme, la première, la plus féconde, celle par laquelle tout se meut, se renouvelle dans le monde. C'est ainsi, par exemple, que dans le cas particulier dont il s'agit ici, l'amour platonique de Louis et de Marguerite, forme en dehors des passions politiques auxquelles ils étaient mêlés, l'un des principaux éléments du drame. Comment cette victoire du sentiment sur la sensualité, chez un voluptueux effréné jusquelà; comment cet amour pur de Marguerite pour un caractère, après tout généreux, chevaleresque, combiné d'ailleurs avec le patriotisme, l'humanité, la charité, seraient-ils moins intéressants, moins pathétiques qu'une passion étourdie, aveugle, marchant brutalement à son but égoïste? Vraiment, pour le croire, il faut une intelligence singulièrement obstruée des préjugés de la vieille et incohérente poétique.

Certes, l'action en s'entourant d'incidents épisodiques plus nombreux, eût gagné à la représentation. A ce point de vue, les rôles eussent acquis plus d'importance, d'effet scénique ; seulement, le caractère, la vérité des personnages eussent perdu peut-être en proportion. Au lieu de ce type original, contrasté, poétique du prince; au lieu de cette nature contenue, sérieuse de Marguerite, on n'avait plus que des amoureux ordinaires, amoindris, effacés dans une aventure banale; les hauts accords de leur mutuelle sympathie avec les sentiments de nationalité, d'humanité qui les ennoblissent encore disparaissaient complétement. Le mouvement théâtral gagnait, l'enseignement historico-psychologique s'éclipsait derrière les détails; l'art ne répondait plus qu'à une seule de ses deux faces essentielles ; le lecteur pouvait être encore impressionné, ému; il n'apprenait rien, n'était plus amené à réfléchir sur les causes métaphysiques des événements du temps. L'œuvre n'avait plus, comme il arrive d'ordinaire, qu'un double aspect mécanique et littéraire, ce qui ne suffit pas toujours, on ne le sait que trop, à lui donner une portée utile.

Or, à moins de faire exclusivement de l'art pour l'art, ce qui le rabaisse à un puéril amusement, tout auteur sérieux doit vouloir offrir quelque substance à ceux qui le lisent ou l'écoutent. L'historien lui-même qui n'entend pas se borner à la sèche chronologie, mais veut faire profiter les générations présentes et à venir des leçons du passé, les mettre en état de saisir, d'apprécier les mobiles, les intérêts qui ont dirigé les hommes des divers milieux, est bien obligé de commenter, de juger les faits qu'il rapporte, suivant les lumières, les progrès acquis jusque-là. L'histoire ne dégage point autrement sa moralité, les contemporains ne pouvant guère s'élever au-dessus de celle qu'ils pratiquent. Si cette nécessité logique offre des inconvénients, tant que la sociologie manque de bases positives, en ce qu'elle laisse les traditions à la merci de l'esprit de parti, c'est un mal inhérent au désordre intellectuel qui afflige encore l'humanité. Au génie philosophique d'y pourvoir, d'y remédier par ses recherches, ses découvertes. En attendant, la critique est en droit de s'ébattre comme il lui plaît, au milieu des causes obscures, des événements chaotiques, des opinions contradictoires qui stimulent sa sagacité ; mais l'intuition profonde, l'infaillible science sont également libres d'accepter ou de rejeter ses conclusions. La vérité se fait jour comme elle peut, n'apparaît que fragmentairement, tant que son principe générateur est ignoré ou méconnu, puisqu'elle manque alors de boussole, de méthode. En pareille circonstance, ce sont encore les novateurs, les excentriques qui, malgré les dangers qu'ils courent, la servent le mieux (1).

(1) Ces sortes de caractères formés pour entretenir la fermen-

Au surplus, ce qui est rationnel, sensé, en matière d'histoire, de science, l'est également pour la littérature proprement dite. Quels que soient les sujets qu'aborde celle-ci, elle a pour premier devoir, non seulement de les éclairer des lumières contemporaines, mais encore des inspirations progressives qui surgissent, même s'il se peut, des pressentiments de l'avenir, sous peine de n'être qu'un fantôme.

« L'idéal n'est autre chose que le point culminant de la logique, de même que le beau n'est autre chose que la cime du vrai. Les peuples artistes sont aussi les peuples conséquents. Aimer la beauté, c'est voir la lumière...

« La poésie d'un peuple est l'élément de son progrès. La quantité de civilisation se mesure à la quantité d'imagination. Seulement un peuple civilisateur doit rester un peuple mâle. Corinthe, oui; Sybaris, non. Qui s'effémine, s'abâtardit. Il ne faut être, ni dilettante, ni virtuose ; mais il faut être artiste. En matière de civilisation, il ne faut pas raffiner, mais il faut sublimer. A cette condition, on donne au genre humain le patron de l'idéal.

« L'idéal moderne a son type dans l'art, et *son moyen dans la science*. C'est par la science qu'on réalisera cette vision auguste des poëtes, le beau social (1). »

---

tation vitale au sein des sociétés, par la transformation progressive, le renouvellement, sont, en effet, très-dangereux dans les milieux anarchiques comme le nôtre, ajoutant à leur confusion, en précipitant la dissolution, y allumant les dissensions, les guerres civiles. Ils seront précieux un jour pour entraîner aux grandes et difficiles entreprises d'utilité générale, qui échoueraient ou s'ajourneraient indéfiniment, si elles ne rencontraient d'opiniâtres et passionnés promoteurs.

(1) V. Hugo, *Les Misérables*, t. IX, p. 177, 8.

C'est en vertu, de cette doctrine, qu'il se rencontre dans l'étude que l'on va lire, certaines idées politiques qui semblent faire parachronisme, mais qui, en réalité, ne détonnent nullement avec les sentiments libéraux auxquels était, on le sait, prédisposé le protecteur, l'ami de Christine de Pisan (1). Si absorbé qu'il fût dans le tourbillon des intrigues, des plaisirs, ses convictions religieuses, ses instincts mystiques entretenaient en lui la flamme des hautes et nobles pensées qui lui sont d'ailleurs justement attribuées ici. Il pourra se faire néanmoins que ce soit un grief pour la critique qui oublie volontiers que les vertus de l'âme sont unes, toujours les mêmes, à travers les temps, si disparates qu'ils soient. Du reste, peu importe ! Cet essai est sans prétention, quant à une rigoureuse couleur locale ; et ceux qui aiment à se repaître de sentiments généreux, à se confirmer dans l'espoir d'une concorde, d'un harmonie possibles entre les hommes, ne se. plaindront sans doute pas. Peut-être même penseront-ils qu'il vaut mieux, après tout, faire parler ainsi, fût-ce prophétiquement, le héros qui s'adresse à la conscience de tous, que de ne mettre dans sa bouche que les banalités de son époque. C'est bien assez, si cette époque est reculée, qu'il ne puisse se dépouiller entièrement de ses faiblesses, de ses préjugés, de ses erreurs.

(1) Christine de Pisan, intime elle-même de Gerson, apôtre infatigable de la réconciliation, de la paix entre les pouvoirs et les peuples, avait, comme auxiliaire de ce grand homme, une puissante influence sur le jeune frère du roi, qui, à son tour, la soutenait de son crédit, l'encourageait de ses largesses.

III

Comme on l'a vu plus haut, cette étude fut présentée un jour à l'Odéon, non pas que son auteur se fît alors
plus d'illusion qu'à présent sur les difficultés qui attendent inévitablement, au seuil de cette carrière, ceux
qui n'ont publié ni petits vers, ni romans, ou n'ont pu
se glisser dans une collaboration quelconque ; mais il
comptait quelques amis en bons rapports avec M. Gustave Vaez, associé à la direction de M. Alphonse Royer,
et crut pouvoir obtenir, sous leurs auspices, au moins une
lecture certaine. Son manuscrit fut accueilli, en effet,
et lu dans un assez bref délai. Voici les objections
qu'il soulevait dans l'esprit de l'examinateur, qui nous
les résumait dans cette lettre :

Paris, le 30 mai 1854.

« Monsieur,

« Votre pièce a été lue avec l'attention la plus cons-
ciencieuse, et avec toute la bienveillance que devaient
lui assurer deux puissantes recommandations. Il suffisait ensuite d'avoir lu deux pages de votre travail
pour sentir qu'il méritait un examen sérieux. Au point

de vue littéraire et historique, il vous est dû sans restriction de grands éloges ; malheureusement l'ouvrage est moins heureux comme drame. Il n'offre point
d'intérêt ; c'est avec un regret bien vif que je me vois
forcé de vous dire que vous vous êtes trompé à cet
égard. Le public ne prendrait parti pour aucun personnage ; il ne craindrait, il n'espérerait rien et·
verrait se dérouler les événements avec indifférence.

« On ne s'intéresserait pas à l'amour de Louis d'Orléans pour Marguerite, parce que Louis, goguenard
et railleur avec le mari de celle qu'il convoite, a les
allures d'un séducteur plutôt que d'un amant entraîné
par·la passion. Il est d'ailleurs marié lui-même et l'on
ne se sent pas attaché, on ne désire pas la réussite de
son entreprise galante.

« On ne la craint pas davantage, car Jean-sans-Peur
joue le rôle d'un mari ridicule, et il pourrait bien lui
arriver malheur sans que l'on eût aucun regret. Au premier acte, il est mystifié par une substitution de femme
au moyen de deux costumes semblables. Cette scène
tue l'intérêt pour le mari et pour l'amant, — pour le
mari, parce qu'il est un George Dandin, — pour l'a-
mant, parce qu'il raille et goguenarde. Que reste-t-il ?
une scène comique, malheureusement usée dans tous
les vaudevilles qui se passent au bal masqué.

« Travesti en Destin dans cette situation, Jean-sans-
Peur serait tout à fait grotesque, forcément par l'effet même de la scène.

. « Au troisième acte, il se trouve dans une situation·
analogue, lorsque Marguerite et Louis s'escamotent
dans la maison de la femme du peuple. Ce moyen produit un effet risible, contraire bien certainement au
but de l'auteur.

« Après cela le rôle de Louis comme amant ne se
continue plus. Au quatrième acte, dans un monologue
de sept ou huit pages, il n'a pas une pensée pour Marguerite, et s'il prononce ce nom, ce n'est pas d'elle qu'il
parle, mais de la fleur des champs. Sa conversion le
jette tout-à-fait en dehors de son amour, ce qui ne ferait pas le compte du public. La beauté du style de
ce monologue, l'élévation des idées seraient impuis-
santes pour attacher le spectateur qui veut avant tout
de la passion.

« L'arrivée de Marguerite pour sauver Louis est une
promesse que la scène ne tient pas.

« Au cinquième acte, avant la catastrophe du dé-
nouement, il n'y a plus pour Louis que des discours
sur sa conversion.

« Le drame d'amour n'existant pas, la lutte politique entre le prince français et le bourguignon offri-
rait-elle un effet suffisant pour le théâtre? Nous ne le
pensons pas.

« L'auteur possède à fond l'histoire du temps où se
déroule sa pièce, mais cette science se produit d'une
façon qui n'est pas dramatique. Le procédé est toujours le même. Cinq fois de suite, c'est à dire au commencement de chacun des actes, les événements historiques sont rappelés dans une conversation : deux
fois, ce sont des seigneurs; une autre des bourgeois;
ici des moines ; là des officiers faisant en causerie les
annales de l'époque.

« Peut-être, monsieur, trouverez-vous nos observations critiques bien nombreuses ; mais pour qu'une
pièce en cinq actes, qui renferme des qualités réelles
ne soit pas acceptée, il faut nécessairement qu'on y ait
trouvé des vices plus nombreux que ses qualités, et

alors il faut bien les dire, pour justifier le refus et
prémunir l'auteur contre les fautes dans lesquelles il
est tombé et qu'il pourra éviter à l'avenir.

« Louis d'Orléans présenterait aussi de nombreuses
difficultés de mise en scène.

« Le service funèbre pour le connétable Duguesclin,
célébré au milieu d'un bal masqué, choquerait le public, en admettant que la censure permît un pareil spectacle.

« Le défilé des masques à la fin du premier acte serait bien difficile à régler sur l'explication philosophique du comte de Bar. Cette page fait honneur à l'é-
crivain, mais la scène n'est guère possible. Même observation pour les quatre sauvages habillés d'étoupes
auxquelles on met le feu ; ainsi que pour la lutte du
page à cheval avec les écoliers sur la place publique
au troisième acte.

« Les personnages accessoires : seigneurs, bourgeois, pages, moines, officiers, femmes et hommes du
peuple, sont en trop grand nombre. Aucun théâtre ne
pourrait les fournir, car ces bouts de rôles auraient be
soin d'être tenus, comme on dit en style de coulisses.
Et en supposant toutes ces difficultés vaincues, on arriverait, c'est du moins notre pensée, à un résultat
malheureux que ne saurait empêcher tout le mérite
littéraire de cette étude historique.

« J'ai donné tous ces développements à ma lettre
pour vous prouver la conscience que nous avons mise
à examiner votre ouvrage et l'estime toute particulière que nous a inspirée votre talent d'écrivain.

« GUSTAVE VAEZ. »

A cette critique longuement motivée, à laquelle il aurait fallu opposer une discussion minutieuse évidemment sans objet, l'intention bien arrêtée des directeurs étant d'écarter l'œuvre sans retour, nous nous bornâmes à répondre ces lignes :

Paris, 1er juin 1854.

A M. Gustave Vaez.

Monsieur,   •

Sans en appeler de votre jugement que je respecte comme l'œuvre de votre raison et de votre conscience, je vous demanderai cependant la permission de vous soumettre les motifs qui m'ont porté à concevoir et à exécuter telle qu'elle est la pièce que vous venez de refuser. Ces motifs vous prouveront que je n'ai point agi tout-à-fait par inexpérience, mais que mon erreur, si, comme vous l'affirmez, je me suis trompé, résulte au contraire d'un système arrêté en toute connaissance de cause. J'ai voulu essayer de porter au théâtre l'enseignement historique, non-seulement par la peinture des caractères, mais aussi par la vérité presque absolue des événements. J'ai voulu que le spectateur pût s'assimiler en s'amusant des notions substantielles et saines de l'histoire de son pays. J'ai voulu donner aux personnages leur vraie physionomie générale, au lieu de les défigurer dans une intrigue étroite et banale. J'ai voulu enfin puiser l'intérêt dans des situations réelles, non dans des aventures imaginées à plaisir. Y ai-je réussi ? L'attention bienveillante que vous m'avez accordée semblerait le prouver plus que vous ne le pensez vous-même.

Tout d'abord vous vous êtes placé à un point de vue qui n'est pas tout à fait celui de l'ouvrage. Vous y avez cherché, comme principe de l'action, l'amour de Louis et de Marguerite, tandis qu'il n'est qu'un de ses éléments, comme l'ambition de Jean-sans-Peur, la haine de Raoul d'Auquetonville, etc. L'intrigue exclusivement sentimentale de Louis et de Marguerite n'est qu'une concession de ma part à l'usage qui veut absolument dans toute pièce, un intérêt de cœur quelconque ; mais ce qui s'adresse à la sensibilité du spectateur, c'est surtout Louis d'Orléans, noble victime des machinations d'un ambitieux implacable. Or, ce jeune prince est-il assez spirituel, assez aimable, assez généreux, assez chevaleresque pour commander la sympathie du public ? Le pur amour que lui porte Marguerite est-il susceptible d'accroître encore cet intérêt ? D'un autre côté, les incidents qui servent de cadre au drame sont-ils capables de retenir l'attention du spectateur ? Tout est là, ce me semble, dans une œuvre qui a précisément voulu se garder d'imiter le système et les formes des pièces qui tombent chaque jour sous l'indifférence ou le dédain. Et si cette œuvre se recommande, comme vous voulez bien le dire, par quelques qualités de style et de pensée, est-il probable qu'on lui eût fait un si mauvais accueil ?

Si j'ai été assez heureux pour être clair dans ce que je viens d'avoir l'honneur de vous dire, monsieur, vous devez comprendre maintenant la différence du point de vue qui a présidé à la conception de ma pièce avec le point de vue général et ordinaire en matière d'art dramatique. Eu égard à ce dernier, vous avez incontestablement raison. Reste à savoir s'il est absolu au point de ne souffrir aucune exception, et si le public ne peut rien accepter en dehors de lui.

Je n'abuserai pas de vos instants, monsieur, pour discuter les critiques de détail qui suivent le point capital que je viens d'examiner. Ce ne sont pas elles qui vous ont fait refuser la pièce; il est conséquemment inutile de nous en occuper. Laissez-moi seulement vous dire que c'est bien à dessein que j'ai voulu tirer des effets comiques du caractère et des diverses situations de Jean-sans-Peur, et cela toujours pour me conformer à l'histoire. Ce maniaque terrible frisait assez souvent le ridicule.

Je pourrais peut-être répondre, avec non moins de raison à vos autres observations sur les travestissements des princes, sur les scènes qui rétablissent la chaîne des temps et des événements au commencement de chacun des actes, sur le service de Duguesclin dans l'abbaye de Saint-Denis, à la suite des grandes fêtes données par Charles VI, sur l'incendie de l'Hôtel St-Paul, etc., etc., mais ce sont-là encore une fois, des détails qui ne touchent point à la construction principale du drame et qu'il eût été d'ailleurs très-facile de modifier.

—

Quelques jours plus tard nous recevions de M. Gustave Vaez, l'obligeante réponse que voici :

« Monsieur,

« Je combattrais bien volontiers le *système* dramatique dans lequel vous avez conçu votre Louis d'Orléans ; malheureusement je n'ai pas le temps de faire de la controverse. Je voulais vous répondre quelques lignes et je n'ai pu avant ce moment exécuter mon projet. En quelques lignes donc, je vous dirai que, de toute l'énergie de ma conviction, je condamne un système qui consisterait à transporter sur le théâtre les événements historiques tels qu'ils se sont produits dans leur vérité absolue, avec leurs fils rompus, et sans combinaison théâtrale. Mais toute pièce faite dans ce système manquera de plan. Mais quand vous aurez intéressé le public au moyen d'une passion qui remplira l'un de vos actes, ce public ne vous permettra pas d'abandonner cette passion en chemin ; il s'impatientera en voyant que son esprit doit sans cesse passer à d'autres exercices, et la satisfaction d'apprendre l'histoire ne lui suffira pas, croyez-le bien.

« Et l'art dramatique que devient-t-il ? Que devient le dramaturge ? un simple chroniqueur. Le scénario de tout drame sera fait d'avance par la simple succession des événements, et tout professeur d'histoire, tout bon élève même sera auteur dramatique, si c'est son bon plaisir.

« Je vous reconnais trop de talent, monsieur, pour ne pas tenter un effort en vue de vous faire renoncer à une erreur. Je n'ai malheureusement pas le temps de poursuivre votre conversion. Croyez que la longue lettre que je vous ai écrite, pour vous donner les motifs du refus de votre drame, est une exception très-rare par laquelle j'ai voulu vous montrer toute l'estime que je fais de vous et des amis qui vous recommandaient. Je vous en donnerai encore une preuve en faisant lire sans retard par M. Alphonse Royer le manuscrit que vous nous avez envoyé. Ce n'est pas un drame historique, si j'en juge par le titre ; il y a donc bien des chances pour que nous ne soyons pas en désaccord.

« GUSTAVE VAEZ. »

Il n'y avait pas à insister à l'encontre de ces doctrines, exprimées d'ailleurs avec autant de courtoisie que de fermeté. Ajoutons qu'elles sont justes, en général, et qu'il y avait entre notre honorable contradicteur et nous, plus de dissentiment apparent que réel. Nous n'avions point soutenu, en effet, qu'il eût fallu se borner à résumer, à décalquer l'histoire pour la porter ainsi tout d'une pièce à la scène ; pas plus qu'il fallût tronquer le développement des passions, briser çà et là le lien d'unité, au lieu de le resserrer, suivant le rapprochement des incidents et événements formant le canevas de l'action ; pas davantage encore, la date de chacun des actes de Louis d'Orléans le prouve, qu'il fallût suivre telle quelle la série chronologique, non choisir, parmi ses termes, quel qu'en soit l'intervalle, ceux qui se trouveraient désignés, par leur importance, comme les points culminants et convenablement gradués du plan dramatique. De part et d'autre, faute d'avoir préalablement discuté nos principes et opinions, nous nous supposions donc plus exclusifs que nous ne l'étions réellement.

Assurément, l'auteur dramatique a bien le droit de choisir les incidents de l'histoire, qui lui semblent présenter les meilleures situations, comme aussi d'en imaginer au besoin, pour corser l'action principale qu'il déroule ; cependant, ce n'est pas là, à proprement parler, une œuvre d'art, mais uniquement d'arrangement, que l'application, la patience, peuvent produire, indépendamment de tout idéal. Celui-ci, qui seul constitue l'essence même de l'art, n'a rien de commun avec les éléments du canevas sur lequel les passions brodent les fantaisies des personnages, pas plus que l'intelligence du joueur avec l'échiquier sur

les cases duquel il promène les pièces. C'est dans le
sentiment, dans la perception des accords, dans l'image
qui en traduit poétiquement l'expression, dans l'intuition analogique des harmonies profondes qui relient
le visible à l'invisible, que réside cette merveille qu'on
nomme l'idéal, puissance native, don divin, que ceux
qui l'ont reçu ne sauraient transmettre, qu'il ne faut
conséquemment demander qu'aux prédestinés.

On le voit, nous n'admettons pas le moins du monde
que la fidélité historique, entourée des plus ingénieuses
dispositions, soutenue même des plus savantes combinaisons stratégiques, puisse jamais se confondre avec
l'art, ni le suppléer à aucun degré ; mais, nous ne
pouvons admettre davantage qu'elle lui soit indifférente ou inutile, car l'histoire, comme tout ce qui reçoit l'empreinte humaine, a son idéalisation propre,
que la condensation, à certain point de vue, rend per-
ceptible, saisissante aux esprits supérieurs ou aux
masses électrisées. C'est donc, ce nous semble, une
inadvertance d'observation, une hérésie en matière
d'art, de faire, au théâtre, trop bon marché de la
vérité historique, qui a nécessairement une très-grande
part d'influence sur l'imagination des spectateurs. Il
suffit, pour s'en convaincre, de voir ce qui se passe
dans les réunions populaires à l'énoncé des affirmations vraies ou fausses, touchant les opinions qui les
passionnent. Là, tout souvenir, tout rappel d'événe-
ment, toute allusion à quelque actualité, même toute
nouvelle plus ou moins vague, émotionne, soulève des
manifestations. Portez à la scène les affections vivantes, les causes métaphysiques qui créent, meuvent,
multiplient les événements, et vous ajouterez au mérite de l'œuvre, fût-elle parfaite sous le rapport de

l'art, une puissance d'autorité que le génie seul de
son auteur n'eût jamais pu lui assurer. C'est parce
qu'ils cherchaient à se rapprocher le plus possible
de la double vérité psychologique et historique que
Sophocle, Eschyle, Shakespeare, Corneille, Racine,
Gœthe et Schiller sont et resteront immortels. Hors
de ces doctrines de justice, d'honneur, il n'y a plus
que des œuvres partiales, destinées à l'oubli comme
les vains mobiles qui les ont inspirées.

Une singulière méprise que nous eussions pu relever
immédiatement parmi les critiques de M. Gustave
Vaez, c'est qu'il confondait, après tout, une pièce à
spectacle avec un drame intime proprement dit. Or, il
était clair pourtant que cette succession d'incidents
historiques, exigeant de splendides décors, de riches
costumes, des mouvements de scène plus ou moins
compliqués, ne comportait pas une action concentrée,
trop soutenue de l'intrigue amoureuse, d'ailleurs secondaire dans l'ensemble des causes de la catastrophe.
A quoi bon alors se préoccuper des allures dégagées
de Louis, du côté comique du sombre Jean-sans-Peur?
Était-il nécessaire de leur interdire toute échappée
dans le champ de la fantaisie? Louis était léger, railleur; Jean, timide, gauche, malencontreux; fallait-il
démentir leurs caractères pour forcer le ton de leurs
inimitiés? En pareil cas, la pompe, les accessoires,
n'eussent fait qu'affaiblir, embarrasser l'action. Au
contraire, cette action aboutissant à l'assassinat du
jeune duc, non par la seule jalousie de Jean, mais par
le concours d'autres circonstances diverses, trouve ses
phases toutes marquées par les principaux incidents
de la carrière de la victime : son amour déclaré, lors
des fêtes de Saint-Denis, l'accident malheureux dont

il est le promoteur à l'hôtel Saint-Paul, l'affaire de la place Sainte-Catherine, sa vision au monastère des Célestins, enfin le guet-à-pens de la rue Barbette.

D'ailleurs, ce n'était pas le rêveur sentimental, l'amoureux, l'amant volage qu'il importait de montrer dans Louis d'Orléans, mais le type complexe, contrasté qui résumait le mieux la France de l'époque dans son inconsistance et ses vicissitudes; le Français de tous les temps, dans ses qualités et ses vices, forces qui s'opposent, se neutralisent souvent au point de compromettre la marche, l'unité de leur commune destinée comme puissance politique. On rencontrait, en effet, chez le prince, absolument les mêmes facultés qui distinguent notre race. Il était voluptueux, artiste, poëte, galant, dévoué aux siens, à ses amis, mobile, enthousiaste, enclin à l'intrigue, passionné pour la gloire, toutes impulsions qui forment le fond même du caractère national; mais, en même temps, il était bon, charitable, religieux, toujours comme ce vaillant peuple remuant, indocile, ingouvernable pour les hommes d'État de petite taille qui ne savent ni comprendre ses aspirations, ni pressentir les conditions sociales dans lesquelles elles deviendront bienfaisantes, fécondes. En un mot, comme la France qui cherche le plaisir, aime les aventures, poursuit en tout le mieux, l'idéal, Louis d'Orléans, tourmenté de besoins indéfinissables, s'élançait, dédaigneux des réalités contingentes, vers les sphères de l'inconnu. Malheureusement, comme elle aussi, insouciant du calcul, de la prévision, de la suite dans les idées, de l'expérience, il voyait ses espérances s'évanouir, ses desseins échouer, son but se reculer au delà de la tombe, laissant à d'autres le soin de le réaliser. N'est-ce pas là la personnifica-

tion la plus frappante de cette France généreuse, intui-·
tive, prophétique, mais étourdie, qui use son énergie,
ses générations, sa vie, parfois jusqu'à son honneur,
pour ouvrir à l'humanité les splendeurs d'un nouveau
monde !

Selon cette conception qui s'écarte, il est vrai, de la
poétique généralement adoptée, il n'y a évidemment
pas à considérer l'intrigue amoureuse comme le pivot
du drame, conséquemment, à y chercher l'intérêt prédominant. Il n'y a pas non plus à prendre, par là même,
parti pour l'amant ou pour le mari, mais seulement
pour la victime d'une fatalité supérieure, non d'un
amour chaste ou coupable. Le public, qui veut avant
tout de la passion, ne trouvera pas, dit-on, son compte
à cette vague sentimentalité de Louis pour une femme
qui l'aime assurément de son côté, avec ardeur et dévouement. Sans doute, il pourra juger froid cet amant
qui respecte l'honneur de son amie, trouver insolite
que les choses se passent ainsi, au lieu de suivre les
errements accoutumés. L'opinion vulgaire, le blâme
de la critique ne feront pas que les personnages, tels
que nous les avons esquissés, soient, pour cela, hors
de leurs caractères naturels, logiques, comme rien ne
prouve non plus, y fussent-ils, que le public, pour
lequel on veut toujours sentir et penser, n'acceptât
aucune compensation qui l'occuperait, l'attacherait
également.

Il eût été inutile assurément de développer ces observations dans notre réponse à la première lettre de
MM. les directeurs de l'Odéon, comme aussi d'essayer
de leur faire comprendre que la mise en scène de la
pièce pourrait sans doute entraîner de grands fra's, si
elle devait entrer comme élément de succès de la re-

présentation, mais qu'elle ne serait nullement impossible, soit comme agencement, soit comme convenance morale, soit enfin comme réglementation des temps et mouvements des diverses évolutions des individus ou des groupes. Tout cela est si simple, moyennant que la décoration, intelligemment entendue, s'y prête, que le dernier figurant le dirigerait sans peine. Seulement, nous en conviendrons volontiers, il y a là, pour une direction, sans confiance en un résultat heureux, de quoi donner un tour de plus à la serrure de sa caisse. Ce n'est pas pour seconder la littérature que l'on risque beaucoup d'argent, et peut-être a-t-on bien raison, puisqu'elle attire moins que la fantaisie, la féerie ou l'opérette.

IV ·

Pour bien saisir la valeur, les rapports, la portée
d'un terme de série quelconque, il ne suffit pas d'en
connaître les caractères spéciaux, la place, il faut surtout avoir une idée nette de la synthèse de cette série,
du système général et unitaire qu'elle constitue. Ainsi,
par exemple, on ne se rendra exactement compte du rôle
de chacune des nuances d'une passion, qu'autant que
l'on saura d'abord ce qu'est cette passion elle-même.
C'est ce que nous allons essayer de faire ici pour établir
que la sympathie qui réunissait les deux personnages du
drame qui suit, n'était ni un germe incomplet, ni un
avortement dans l'ordre régulier des affections de
cette nature.

L'amour, en tant que sentiment fondamental de
l'âme humaine, est une impulsion, une puissance intelligente qui tend invinciblement vers l'objet qui le
charme, le subjugue. La raison n'y peut rien ou peu
de chose, si cette puissance est à l'état passionné, car
elle a, comme tout principe animique, sa cause essentielle en dehors, au-dessus de l'individu qu'elle possède. Il y a plus, source de la perpétuité de l'espèce,
véritable réserve de Dieu, elle est au-dessus des lois

humaines, dérivant de la pensée suprême dont elle est l'unique moyen d'impulsion, de direction, pour l'accomplissement de ses desseins. Ce moyen, l'attrait, qu'emploie l'éternel mobile pour gouverner, ou plutôt pour se rallier les êtres, constitue leur félicité, s'ils savent ou peuvent y obéir. En un mot, elle est à la fois véhicule de plaisir, d'utilité, l'univers ne pouvant se concevoir que sous la forme d'une harmonie consciente d'elle-même (1).

« Toutes les passions ne sont que les transformations de l'amour...

« L'amour est généreux, il porte à faire de grandes choses, et il excite à désirer tout ce qu'il y a de plus parfait.

« Celui qui aime court, vole; se réjouit; il est libre et rien ne l'arrête; il donne tout pour tout; il ne regarde pas aux dons, mais il élève ses regards au-dessus de tous les dons, jusqu'au donateur.

« Il n'y a rien de plus doux que l'amour (2) ».

« L'amour change en lui ce qu'il aime (3) », quand il procède d'affinités spirituelles qui supposent une mutuelle estime.

Il est le grand thaumaturge; le miracle, le divin sont l'essence même de ses œuvres.

« C'est le propre de l'amour de tenter l'impossible. Il ne s'essaye qu'à cela, ce sont ses jeux ! (4) »

« Il tente plus qu'il ne peut, dit Gerson, il ne s'inquiète pas de l'impossible, parce qu'il croit tout possible et *tout permis : ama et fac quod vis* (5) ».

---

(1) Michelet, *Les Femmes de la Révolution*, p. 40.
(2) A. Nicolas, *Études sur le christianisme*, III, p. 77, 8.
(3) Morin.
(4) A. Nicolas, III, p. 438.
(5) *Imitation de Jésus-Christ.*

« Il ne connaît point de bornes; mais il s'emporte au-delà de toutes bornes (1). »

Au point de vue des créatures sensibles, manifestations des virtualités du principe souverain, l'amour, substance même de ce principe, se polarise, combinant ses propriétés attractives pour maintenir, continuer, perpétuer la vie, qui n'est que la symphonie de toutes les puissances actives. Cette dualité primitive de l'amour est la forme élémentaire de ce phénomène merveilleux, laquelle s'exprime, en général, dans notre monde, au moyen des sexes. Mais, c'est dans l'humanité qu'il éclate dans sa plus noble beauté, faisant rayonner, suivant ses conditions ambiantes, les perfections idéales du sentiment, de l'intelligence, de la matière plastique; engendrant les sublimités du ravissement, de l'héroïsme, de l'enthousiasme. Cette dernière exaltation de l'amour humain est rare, aussi difficile à fixer peut-être que l'éclair; pourtant, qu'il puisse ou non s'enchaîner ici-bas, nous avons le privilége de le concevoir; c'est assez pour le croire possible, le poursuivre comme le bien suprême.

Si élevés, si inaccessibles que soient pour quelques-uns les sommets de l'amour parfait, comme on peut toujours percevoir ses deux foyers : la beauté morale, la beauté physique, il faut bien lui reconnaître deux ressorts correspondants'; le spirituel, le matériel, constamment cumulés, quelle que soit leur prédominance fixe ou alternative (2). Ce sont ces ressorts qui,

---

(1) Saint Augustin.

(2) La fonction spéciale de chacun de ces deux ressorts a été clairement sentie par le merveilleux historien-poëte Michelet :

1° Au point de vue spirituel : « Ce que l'amour veut et désire par-dessus tout, dit-il, c'est de s'immoler, de sacrifier tout, inté-

dans leur balancement ou leur pondération, caractérisent surtout l'amour, indépendamment des nuances
déterminées par ses combinaisons, soit avec d'autres
sentiments, soit avec des penchants, soit même avec
les facultés intellectuelles ou sensitives. On a ainsi,
selon l'intervention plus ou moins influente des impulsions diverses et suivant leur activité normale ou inco·
hérente, différents groupes d'amour de l'un ou l'autre
essor, double série, harmonique ou confuse, distribuée
en genres, espèces, variétés, conformément à toute
classification méthodique.

Ainsi, par exemple, on aura, en répartition élémentaire approximative, trois classes d'amour, ayant leur
principe métaphysique dans la substance même de
l'âme, leurs principes organiques dans la générativité et
l'idéalité, dépendant conséquemment du système en-
céphalique :

1° L'amour mixte, équilibré en matériel et spirituel ;

2° L'amour spirituel ou sentimental ;

rêts, convenances, habitudes, la vie, s'il le faut... Le vœu le plus
cher de l'amour, c'est, dans la personne aimée, de susciter la volonté, la force morale, jusqu'à son degré le plus sublime, jusqu'à
l'héroïsme... Oh! il y faut un cœur sincère, c'est la première condition, la loyauté dans les moyens; la seconde, c'est la générosité
qui ne veut point asservir, mais affranchir et fortifier ce qu'il
aime, l'aimer dans sa liberté, libre d'aimer ou n'aimer pas...

« Son degré supérieur, c'est de vouloir susciter la vie, une vie
énergique et féconde. Il trouve sa jouissance à élever, augmenter, créer ce qu'il aime. Son bonheur est de voir monter sous son
souffle, une nouvelle créature de Dieu, d'aider à la création,
qu'elle lui serve ou qu'elle lui nuise.

« L'amour dans le désintéressement, n'est-ce pas un rare miracle? Un de ces instants si courts où la nuit de notre égoïsme
s'illumine d'un éclair de Dieu? »

2° Au point de vue matériel : « Le degré inférieur de l'amour,
c'est de vouloir absorber la vie. »

(*Le Prêtre, la Femme et la Famille*, p. 301, 5, 8, 10.)

4

3°. L'amour sensuel.

Puis, en considérant les impulsions radicales sous le régime des autres forces primitives de différents ordres, on aura d'abord des genres et espèces distribués provisoirement de la manière suivante :

GÉNÉRATEURS	GENRES	ESPÈCES
Gustativité Tactivité Saporivité Visuivité Ouisivité Alimentivité Configuration Étendue Coloris Temps, tons	Sensitif	Appétant, attrayant, enivrant.
Ordre Calcul Localité Éventualité Constructivité Comparaison Causalité Intuition	Spéculatif	Intellectuel, réfléchi, concordant.
Idéalité	Poétique	Admiratif, original, idéal.
Contrastivité	Contrasté	Gai, jovial, caustique.
Imitativité	Tonique	Imitatif, banal, vulgaire.
Merveillosité	Romanesque	Rêveur, ascétique, mystique.
Bienveillance	Adoptif	Aimable, doux, sensible.
Vénération	Bienséant	Timide, respectueux, déférant.
Espérance	Illusionné	Riant, confiant, aventureux.
Conscienciosité	Honnête	Franc, loyal, libre.
Fermeté	Constant	Ferme, durable, persévérant.
Destructivité	Audacieux	Exclusif, séparatif, éversif.
Combattivité	Militant	Actif, entreprenant, courageux.
Secrétivité	Cauteleux	Ombrageux, dissimulé, rusé.
Acquisivité	Intéressé	Calculateur, prévoyant, positif.
Circonspection	Prudent	Grave, réservé, sombre.
Approbativité	Formaliste	Personnel, coquet, léger.
Adhésivité	Concentré	Tranquille, coutumier, casanier.

GÉNÉRATEURS	GENRES	ESPÈCES
Affectionivité	Amical	Candide, ingénu, céladonique.
Estime de soi	Noble	Aristocratique , chevaleresque , héroïque.
Philogéniture	Familial	Conjugal, consanguin, extensible,

Indépendamment de ces genres d'amours peu composés, il y en a trois plus complexes, impliquant, non plus des fonctions particulières, mais des rapports combinés de dissonnance, d'alternance, de convergence, correspondant aux grandes lois d'impulsion, de balancement, d'unité, qui régissent les séries graduées de l'ensemble universel. Les groupes de facultés génératrices de ces derniers genres pourront s'étendre, dans leurs éléments de composition, au fur et à mesure des progrès de la psychologie expérimentale; néanmoins, ce qui en est connu aujourd'hui suffit à indiquer clairement les conditions fondamentales de la mécanique passionnelle, sans laquelle l'humanité ne saurait s'élever, aussi bien dans ses relations de sentiment, que dans toutes celles d'intérêt, au régime d'association qui lui est propre. L'ordre dans le monde social exige la connaissance et l'application de la science qui préside à l'organisation et au mouvement régulier de la. nature, s'il y a vraiment, comme on n'en peut douter, unité de système dans la création. Jusqu'à ce que les influences qui dirigent ou modifient les sociétés l'aient compris, il y aura anarchie en toutes relations.

Voici le tableau des genres et espèces distributifs ou recteurs des groupes et séries qu'embrasse le sentiment dont il s'agit :

GÉNÉRATEURS	GENRES RECTEURS	ESPÈCES DISTRIBUTIVES
Calcul Constructivité Combattivité Idéalité Combattivité Destructivité Secrétivité Imitativité	Dissident	Stimulatif, émulatif, cabalistique.
Éventualité Localité Contrastivité Idéalité Imitativité Approbativité Secrétivité	Alternant	Mobile, changeant, polygamique.
Bienveillance Vénération Conscience Espérance Idéalité Imitativité Merveillosité Approbativité Affectionivité	Coïncident	Cumulatif, ralliant, entraînant.

Enfin, la totalité plus ou moins bien équilibrée des générateurs, ayant pour pôles l'intelligence et les sentiments supérieurs, pivotant sur la genérativité ou instinct sexuel, donne lieu à l'amour synthésiste, unitéiste, sublime, dont le contraste est le favoritisme ensorcelé ou amour aveugle, égoïste.

On comprend, sans qu'il soit nécessaire de pousser plus loin la division, quelle masse de variétés peuvent fournir ces soixante-quinze espèces d'amours, combinées entre elles d'abord, puis avec les facultés spéciales que nous avons dû négliger. Il faut qu'il en soit ainsi, pour que la passion si diversifiée dans la série des caractères, suffise aux innombrables accords de ces variétés. Toutefois, pour simplifier l'étude, on peut borner l'analyse aux trois rudiments de première puissance tels qu'ils sont indiqués, pages 61, 2, avant le premier tableau.

Ces genres et espèces d'amours sont supposés francs, par pure exigence théorique, car ils ne sauraient se présenter ainsi dans la réalité, tout modificateur ne pouvant agir isolément et se trouvant toujours mêlé, dans son intervention, avec plusieurs autres éléments, soit auxiliaires, soit antagonistes, dont il y aurait à déterminer la part d'influence. Il ne serait pas impossible néanmoins de dresser dès à présent le cadre de toutes ces combinaisons; seulement, ce serait un travail aussi énorme que fastidieux, de peu d'utilité d'ailleurs dans l'état actuel des notions et applications psychologiques. Il se fera pourtant un jour, [quand l'humanité, à l'apogée de son régime d'organisation, ne pourra plus se dispenser d'une sorte d'algèbre passionnelle, d'abord pour constituer sa science morale définitive, ensuite pour assurer à chacun de ses membres, dans ses pérégrinations cosmopolites, les ralliements affectueux qui formeront alors le charme d'une parfaite sociabilité (1).

On peut remarquer dans cette double nomenclature des genres et espèces d'amours, telle qu'elle vient

(1) Dans l'état actuel des choses où tout est plus ou moins abandonné à l'individualisme, où l'on professe que chacun doit pourvoir seul à sa destinée, combien compte-t-on de privilégiés qui aient pu s'assortir en amour ou en amitié au moins une fois dans la vie? Aussi le doute, l'incrédulité ne règnent pas qu'à l'égard des principes métaphysiques, mais encore à l'égard des sentiments les plus essentiels à la vie morale.

d'être dressée, que tous offrent bien un caractère normal, c'est-à-dire conforme à la direction naturelle, constante des impulsions primitives de l'âme. Ils ne se montrent pourtant pas ainsi dans leurs manifestations individuelles ou sociologiques, que les accidents du milieu viennent à chaque instant tronquer, fausser, souvent même pervertir. Toutes les puissances animiques sont exposées à ces entraves ou répercussions d'essor, d'où surgissent ce que l'on appelle les défauts, travers, vices, monstruosités, que l'on croit, à tort, résulter de principes vivants absolument mauvais ou temporairement maudits, et qui, en réalité, ne sont autre chose qu'une déviation des forces fondamentales, excellentes en elles-mêmes, créées pour le bien des individus, pour le concert progressif des masses. C'est ainsi que le mal n'existe point métaphysiquement, mais n'est que « *la corruption du bien et de l'être,* » comme le remarquait Bossuet en terminant son traité du *Libre arbitre* (1), en d'autres termes, c'est ainsi que le mal n'est que le désordre introduit dans le jeu des causes de toutes fonctions.

Ces obstacles opposés à la marche directe, régulière des causes, engendrent ces effets plus ou moins incohérents, plus ou moins perturbateurs, que l'on confond alors avec les résultats de l'action naturelle de ces causes, bien qu'ils n'en soient, encore une fois, que des manifestations subverties, toujours rectifiables, moyennant le rétablissement des conditions ambiantes concordantes. Les phénomènes psychologico-physiologiques, qu'ils soient désordonnés ou harmonieux, découlent donc de la même source,

(1) *OEuvres philosophiques*, p. 319 (1862).

selon qu'elle est contrariée ou favorisée dans son
expansion, et pour ce qui est de ceux qui ne se dé·
gagent que troublés, travestis, contrastés, ils peuvent également se classer en distribution correspon-
dante aux tableaux précédents. Si nous n'avons point
esquissé ici ce travail, ce n'est pas qu'il soit inutile
aux études dramatiques, auxquelles il est au contraire
indispensable, mais parce qu'il n'est au fond qu'un
renversement ou contre-partie du cadre de l'analyse
générale de la passion, et qu'il comporte ensuite des
détails qui ne sauraient être mis sous les yeux de tout
le monde. Ces sortes d'investigations n'appartiennent
qu'à l'histoire intime des mœurs des sociétés en décadence, véritables abîmes de turpitudes et de déprava-
tions. Lorsqu'on l'entreprendra pour le compte de la
civilisation actuelle, dont on se montre si fier, on re-
culera d'horreur en constatant combien, malgré ses
formes hypocrites, elle dépasse en raffinements odieux
ce que l'on sait de celles qui l'ont précédée dans l'en-
gouffrement subversif. Il y a progression de mal dans
les dégradations sociales successives, comme il y a
progression de bien dans les phases d'ascension ou d'organisation supérieure de ces périodes, celles-ci n'é-
tant, après tout, que les échelons de la carrière huma-
nitaire, contenant conséquemment toujours, en même
temps que des causes de destruction, les germes du
développement nécessaire.

V

Lorsqu'on décompose ainsi les sentiments ou passions, à l'aide des données de la psychologie physiolo-
gique, on se demande si jamais il sera possible de
constituer un milieu social dans lequel tous ces types
variés rencontreront pleine satisfaction. Il faut l'admettre pourtant, à moins de faire de la nature un
chaos, et, de son auteur, s'il n'était pas contradictoire
qu'il existât au-dessus de cette confusion, un fou ou
un cruel démon. Supposer Dieu inepte ou méchant ne
serait pas seulement affirmer qu'il est le mal, comme
le firent blasphématoirement quelques esprits troublés
par l'orgueil et l'ivresse de la critique, ce serait surtout le nier, l'abolir. Mais, s'il existe, il a tout calculé,
tout prévu, tout préparé pour ses finales harmonies ;
et si ses vues comportent d'autres lois, d'autres mœurs
que celles qu'ont établies provisoirement les philosophes et moralistes, il faudra bien les découvrir, les
instituer sous peine de vivre sous la compression ou
de périr dans l'anarchie.

Comme la nature n'est jamais simple, même dans
celles de ses créations qui nous paraissent d'ordre élé-

mentaire, on ne saurait sans aveuglement, attribuer à l'amour humain la seule fonction matérielle de la procréation. Il ne se borne pas là, même chez les animaux où, bien qu'à l'état de pur instinct, il est souvent rehaussé par une esquisse de vagues sentiments, qui en restreignent le caractère brutal, donnent lieu à des liens de famille plus ou moins conscients et durables. A plus forte raison, indépendamment des grâces de la galanterie, qui attirent l'un vers l'autre les sexes, doit-il revêtir, chez l'homme, les caractères de la sociabilité, qui fait de celui-ci un être à part absolument supérieur. Aussi, bien que l'on ne s'en soit pas encore rendu parfaitement compte, l'amour est-il pour l'humanité le puissant levier politique auquel on devra un jour les prodiges les plus féconds dans toutes les branches de l'activité sociale. Au lieu d'énerver les générations par la volupté, de les pousser comme actuellement, dans la paresse et la dissipation, il passionnera pour l'utilité, pour la gloire, seuls prestiges qui toucheront l'imagination, le cœur des femmes, dès qu'elles n'auront plus besoin de personne pour subvenir aux nécessités de leur existence. Mais, sous ses feux, il ne verra pas éclore que la richesse et toutes les perfections de l'art, il multipliera aussi, étendra, universalisera les rapports affectueux, les jouissances de l'âme, réalisant effectivement cette unité familiale de l'espèce annoncée dans les prophéties.

Michelet, dans son livre de l'Amour, a senti ces profondeurs. « Au nom de la femme et de par la femme, dit-il, ordre à l'homme de changer la terre, d'en faire un lieu de justice, de paix, de bonheur, et de mettre le ciel ici-bas...

« La mission de la femme (plus que la génération

même), c'est de refaire le cœur de l'homme (1). »
Mais celle qui refait le cœur est rarement celle que
l'on possède corporellement, et c'est là le rôle social, civilisateur par excellence de l'amour sentimental. C'est par son charme, par sa puissance idéale, divine, qu'il élève les sentiments, ennoblit les âmes, les
transporte dans les sphères du dévouement, de l'héroïsme, qu'il plane au-dessus des personnes et du
temps, qu'il atteint enfin les cimes de la gloire, de la
charité, de la sainteté.

On ne soupçonne pas, tant l'horizon du monde
actuel est rétréci, brumeux, tant la vue des hommes
d'État est voilée par les mesquines intrigues des basses
ambitions, que cette passion qui a si souvent bouleversé les empires, puisse être, dans les desseins de la
Providence, la plus importante de toutes dans le mécanisme social. On apprécie ses rares bienfaits, on déplore ses nombreux ravages ; on essaie de réglementer,
de contenir, mais en vain, son indomptable pouvoir ;
il ne vient pas à l'idée de spéculer sur l'hypothèse des
conditions qu'exigerait, dans la pratique, l'utilisation
de sa libre expansion convenablement contrebalancée ;
comme si des moyens d'équilibre, d'accord n'avaient
pas dû lui être ménagés par le suprême ordonnateur,
aussi bien qu'à toutes les autres forces qui meuvent le
monde moral, et, par lui, l'univers physique. C'est outrager le bon sens, insulter à l'éternelle sagesse, trahir
cette malheureuse humanité, trop stérile encore, il
paraît, pour engendrer les ingénieurs et inventeurs
sociaux qui sauront remplacer l'orgie actuelle des passions par le concert pour lequel elles sont formées.

(1) *L'Amour*, p. 16, 7.

En effet, dans l'état présent de la civilisation, foyer de contradictions, de ruses, de mensonges, de perfidies, de violences plus ou moins déguisés, mais trop réels, non-seulement on ne sait ni ne peut faire place aux variétés multiples de l'amour; on ne réussit pas davantage à utiliser ses impulsions générales. On ne modère pas même ses écarts sensuels les plus dangereux, ainsi que le prouvent les honteuses séductions, les monstrueux attentats dont les tribunaux ne répriment qu'une insignifiante proportion. Quant à l'opinion bourrée de préjugés sur ce sujet comme sur tant d'autres, quant aux doctrines morales officielles ou officieuses, n'admettant que la seule répression, elles poussent également au désordre, sans conscience, sans souci de l'impuissance des conventions opposées aux impulsions de la nature.

Pour ce qui est du monde galant, s'il n'ose trop ouvertement applaudir aux calculs, aux surprises qui captent les bonnes dots, visent à ce qu'on appelle des espérances de famille, il les tolère sans aucune difficulté. Il fait plus, il tourne le premier en dérision les affections purement spirituelles entre sexes différents; conspue comme ridicule, le respect de la personne aimée, de la jeune fille innocente, sans soupçonner qu'il y a là, encore une fois, le germe de l'esprit chevaleresque, d'un héroïsme dont on a oublié l'emploi, dont on ne peut pressentir les splendeurs, dès qu'on le soustrait aux lois de la franchise, de la vérité, de l'honneur. Il n'est pas même aujourd'hui jusqu'aux femmes, victimes de ces mœurs grossières, qui ne plaisantent de cet amour simple, tout de sympathie désintéressée. Et cependant, quoi de plus noble, de plus inspirateur, de plus réellement dramatique que ce culte de la beauté pure, chaste, idéale !

« L'amour sexuel véritable et mutuel ne doit pas
consister exclusivement dans la possession matérielle
de l'objet, dit un auteur d'autant moins connu encore,
qu'il est plus substantiel, plus profond. Il est en ma-
jeure partie le vif et irrésistible attrait qui entraîne
notre sympathie, le dévouement sans bornes, l'adoration respectueuse et le culte saint. *Tout cela doit être
placé au-dessus des sens qui ne jouent qu'un rôle
secondaire dans ce sentiment.*

« La possession matérielle est l'expression physique, extérieure, de cet amour, comme le mariage en
est le but et la réalisation. Mais on aurait tort, comme
prétendent quelques-uns, de séparer cette possession
du fond ; car la forme ne se détache pas du fond : les
deux choses sont indivisibles (1).

Ces considérations très-justes sembleraient impli-
quer pourtant l'illogisme d'un amour exclusivement
sentimental, sans autre issue prévue, voulue. Celui-ci
n'est pas néanmoins sans réalité, si exceptionnel qu'il
paraisse d'abord, ainsi que l'a prouvé, entre autres,
Châteaubriand vis-à-vis de Mme Récamier, qu'il solli-
cita longtemps à un mariage qui ne pouvait, il le savait, se consommer.

C'est aussi ce même amour qu'éprouva surtout
J.-J. Rousseau pour Mme de Warens, et qu'il vit avec
chagrin profané par la conclusion prosaïque que crut
devoir y donner la charmante femme.

« La douceur, la suavité du parfum moral et déli-
cieux de l'amour se fait sentir en tout et partout, et
particulièrement dans les ralations même les plus

(1) A. Gilliot, *Esquisse d'une science morale*, t. II, p. 189.

chastes et les plus pures entre les deux sexes. C'est
ainsi seulement que nous pouvons nous expliquer
comment la tendre influence d'une mère, le regard
caressant d'une sœur, le soupir plein de candeur
d'une épouse, la muette supplication pudiquement
exprimée sur le front d'une jeune fille aimée, retiennent et maintiennent dans les bornes les élans d'un
jeune homme insensible à toute autre influence. Si
l'amour. prédominant peut nous faire tomber dans
mille aberrations, dans mille égarements, dominé par
la religion, par la morale et par l'intelligence, il peut
être l'origine des sensations les plus agréables et les
plus délicieuses qu'il nous soit permis d'éprouver ici-
bas.

« La partie morale de la générativité (ressort spirituel) adoucit toutes les passions et particulièrement
l'orgueil et la haine, qui rendraient l'homme insatia-
ble. Elle alimente et multiplie les affections tendres et
bienfaisantes (1). »

Le ressort spirituel peut donc en certains cas, suffire aux âmes d'élite qui se croient, elles le pensent
du moins, désabusées des jouissances vulgaires. Pourquoi n'admettrait-on pas, malgré la jeunesse, l'excès
des pratiques galantes de Louis d'Orléans, qu'il fût de
nature à ressentir ce genre d'affection? L'hypothèse
est d'autant plus permise au point de vue poétique,
que cette forme éthérée de l'amour ne convient réellement qu'aux caractères transcendants qui peuvent
ainsi aimer héroïquement sans engager, sans compromettre l'objet de leur culte passionné.

Mais, on objectera encore, croyant justifier l'invrai-

(1) Mariano Cubi, *Leçons de phrénologie*, t. II, p. 17, 8.

5

semblance de cet amour chez le prince, qu'il s'en permettait simultanément bien d'autres auxquels ne manquait aucune conséquence, et que la pluralité des amours est la négation même de la vraie passion. C'est une double erreur en psychologie pratique. D'une part, l'unité d'affection n'est point une loi qui se puisse établir par l'observation, même chez les peuples monogames les plus rigides ; d'autre part, c'est ordinairement dans quelque lien charnel subsistant que l'amour exclusivement sentimental trouve ses garanties de sincérité, de durée, l'homme n'étant ni un pur esprit, ni un ange. Enfin le renversement hiérarchique, principe fondamental qui, dans le groupe d'amour, soumet le fort au faible, assure à la femme la prépondérance, l'autorité morale, le droit de régler, de fixer le ton des relations, donnera toujours à celle-ci le moyen d'arrêter, si bon lui semble, les entreprises d'un amant. L'honnêteté de Marguerite impliquera donc la pureté de Louis.

Sans doute, les prescriptions les mieux sanctionnées des moralistes ont échoué, échoueront sans cesse contre la constitution fluctuante de la nature humaine. Ce qu'elles n'ont pu, ne sauraient faire, se réalisera par le mécanisme naturel des passions elles-mêmes ; mais les lois artificielles et arbitraires de la fausse politique dussent-elles pouvoir s'imposer un jour définitivement quelque part, elles n'imprimeraient pas d'utilité sociale réelle aux liens d'individus ne vivant que pour eux seuls, réalisant cet égoïsme à deux que l'on a très-judicieusement condamné, tandis qu'il résultera toujours de hauts et précieux accords de ces embrasements de la passion que provoquent le charme, la grâce, la beauté, là où l'on saura, bien entendu, trouver les conditions de relais, d'alternance qui leur enlèveront tout caractère pernicieux.

Plusieurs penseurs ont contesté, entre autres Philarète Chasles, dans ses *Questions du temps,* que l'adoration absolue et constante d'un être par un autre, pût aboutir à l'égoïsme. « En amour, dit-il, le moi se dédouble ; par conséquent il se détruit... L'amour abolit deux égoïsmes en les confondant. » Il les puissancie aussi en les multipliant l'un par l'autre, s'ils sont d'essence analogue. Ainsi, par exemple, deux amours sensuels contrecarrés, comprimés, sacrifieront tout à leurs fins, fallut-il descendre au crime, dernière expression de l'égoïsme. Sans doute, les diverses opinions formulées à ce sujet peuvent paraître également vraisemblables, puisqu'elles rencontrent toutes, quelles qu'elles soient, des faits pour les corroborer. Cependant, suivant le degré d'élévation du sentiment, il y aura plus ou moins de générosité, d'abnégation. C'est, du reste, ce que l'auteur sus-nommé a compris lorsqu'il a ajouté : « Si une passion nous ramène au moi, elle nous abaisse. Si elle nous éloigne du moi, elle nous élève. » En effet, les accords de l'amour sont d'autant mieux coordonnés à la sociabilité générale, qu'ils subordonnent davantage le ressort matériel et donnent par là plus d'élan aux affinités supérieures.

Au surplus, qu'il faille inférer de là la pluralité des amours, c'est à l'histoire naturelle de l'homme et à l'engorgement de ses passions, qu'il faut en demander compte ; car cette pluralité est un fait que la pleine liberté, en matière de mœurs, ne manque jamais d'amener, et que la contrainte, quelles que soient ses formes, ses moyens, est partout et toujours impuissante à conjurer. Si la nature a généralisé de tels

penchants, qu'il a fallu combattre au nom des convenances éventuelles, est-ce elle qui tend un piége à ce
qu'on appelle la vertu, ou n'est-ce pas plutôt l'esprit
humain qui n'a pas su trouver encore le mécanisme
propre à concilier ses impulsions avec l'honneur,
l'utilité sociale?

Assurément ce mécanisme ne changera ni le principe, ni les variétés de l'amour, qui ne dépendent point
heureusement des volontés humaines et sont au-dessus
de leurs atteintes; mais, fût-il encore plus ou moins
ignorant de la science complète des équilibres pas-
sionnels, il en atténuera les écarts, les dangers, s'il
peut raffiner leurs essors, opposant par là aux instincts
bas, égoïstes, qui ne comportent que l'ombre du plaisir, les sentiments purs qui procurent des joies durables, profondes, l'estime publique, la sécurité dans le
bonheur. Il suffira pour cela que l'éducation, l'intérêt
social maintiennent à leur place, dans leur véritable
rôle, l'amour de la femme, celui de la famille, si sujets
aux faux mouvements; qu'ils leur fassent partout céder
le pas à l'amitié, à l'autorité du mérite. Alors, les
quatre affections primordiales du cœur, disposées deux
à deux comme les roues d'un char, conduiront, sans
secousses, sans risques, la moralité générale jusqu'au
méridien de la justice, de la vérité. En ce temps, il
n'y aura plus à déplorer les irrémédiables désordres
de l'amour, contre lesquels les croyances, les mœurs,
les lois, ne peuvent rien, mais au contraire à bénir son
pouvoir comme le divin instrument de toute noblesse,
de toute grandeur humaine.

C'est cette épuration, cette sublimation de l'amour
que rêvait, que cherchait Louis d'Orléans, dans sa tendresse désintéressée pour Marguerite, ainsi qu'il appa-

raît dans sa conduite vis-à-vis d'elle, dans les dispositions que lui fait prendre, à l'égard de son cousin
Jean, qui se croit odieusement trahi, le pressentiment
d'une mort prochaine, laquelle dénouera sa destinée,
apaisera l'animosité des partis, dégagera sa mémoire
du poids exagéré des faiblesses qui lui sont imputées
à crime. Cette manifestation, en face de la mort,
prouve mieux que tous les arguments imaginables,
l'innocence de ce noble prince.

Il ne faut pas oublier d'ailleurs que les mœurs du
temps toléraient la pleine liberté en matière d'amour
céladonique vis-à-vis des femmes mariées. Les doctrines des disciples du *gai savoir*, des cours d'amour
d'Aquitaine et d'Occitanie proclamaient hautement,
aux XIII° et XIV° siècles, que le véritable amour ne·
peut exister qu'en dehors du mariage, et les lois, ou
du moins la jurisprudence, toujours subordonnées aux
mœurs, étaient presque aussi indulgentes que ces doctrines. Tandis que les Germains punissaient encore
l'adultère du dernier supplice, les statuts de Langue-
doc et de Provence semblaient en quelque sorte l'encourager. Le scandale de la pénalité, rachetable moyennant quelques sous, surpassant de beaucoup celui-là
même de la faute, c'était évidemment la compter pour
bien peu.

Le duc d'Orléans eût-il ouvertement courtisé sa cousine, on conçoit, dans l'état des idées morales du
temps, qu'il ne pouvait supposer que son cousin dût
lui en tenir une implacable rigueur.

Dans les temps modernes, on ne protége guère
mieux la moralité. La loi du 25 septembre 1791, ne
voulant pas distinguer la violence du consentement en
matière de séduction et assurant par là l'impunité aux

séducteurs; l'interdiction de la recherche de la paternité, ont fait plus que poursuivre la décadence des
mœurs, elles en ont consacré le principe, dont les conséquences se montrent dans la prostitution, le nombre
toujours croissant des enfants abandonnés ou tués, la
proportion de plus en plus considérable des bâtards,
actuellement du tiers des naissances légitimes (1).

« On sait que la mort embellit ceux qu'elle frappe,
et exagère leurs vertus; mais c'est bien plutôt en général la vie qui leur faisait tort. La mort, ce pieux et
irréprochable témoin, nous apprend, selon la vérité,
selon la charité, qu'en chaque homme, il y a ordinairement plus de bien que de mal. On connaissait les
prodigalités du duc d'Orléans, on connut ses aumônes.
On avait parlé de ses galanteries; on ne savait pas assez
que cette heureuse nature avait toujours conservé,
au milieu même des vaines amours, l'amour divin et
l'élan vers Dieu. On trouva aux Célestins la cellule où
il aimait à se retirer. Lorsqu'on ouvrit son testament,
on vit qu'au plus fort de ses querelles, cette âme sans
fiel était toujours confiante, aimante pour ses plus
grands ennemis (2). »

Cet amour prédominant pour Marguerite, auquel il
subordonnait en quelque sorte tout le mouvement de
ses passions, il le savait tellement chaste, tellement pur,
si au-dessus de toute critique fondée, qu'il ne supposait
plus, lui mort, que son cousin conservât encore le moindre souvenir de leurs vieilles inimitiés. Loin d'y voir
un grief contre sa mémoire, il y trouvait, au contraire,
une sauvegarde sacrée pour sa femme et ses enfants.

(1) *Étude sur la condition privée de la femme*, P. Gide.
(2) Michelet, *Histoire de France*, t. IV, p. 153, 4.

Si on lui accorde en tout ceci, l'intégrité de la raison, la moindre lueur de sens moral, ne faut-il pas, par là même, admettre que cet amour l'avait complétement transfiguré, reconnaître alors que celui-ci comporte un caractère puissamment dramatique, à la fois réel, idéal?

L'amour pur qui honore celui qui l'éprouve, élève, ennoblit dans la même proportion celui qui en est l'objet, fût-il déjà rendu au sommet de la vertu. C'est ainsi que saint François de Sales reconnaissait, proclamait que les sentiments si pleins d'abnégation, de sacrifice, de Mme de Chantal pour lui, avaient puissamment contribué à son progrès spirituel. L'amour de Marguerite ne fut pas inutile non plus à cet épanouissement de bonté, dont le testament de Louis d'Orléans laissa d'incontestables preuves.

Qu'importe donc que l'amour idéal dont il s'agit, manque ou semble manquer du ressort matériel, celui dont abuse si scandaleusement une poétique grossière? Malgré la déplorable éducation qu'on lui a donnée, le public s'en plaindra-t-il, si de douces et saines émotions compensent et au-delà celles, bien différentes, qu'il eût ressenties pour le sujet traité en sens inverse? Il ne croit point, dit-on, à l'amour pur, exclusivement sentimental; il considère comme un enfantillage, une duperie, cette sainte tendresse, cette adoration religieuse qui s'en tiennent au cœur, à l'âme, d'un objet en la perfection duquel on a foi; il veut apercevoir, au moins dans le lointain, d'autres rapports, d'autres liens qui parlent à ses sens! Il est évident qu'on le rabaisse, qu'on le calomnie. Mais, s'il en est ainsi pourtant, qu'il imagine tout ce qui lui plaira. Le drame, pour n'avoir point, suivant lui, toutes ses con-

clusions, n'en existe pas moins complet, quant à ses
données, à son but. Seuls, quelques incidents de haut
goût, blessants pour la pudeur, lui laisseront-ils des
regrets? Qu'il se console, les occasions de se dédom-
mager sont assez nombreuses par ailleurs.

Telles sont les considérations, trop étendues peut-
être, dont il a paru nécessaire de faire précéder cette
étude, pour prémunir le lecteur indépendant, mais
indécis, contre les doctrines qui prétendent interdire
à la littérature dramatique tout retour aux principes
des anciens maîtres, ou toute évolution rationnelle à
l'encontre du mouvement de décadence auquel on doit
la plupart des œuvres contemporaines. Ce lecteur
jugera si, même au point de vue du drame, cet essai
présente ou non de l'intérêt.

LA MORT

DE

LOUIS D'ORLÉANS

PREMIÈRE PARTIE

L'ABBAYE DE SAINT-DENIS

1389

PERSONNAGES

CHARLES VI, roi de France.
LOUIS, comte de Valois, frère du Roi.
PHILIPPE LE HARDI, duc de Bourgogne.
JEAN SANS PEUR, comte de Nevers.
LE SIRE DE BAR, ami de Louis.
LE SIRE DE SAVOISY.
LE SIRE DE COUCY.
RAOUL D'AUQUETONVILLE, général des finances.
Seigneurs.
Un héraut d'armes.

—

ISABEAU, reine de France.
MARGUERITE DE HAINAUT, comtesse de Nevers.
Dames de la Cour.

1389

L'ABBAYE DE SAINT-DENIS

Une immense tente rayée vert et blanc, décorée de trophées. Vers le fond à gauche un haut pavillon de tapisseries précieuses bizarrement historiées, destiné au Roi, comme trône. De chaque côté, des banquettes étagées pour les dames. Au fond, le portail de l'église, fermé et couvert des mêmes tentures pouvant se relever en rideaux.

I

Groupes de Seigneurs français et étrangers, travestis de diverses manières. Arrivent successivement des dames masquées qui prennent place sur les banquettes, et des cavaliers se rapprochant des groupes qui circulent. Groupe principal à droite. Musique en sourdine permettant de parler.

LE SIRE DE COUCI.

Si les princes d'Anjou sont accueillis à Naples comme ils sont fêtés ici, à l'occasion de leur chevalerie et de leur départ pour la revendication du trône qu'avait voulu assurer, par adoption, la reine Jeanne à leur infortuné père, ils ne regretteront pas les soins et les risques de l'entreprise.

LE SIRE DE SAVOISY.

Elle a déjà coûté suffisamment de sacrifices : la destruction d'une armée, la perte d'immenses ressources,
la mort du malheureux prétendant...

LE SIRE DE COUCI.

Sans doute ; mais comptez-vous pour rien les in-
croyables fautes qui ont amené les désastres de 1382 :
la lenteur des préparatifs, l'incapacité dans la conduite des opérations préliminaires, le retard de l'arrivée, qui a permis aux ennemis de la vieille Jeanne de
l'étouffer comme une enragée furieuse!... Ce sont là
des souvenirs qui recommandent peu là-bas les fils du
duc d'Anjou.

LE SIRE DE SAVOISY.

Il est certain que le projet semble prématuré, et je
ne m'étonnerais pas que notre bien-aimé roi Charles VI
eût plutôt voulu tâter l'opinion par ces démonstra-
tions d'apparat, qu'annoncer une décision sérieuse...
Ne nous y arrêtons donc pas nous-mêmes... Laissons
là les conjectures à cet égard... Ne voyons que l'actuelle réalité... On le peut sans peine au milieu des
splendeurs qui nous entourent.

LE SIRE DE COUCY.

Le fait est que nos seigneurs et maîtres entendent
noblement la vie, le comte de Valois surtout!... Quel
charmant prince !... Que de bonté, d'imagination, d'esprit !... Quel raffinement dans ses goûts !... Quelle
poésie dans ses amours!... C'est l'enfant gâté de la nature et de la grâce!... C'est réellement un grand artiste!...

LE SIRE DE SAVOISY.

C'est un prince accompli, assurément... C'est un cœur d'or!... Une source vive de charité!... Une âme d'ange dans le corps d'un chevalier!... Ah! si tous ceux qu'égarent ses rivaux pénétraient les trésors qu'il cache sous ses apparences mondaines!...

LE COMTE DE BAR.

J'imagine que ses oncle et cousin de Bourgogne auraient moins de partisans pour agiter le peuple de Paris... Ces factions intrigantes qui troublent, menacent le royaume, tomberaient bientôt dans l'impuissance et le mépris...

RAOUL D'AUQUETONVILLE.

Ce ne sont pas les légitimes griefs de ceux qui veulent réformer les abus qui constituent les dangers de l'Etat, mes seigneurs; ce sont ces abus mêmes : la dilapidation scandaleuse du trésor, les folies du roi et de la reine, les désordres de monseigneur de Valois, qui ne s'arrêtent pas même devant la dignité, l'honneur de ses proches!... Pensez-vous, par exemple, que nos seigneurs de Bourgogne et de Nevers pardonnent jamais, fût-ce au frère du roi, des imprudences qui les outragent ?

LE COMTE DE BAR.

Oh! quant au comte Jean, ses soucis de ménage m'intéressent peu... Il est assez maussade pour mériter toutes sortes d'infortunes... La belle Marguerite de Hainaut serait bien dupe de se gêner pour cet ours, plus fait pour inspirer la crainte que l'amour!...

LE SIRE DE SAVOISY.

Mes seigneurs, la comtesse de Nevers est pure et vertueuse... Ne mêlons pas son nom à de légers propos.

LE SIRE DE COUCI.

Savoisy a raison, mes seigneurs, la comtesse est une de ces femmes que ne doit effleurer nul soupçon... Monseigneur de Valois peut en être épris ! il aime tout ce qui est noble et beau !... Jean de Nevers peut s'alarmer des respectueux empressements de son cousin... Tout cela ne prouve rien...

LE COMTE DE BAR.

Pauvre femme ! je la plains !... Un mari laid, triste, jaloux !...

LE SIRE DE COUCI.

Vous êtes de méchantes langues... J'ajoute de maigres moralistes... Jeunesse et sagesse ne marchent pas de pair... La jeunesse fond les glaces, fait éclore les fleurs, rayonner la vie... Ce pouvoir magique n'est pas sans but... La séduction des grâces implique l'inconstance dans le plaisir !... Dépouillez les femmes de tous charmes, si vous redoutez l'alternative des conséquences qu'ils entraînent...

RAOUL D'AUQUETONVILLE.

Monseigneur de Nevers n'entend priver la sienne d'aucun de ses agréments, ni permettre à personne de s'en avantager, fût-il prince du sang, frère de roi, roi lui-même !... Monseigneur de Valois fera bien peut-être d'y songer.

. LE COMTE DE BAR.

Monseigneur de Valois a prouvé ces deux derniers jours qu'il s'inquiète peu des ombrages de son cousin... Ce n'est pas cette nuit, sous le masque, qu'il va fuir la belle comtesse Marguerite... Que de concerts amoureux les ténèbres et l'incognito vont couvrir !... Pauvres maris ! ouvrez les yeux, prenez des lanternes, arrachez les voiles, si on vous le permet !... Que d'intrigues ébauchées par des œillades, des serrements de mains, quelques syllabes émues, vont se résoudre au milieu du tourbillon des danses, des promenades !... Allons, mes seigneurs, de l'audace et bonne chance !... Voici le comte de Nevers... (à *Savoisy*) Il cherche Raoul d'Auquetonville.

Raoul d'Auquetonville va au-devant de Jean.

LE SIRE DE SAVOISY.

Le comte de Nevers sous ce bizarre costume ?

Le comte de Nevers et Raoul reviennent en causant, s'arrêtant de temps en temps. Le comte Jean est travesti en Destin.

LE COMTE DE BAR.

Vous ne l'eussiez pas reconnu dans cet équipage sinistre ?

LE SIRE DE SAVOISY.

Non, ma foi.

LE SIRE DE COUCI.

Monseigneur de Nevers devient depuis quelques temps étrangement intime avec le général des finances... Celui-ci soupire pourtant aussi pour la belle comtesse.

LE SIRE DE SAVOISY.

Il oserait !...

LE COMTE DE BAR.

Que n'ose-t-on pas, quand on tient l'argent d'un royaume !... Je crois soupçonner, du reste, le motif de l'étroite liaison du comte Jean et de Raoul... Le jeune héritier de Bourgogne a toujours des raisons quand il semble donner son amitié.

LE SIRE DE SAVOISY.

Voudrait-il relever le crédit du grand trésorier?

LE COMTE DE BAR.

Oh! non, le comte de Nevers n'est pas chevaleresque à ce point !... On saura un jour la vraie cause de cette alliance... Ils approchent, dispersons-nous.

Le groupe se divise et le comte de Bar, après avoir fait semblant de se retirer vers le fond, revient, par un circuit, se placer derrière un pilier d'où il pourra entendre ce qui se dira entre les deux nouveaux venus.

II

LES PRÉCÉDENTS, LE COMTE DE NEVERS, RAOUL D'AUQUETONVILLE.

JEAN.

Peut-on pousser plus loin l'impertinence !... Avez-vous vu, Raoul, cette assiduité auprès de la comtesse?... Avez-vous remarqué ces regards railleurs que dirigeaient sur moi les témoins de cet impudent manége?... Et je subirais ces injures! Non ! mille fois non!

RAOUL.

Il y a dans ce fait, Monseigneur, plus d'inconvenance que de parti pris... Tout le monde connaît la
vertu de madame la comtesse.

JEAN.

Oui, le monde est pour elle... Mon amour se refuse
à l'accuser... C'est là ce qui contient ma colère!... Cependant, avez-vous vu la douceur de son regard, la
bienveillance de son sourire en causant avec cet
homme ?

RAOUL.

Madame la comtesse ne saurait montrer un front
sévère au frère du roi, Monseigneur.

JEAN.

Ce n'est pas cela qui la dirige, Raoul. Je ne me l'a-
voue qu'avec rage, Marguerite subit, comme toutes les
femmes, l'ascendant de cet étourdi.

RAOUL, *à part.*

Je ne le sais que trop! (*haut*) Permettez-moi de vous
dire, Monseigneur, que vous vous exagérez les choses...
Madame la comtesse, tout en reconnaissant les brillantes qualités de monseigneur de Valois, ne songe
pas, j'en suis sûr, à faire la coquette.

JEAN.

Je veux l'admettre... Il n'en est pas moins vrai que
Louis tire vanité de son accueil... Quand je pense à
cela, je sens se soulever en moi la juste fierté de notre
race... Raoul, que cet écervelé prenne garde!...

RAOUL,

Vous êtes, Monseigneur, quoique jeune, plus sage,
plus réfléchi que moi... Tout ce que vous pourriez faire
serait bien, je le sais... Pourtant, à votre place, j'use-
rais de ménagement. Je ne voudrais pas donner à
monseigneur de Valois l'occasion de rire à mes dé-
pens... Je ne voudrais pas surtout m'inquiéter sans y
être parfaitement autorisé... En supposant que ma
femme fût coupable, j'éviterais encore tout éclat.
(*à mi-voix*) Il y a tant de moyens de se venger sans
publier ses humiliations!...

JEAN, *après avoir réfléchi.*

Vous avez raison, d'Auquetonville... Votre conseil
est bon, j'en ferai mon profit... Comment m'assurer
de l'innocence ou de la perfidie de la comtesse ?

RAOUL.

En la surveillant...

JEAN.

Les femmes sont bien adroites, lorsqu'elles trompent.

RAOUL.

Cherchez quelqu'un plus habile encore.

JEAN.

Il est tard pour tenter cette expérience.

RAOUL.

Comment cela, Monseigneur?

JEAN.

Sans doute... J'ignore le travestissement que prend cette nuit la comtesse.

RAOUL.

Je le sais, moi, Monseigneur.

JEAN.

Vraiment, par quel hasard ?

RAOUL.

Je vous conterai cela, Monseigneur... On nous observe peut-être... (*Regardant autour de lui*) Nous n'avons pas à délibérer longuement... Vous convient-il que je m'attache aux pas de la comtesse ?

JEAN.

Je puis compter sur votre discrétion ?

RAOUL.

Je suis à vous, Monseigneur... à vous... autant qu'au roi.

JEAN.

C'est peu !

RAOUL.

Eh bien! Monseigneur, je vous appartiens sans partage.

JEAN.

Quoi que j'exige? Quoi qu'il arrive ?

RAOUL.

Oui, Monseigneur, je vous le jure.

JEAN.

J'accepte vos services... Suivez la comtesse comme son ombre et informez-moi de ce qui se passera.

RAOUL.

Afin que vous puissiez vous-même surprendre les faits et gestes des personnages, Monseigneur, sachez que madame la comtesse paraitra au bal, costumée en dame romaine, et le comte de Valois en héros.

JEAN.

Bien... J'aurai les yeux sur eux... (*Apercevant Philippe-le-Hardi*) Mon père...

LE COMTE DE BAR, *avançant la tête.*

Monseigneur de Bourgogne!... Ce ne sont pas les femmes qui le préoccupent, lui!

III

LES PRÉCÉDENTS, PHILIPPE LE HARDI en Jupiter.

PHILIPPE.

Mon fils, votre air sombre a été remarqué... Vous est-il survenu quelque mécompte?

JEAN, *un peu embarrassé.*

Monseigneur... ces fêtes me fatiguent...

PHILIPPE.

A votre âge et dans votre rang, il n'est pas naturel

d'éprouver ce dégoût des plaisirs... Il se passe en vous quelque chose dont vous ne voulez pas m'instruire...

JEAN.

Je vous assure, Monseigneur...

PHILIPPE.

. Je ne vous demande pas vos secrets, puisque vous en avez pour un père qui vous aime et voudrait vous rendre heureux. . -

JEAN.

Puis-je l'être, Monseigneur, dans l'inaction où je vis au milieu d'une cour corrompue ?

PHILIPPE.

Patientez, mon fils... Votre jeunesse peut attendre...

JEAN.

Je vous le répète, Monseigneur, l'oisiveté me pèse... Je rougis de n'avoir rien entrepris encore pour la gloire de notre maison... J'ai besoin de me soustraire à l'atmosphère que l'on respire ici.

PHILIPPE.

Plus bas! mon fils... Plus bas !.. si l'on vous entendait, on ne manquerait pas de nous attribuer des projets que... nous repoussons...

JEAN.

Les mœurs de la cour ne sont un mystère pour personne, Monseigneur... Tout le monde en gémit... N'ai-je pas aussi le droit d'en dire mon sentiment?

PHILIPPE.

Non, mon fils... Nous devons être plus circonspects
que d'autres, car nous avons auprès du roi de France
et de Monseigneur de Valois de très-redoutables
ennemis.

JEAN.

Le comte de Valois n'a pas trop de temps pour ses
plaisirs, Monseigneur... Est-ce d'ailleurs la maison de
Bourgogne qui doit le craindre, ou bien lui qui doit redouter la maison de Bourgogne?

PHILIPPE.

Sans doute, notre maison est, dieu merci, assez
considérable pour braver les haines, les colères... Mais,
il y a au dessus des princes, des plus grands souverains,
une puissance qu'ils ne sauraient méconnaître, mon
fils, c'est l'opinion... Il ne faut pas qu'elle nous suppose
une arrière-pensée d'ambition... illégitime.

JEAN.

Le peuple vous estime, Monseigneur... Il vous chérit
comme un libérateur.

PHILIPPE.

Ce sont là autant de griefs contre moi... La popula-
rité rend suspects les princes qui touchent aux trônes...
Les courtisans qui vivent de bassesses, doivent chercher à nous perdre dans l'esprit du roi, car ils préfèrent un maître faible à un chef inflexible... Les
évènements seuls nous serviront, si nous savons les
diriger, en profiter...

JEAN.

En un mot, Monseigneur, la patience !.. Toujours la patience !..

PHILIPPE.

Oui, mon fils, attendez... N'abandonnons pas la portion de pouvoir qui nous est échue, et ne paraissons pas vouloir l'étendre... Cette corruption, qui vous indigne à juste titre, fera mieux nos affaires que ne le pourrait la précipitation... Pendant que le roi et son frère s'épuisent dans les excès, s'aliènent le peuple par des exactions, se déconsidèrent aux yeux des factions de l'intérieur, des coalitions du dehors, nous grandissons, nous, mon fils... Un jour qui n'est pas éloigné, nous serons implorés comme des sauveurs !..

JEAN.

Je vous comprends, Monseigneur, votre politique est profonde comme votre génie... Je mettrai mon honneur à la servir... Oh ! qu'il sera beau le jour où je verrai se confondre sur votre auguste front, les couronnes de France et de Bourgogne !

LE COMTE DE BAR, *à part*.

Ai-je bien entendu ?

PHILIPPE.

Cela se réalisera peut-être, mon fils, si la cour s'obstine à ne point réformer ses mœurs, si les courtisans continuent à dominer les jeunes princes... Nous n'aurons eu qu'à laisser faire...

LE COMTE DE BAR, *à part*.

Nous verrons bien !

JEAN.

Qu'il me tarde!... (*Ils s'éloignent.*)

IV

LES PRÉCÉDENTS, moins PHILIPPE et JEAN.

LE COMTE DE BAR.

Voilà bien des passions aux prises!... Philippe vise à s'emparer du trône, son fils à se venger de son cousin... Le roi se défie du cher oncle, Louis de Valois le déteste cordialement... Les courtisans des deux camps, l'étranger, soufflent le feu impur de ces divisions... Le peuple gémît sous le poids des impôts, de la misère... Pauvre France! comment sortiras-tu de ce chaos d'ambitions, d'intrigues, de complots, de trahisons, de crimes!.. Pièges dans le présent!.. Catastrophes dans l'avenir!.. (*Apercevant le comte de Valois et la comtesse de Nevers*) Le comte de Valois, la comtesse de Nevers... Avertissons-les sans tarder...

V

LES PRÉCÉDENTS, LE COMTE DE VALOIS, LA COMTESSE DE NEVERS travestis. Plusieurs dames et seigneurs également travestis et masqués. Le comte de Bar ne voulant pas interrompre l'entretien du comte de Valois et de la comtesse, guette si personne ne vient pour les surprendre.

LE COMTE DE VALOIS, à *Marguerite*.

Je vous jure, belle cousine, que ce n'est point galanterie : vous êtes adorable!

MARGUERITE.

De grâce, Monseigneur, ne me faites pas regretter d'aimer à vous entendre.

LOUIS.

Pour vous respecter comme un ange de pureté, pour vous vénérer comme une sainte, je ne puis pourtant pas me fermer les yeux, belle cousine.

MARGUERITE.

Vous pouvez, Monseigneur, me trouver quelques attraits sans me le dire.

LOUIS.

Et que vous dirais-je qui eût plus de prix à mon cœur?

MARGUERITE.

Vous avez assez d'esprit, Monseigneur, pour trouver mille sujets plus intéressants pour vous, moins embarrassants pour moi.

LOUIS.

J'oublie près de vous les évènements, toute science humaine, belle cousine... Vous présente, rien n'existe plus que vous!

MARGUERITE.

Je le sais, Monseigneur, c'est pourquoi cet amour doit servir les grands intérêts de la paix et du bonheur public, non se déshonorer en tombant dans une vulgaire intrigue.

6

·LE COMTE DE BAR, *s'approchant.*

Monseigneur?

LOUIS.

C'est toi, mon brave comte ?.

LE COMTE.

Pardon, Monseigneur, mais...

LOUIS.

. Eh bien ! qu'y a-t-il ?

LE COMTE.

On vous épie, Monseigneur...

MARGUERITE.

Oh ! mon Dieu ! si l'on m'avait trahie !..

LOUIS.

Ne craignez pas, madame... Nul n'oserait en ma présence...

VÎ

LES PRÉCÉDENTS, JEAN se dirigeant vers la comtesse.

MARGUERITE.

Ciel !... Le comte !...·

LOUIS. ·

Bonne contenance ! madame...

JEAN, *d'une voix émue.*

Vous avez choisi un costume sévère, madame la comtesse... Mais la grâce de votre personne ne permet pas de se méprendre.

La comtesse demeure immobile.

LOUIS.

Vous vous trompez, beau sire, madame n'est pas de votre connaissance. .

JEAN.

En vérité, Monseigneur?

LOUIS.

Je vous l'assure...

JEAN.

Je n'ai jamais vu cette taille élégante, ce cou si noblement attaché, cette opulente chevelure, ce bras modelé sur l'antique?

LOUIS.

Je ne dis pas cela, beau sire ; mais vous ignorez certainement à qui appartiennent ces perfections.

JEAN.

Madame la comtesse va vous répondre en me suivant.

LOUIS.

Vous êtes chez le roi, beau sire... Il ne reçoit que de courtois chevaliers...

JEAN.

Mélés de séducteurs et de femmes infidèles !

LOUIS.

Ajoutez qu'il peut s'y rencontrer de ridicules maris. ·

JEAN.

Monseigneur!... Je sais qui est cette femme... Je
veux qu'elle se retire!

MARGUERITE.

Je suis perdue!...

LOUIS.

Vous êtes fou!...

JEAN.

Allons, madame, suivez-moi !

LOUIS.

Restez, madame.

JEAN, *voulant saisir la comtesse.*

Faut-il vous entraîner de force?

LOUIS, *s'opposant à Jean.*

Cette plaisanterie se prolonge trop, beau sire...
Elle devient importune... Je n'aime pas le scandale...
Veuillez vous éloigner.

Pendant cette altercation, Isabeau, costumée comme la comtesse
de Nevers, s'est approchée et se trouve immédiatement derrière
Louis. Le comte de Bar, intervenant en faisant face à Jean, permet
à Marguerite de s'échapper au milieu de la foule.

JEAN.

C'est sur vous qu'il retombera, Monseigneur!...
Vous en avez déjà beaucoup causé... La mesure déborde!...

LOUIS.

Allez, allez prêcher ailleurs.

JEAN.

Mais, viendrez-vous, madame !

LE COMTE DE BAR.

Par Saint-Georges, Monseigneur, vous êtes d'un
entêtement étrange!... Puisque ce noble chevalier
vous déclare qu'il n'y a rien de commun entre madame
et vous.

JEAN.

Ton maître est un fourbe!

LE COMTE.

Monseigneur, vous troublez bien à tort notre fête
royale !

JEAN.

Comte de Valois ! vous me ferez raison!

LOUIS.

De quoi? mon beau cousin...

JEAN.

Infamie !!

6.

LOUIS.

J'ai pitié de votre colère, mon pauvre cousin...
Puisque vous le voulez, rougissez de vous être laissé
emporter contre le frère de votre roi !... Daignez rassurer, je vous prie, madame, le cœur de notre cher
cousin Jean de Bourgogne.

ISABEAU.

Quoi ! vraimént, Monseigneur, votre imagination
vous joue de ces méchants tours?

JEAN, *avec doute.*

Qui êtes vous, madame?... Votre voix...

ISABEAU.

Ne vous est pas inconnue, Monseigneur...

JEAN.

En effet, mais peut-être je me trompe encore...

ISABEAU.

Je veux vous éviter d'hésiter plus longtemps, comte
de Nevers... Seulement à l'avenir, prenez garde... les
apparences trompent souvent...

> Elle s'approche de Jean et lui parle à l'oreille.

LOUIS *au comte de Bar.*

Admirable ! mon brave compagnon...

LE COMTE.

Ouf !... J'ai eu bien peur un instant !...

JEAN *à Isabeau.*

Ah ! madame, que d'excuses j'ai à vous faire !

ISABEAU.

Votre méprise m'ôte le plaisir de vous intriguer cette nuit, mon cher cousin...

JEAN.

Je suis désolé, madame...

LOUIS.

Eh bien ! cousin, · n'avais-je pas raison de résister à votre impétueuse curiosité ?

JEAN.

Pardonnez-moi, Monseigneur... Vous l'avez dit, je suis un fou.

LOUIS.

Ce n'est pas moi que vous avez outragé, cousin... c'est une femme qui a droit à votre estime et à vos respects.

JEAN.

Chère comtesse !... Souffrez que j'aille sur-le-champ la retrouver...

Il s'incline et s'éloigne.

VII

LES MÊMES, moins la Reine et JEAN. Louis et le comte de Bar gagnent un des côtés.

LOUIS.

Ah ! ah ! ah ! ah ! le pauvre petit comte ! comme il est facile à duper !...

LE COMTE DE BAR.

Heureusement ! Monseigneur.

LOUIS.

Sans doute... à cause de cette adorable Marguerite à laquelle je ne voudrais pas occasionner le plus léger souci... Ah ! sans elle, j'aurais cruellement persifflé ce petit orgueilleux... La comtesse ne serait pas la plus ravissante des femmes, que je voudrais encore la courtiser par haine pour mon noble cousin... Je les déteste ces Bourgogne, qui veulent tout étouffer sous les rameaux envahissants de leur puissance !... Je ne puis me résoudre à les subir, qu'a la condition de les couvrir de ridicule...

LE COMTE DE BAR.

Ne poussez pas trop loin ce vain plaisir, Monseigneur... Ils sont dangereux !...

VIII

LES MÊMES, un héraut d'armes sonnant de la trompette. Tout le monde se range en cercle pour entendre ce qu'il va annoncer.

LE HÉRAUT.

Notre auguste sire le roi de France fait savoir à tous les seigneurs, chevaliers et nobles dames, ici présents, qu'un service funèbre pour le repos de l'âme de défunt le connétable Duguesclin, va être célébré en expiation des folies qui ont pu être commises pendant ces trois journées de fête. Seigneurs et nobles dames, à bas les masques ! Que chacun prenne place et se recueille.

LE COMTE DE BAR.

A la bonne heure !... après le péché, la pénitence !... Notre beau sire Charles VI pense à tout... Je crains bien néanmoins que tous les masques ne tombent pas !...

LOUIS.

Ils ne dérobent rien à Dieu, mon ami.

LE COMTE DE BAR.

Je le sais, Monseigneur ; mais aux hommes !

LOUIS.

Supporteraient-ils toujours la vérité ?... Au revoir, ami... Mon devoir m'appelle auprès du roi de France... A ce soir à Paris.

Il remonte vers l'église.

LE COMTE DE BAR.

Je n'y manquerai pas, Monseigneur.

Les rideaux du fond se relèvent, les portes de l'église s'ouvrent, et l'on voit le clergé qui officie. Les principaux seigneurs se dirigent vers la basilique, excepté Jean et Raoul qui sont revenus au premier plan. Le comte de Bar n'est pas éloigné d'eux et ne les perd pas de vue. Les autres assistants se sont dispersés de chaque côté. Musique d'orgue, chants dans l'église, mais permettant de s'entendre parler.

LE COMTE DE BAR, à part.

Bizarre personnage que ce jeune monarque !... Mélange de superstition et de galanterie... Amalgame confus d'instincts violents et de sentiments chevale-

resques... Cœur affectionné au bien, toujours entraîné
au mal !... Ame tiraillée en tous sens, déchirée en
lambeaux, comme la France !... Que les courtisans ont
beau jeu avec ce faible prince !...

RAOUL, *à part.*

Dirai-je à Jean que sa femme et le comte de Valois
l'ont indignement mystifié? Tout est-il bien désespéré
pour moi? Hélas ! la comtesse me hait... Elle n'accep-
tera pas mes hommages... J'ai tout tenté en vain !... Il
ne reste plus qu'à la perdre!... Tu ne l'auras pas non
plus, Louis d'Orléans!...

JEAN *s'approchant sur ces mots.*

Vous êtes agité, Raoul ?

RAOUL.

En effet, Monseigneur... Il y a des choses qui sou-
lèvent l'indignation...

JEAN.

Que voulez-vous dire?...

RAOUL.

Rien, Monseigneur, rien... Ne me faites pas parler,
je vous en conjure...

LE COMTE DE BAR, *changeant de côté.*

Ces deux hommes se rapprochent ; ils ont du mal à
faire.

JEAN.

Auriez-vous surpris quelque inconséquence de la
comtesse?

RAOUL.

Ne m'interrogez-pas, Monseigneur.

JEAN.

- J'exige, au contraire, que vous me rendiez.compte...
Vous me l'avez promis !

JEAN.

Vous ne me croiriez pas, Monseigneur.

LE COMTE DE BAR, *à part.*

Il va inventer quelque infamie.

JEAN.

Pourquoi, si vous prouvez ?

RAOUL.

C'est là la difficulté, Monseigneur...

JEAN.

Enfin... dites toujours...

RAOUL.

Il vous sera peut-être bien cruel de reconnaître que
vous avez été odieusement joué, Monseigneur ?...

JEAN.

C'est l'incertitude qui est cruelle, Raoul... Parlez !
je vous l'ordonne!

Le comte de Bar tend l'oreille en faisant semblant d'être fort
occupé de ce qui se passe ailleurs.

RAOUL.

Etes-vous bien sûr, Monseigneur, de la personne

qui accompagnait, travestie en dame romaine, le comte de Valois ?

LE COMTE DE BAR, *à part.*

Nous y voici !

JEAN.

Sans doute... elle s'est fait connaître...

RAOUL.

Vous l'avez bien reconnue?

JEAN.

Parfaitement.

RAOUL.

Vous êtes certain que c'est la même qui était avec monseigneur de Valois?

LE COMTE DE BAR, *à part.*

Haïe !...

JEAN.

Je le pense.

RAOUL.

S'il en était autrement?

JEAN.

Quelle preuve en auriez-vous?

RAOUL.

Il ne s'agit pas de preuve, Monseigneur... ce n'est qu'une supposition...

LE COMTE DE BAR, *à part.*

Il n'a que des doutes.

JEAN.

Enfin, quelles sont vos conjectures?

RAOUL.

Je n'en fais pas, Monseigneur... Seulement deux femmes, dans le bal, sont vêtues absolument de même, et monseigneur de Valois a beaucoup ri des excuses que vous avez faites à la personne qui se trouvait près de lui en dernier lieu... Il vous a trouvé bien jeune, bien naïf...

JEAN.

Insolent!... Et cette femme qui portait le même costume que la reine?...

RAOUL.

Je vous l'ai déjà dit, Monseigneur, c'est la comtesse de Nevers.

JEAN.

Impossible!... Je l'aurais retrouvée dans la foule, lorsque je l'y ai cherchée.

RAOUL.

On me l'a positivement affirmé, Monseigneur.

JEAN.

On s'est trompé !

RAOUL, *se haussant pour voir au loin.*

Cependant, il me semble que j'aperçois là-bas madame la comtesse...

7

JEAN.

Dans ce même costume?

RAOUL, *se haussant toujours.*

Je le crois... Elle est près de la reine et .du...

JEAN, *vivement.*

De qui?

RAOUL. .

Du comte de Valois... si je ne me trompe...

. JEAN.

Du comte de Valois? .. Encore?... (*Se haussant à son tour*) C'est vrai !... C'était donc bien elle que j'avais vue d'abord?... (*S'emportant*) Damnation! cet homme veut donc décidément que je 'le tue !
Il va pour s'élancer. Intervient pour faire diversion le comte de Bar.

LE COMTE DE BAR.

La cérémonie est terminée, mes seigneurs. A vos rangs !... Place !... le défilé commence.

JEAN.

Que m'importent, à moi, la solennité, la cour, le roi lui-même!... L'héritier de Bourgogne est outragé... Il faut qu'il se venge !... qu'il se venge avec éclat !...

RAOUL.

De grâce, Monseigneur, ne précipitons rien; ce serait tout compromettre.

JEAN.

Dissimuler !... c'est laisser le champ libre aux traitres !...

RAOUL.

Aimez-vous mieux, Monseigneur, abandonner une victoire certaine?... Obtiendrez-vous la preuve que vous voulez?... Vous aurez montré votre faiblesse en pure perte... Ceux qui vous trompent passeront pour calomniés... C'est vous que l'on condamnera !

JEAN.

C'est vrai!... Le monde juge ainsi!... Instant propice, quand viendras-tu?...

Il se mêle à la foule des seigneurs en continuant ses imprécations. Raoul le suit.

IX

LES MÊMES, moins JEAN et RAOUL Le défilé s'effectue. Le Roi, la Reine, les princes, la cour sortent de l'église, descendent lentement et tournent à gauche. Le comte de Bar à droite sur le devant et entouré d'un groupe nombreux de seigneurs, passe la revue des personnages.

LE COMTE DE BAR.

Voyez donc, messeigneurs, comme le secret instinct de la conscience se manifeste à l'insu de chacun! Dans ces costumes bariolés, vous trouvez, en y regardant de près, l'histoire de ceux qui les ont revêtus... La vie ordinaire, le classement social, les préjugés d'éducation, les circonstances extérieures, tout nous impose une attitude;

des passions factices, un masque qui nous fait autres
que nous sommes... Nous affranchissons-nous de ces
nécessités, ou nous travestissons-nous, comme dans
cette fête, pour nous confondre inconnus dans la foule,
aussitôt apparaît l'écusson de notre personnalité!...
Nous redevenons nous-mêmes dès que nul ne peut
plus nous reconnaître. C'est que notre destinée native,
reprenant le dessus, se dégage des conventions, des
mensonges!

UN SEIGNEUR.

Ainsi, mon cher comte, vous lisez dans nos travestissements ce que nous ne soupçonnons pas nous-
mêmes?

LE COMTE DE BAR.

Aussi facilement que dans un livre... Au surplus, je
ne fais pas mystère de ma science, et si vous le voulez
bien, je vais vous soumettre ses résultats... A tout
seigneur tout honneur!... Commençons par notre sire
le roi de France... Le voici, drapé en César... Sa passion, vous le savez, serait la guerre et le gouverne-
nement ; mais il a des oncles, des cousins, des maîtresses, des courtisans qui l'obsèdent, le dominent!...
Il a voulu protester malicieusement contre la violence
qu'on lui fait!...

LE SEIGNEUR.

Pauvre roi!... Comme il est pâle et languissant!...

LE COMTE DE BAR.

La reine l'accompagne, vêtue en dame romaine, non
en impératrice... C'est sa façon, à elle, de narguer l'éti-

quette du rang suprême... Elle a entendu dire que rien n'était... indépendant comme les patriciennes de la Rome dégénérée ; elle s'est introduite dans ce rôle, en attendant d'en faire une réalité !...

LE SEIGNEUR.

Cette beauté puissante n'est pas née, on le sent, pour la rêverie contemplative...

LE COMTE DE BAR.

C'est la femme des voluptés !... Derrière le roi, monseigneur de Valois en héros... Fait pour conquérir par l'esprit, l'audace, la grâce, il ressent l'aiguillon des destinées ; et privé de la couronne que le hasard aveugle a placée sur la tête de son aîné, il s'est, par anticipation, paré de celle que la postérité décerne aux grandes âmes...

LE SEIGNEUR.

C'est un prince vraiment extraordinaire.

LE COMTE DE BAR.

Comparez-lui nos seigneurs les ducs de Bourbon, de Berri, de Bourgogne, le comte de Nevers, toute notre haute noblesse.

LE SEIGNEUR,

Il est certain qu'ils n'y gagneraient pas !

LE COMTE DE BAR.

Du reste, mes seigneurs, ces bons princes ont pris soin de nous éclairer sur ce point en s'affublant comme ils l'ont fait... Vous voyez ce grave sénateur qui fléchit sous le poids de ses vastes desseins : c'est le duc de

Berri, vieux dissipateur sans idées, sans caractère, sans
crédit, qui se dédommage en grimaçant ce qu'il aurait
dû être... Près de lui, son frère, le duc de Bourgogne...
Puissant par la richesse de ses états, par la force de sa
position, la hardiesse de ses entreprises, l'importance
que lui donna la mort prématurée de Charles V, il ne
nous dissimule pas ses prétentions... Si la fortune le
secondait, il serait le maître du monde... les rois ne
seraient plus que ses vassaux... Sans songer que quiconque usurpe le rang des dieux déchoit de celui de
l'homme, il s'offre à nous en Jupiter!... Devinez-vous
la pensée de son fils, le comte de Nevers, sous les em-
blèmes du Destin?... Il aspire à planer sur les événements, dussent-ils n'entasser que des ruines!... Triste
mirage, mes seigneurs!... L'ambitieux passe plus vite
encore que ceux qu'il écrase en courant!... Voici son
auxiliaire, Raoul d'Auquetonville, chargé des œuvres
de ténèbres... La mort, dont ce courtisan a emprunté
l'image, est, en effet, le bras insaisissable qui frappe à
l'improviste ceux qui font obstacle aux criminels projets... L'horrible baladine au rictus ironique croit perdre
les responsabilités dans son néant!... Détournons les
yeux de cet enfer, mes seigneurs... élevons-les vers
l'horizon... Remarquez-vous, l'une rieuse, coquette,
l'autre rêveuse, mélancolique, la nièce et la tante, la
duchesse de Berri et la belle Marguerite de Hainaut?
La jeune duchesse, élégante, sensuelle, nous apparait
sous les traits de Junon, cette reine de l'Olympe, qui
n'en fut pas toujours l'exemple... La poétique comtesse,
vêtue comme Isabeau, mais dans un autre esprit, a
voulu nous rappeler Lucrèce, cette chaste épouse qui
plaçait l'honneur au-dessus de la vie... Une autre cervelle que celle de Jean-sans-Peur eût senti la sécu-

rité sous ce touchant symbole; il eût fallu pour cela
qu'il aimât dans la comtesse autre chose que la femme
esclave de son détestable égoïsme... Sa jalousie du
comte de Valois lui a fait blasphémer un ange!...
Êtes-vous satisfaits, mes seigneurs?

LE SEIGNEUR.

Assurément... (*Désignant la masse des travestis*)
Ainsi, ces Grecs, ces Hébreux, ces Sarrasins, ces sauvages, ces moines, ces magiciens ont aussi obéi à une
inconsciente intuition en choisissant ces divers costumes?

LE COMTE DE BAR.

Sans aucun doute... Ce sont autant de gens qui visent
à l'élégance, à l'esprit, à la simplicité, à l'insouciance
apparente, à l'indépendance du cœur, à la dévotion, à
la science... Jetez à bas leurs masques, et vous aperce-
vrez la sottise embarrassée d'elle-même, la monomanie
vaniteuse, le lâche culte des préjugés, la bestialité cy-
nique, l'athéisme superstitieux, en un mot, toutes les
difformités de notre abjecte nature!...

LE SEIGNEUR.

On voit, Monseigneur, que vous êtes pour la damnation du genre humain.

LE COMTE DE BAR.

Ne médisons pas du diable, mes amis... Il est toujours plus ou moins de nos projets... C'est un confident,
un compère, un complice sûr et discret, d'ailleurs un
joyeux compagnon!... C'est lui qui égaie le monde, y

fait fleurir la volupté, dissipe l'ennui des vertus, donne aux vices le suprême attrait, fait, en un mot, de l'homme un animal parfois intéressant. C'est lui qui nous souffle nos extravagances, édifie nos fortunes, préside à nos bouffonneries, à nos drames, les encourage, y applaudit. Le rire du diable, mes seigneurs, c'est la fin de toutes choses humaines... Nous avons vu, nous avons ri, allons-nous-en chercher à rire encore!

FIN DE LA PREMIÈRE PARTIE

LOUIS D'ORLÉANS

DEUXIÈME PARTIE
L'HOTEL SAINT-PAUL
1390

PERSONNAGES

CHARLES VI.
LOUIS.
PHILIPPE LE HARDI.
JEAN SANS PEUR.
RAOUL D'AUQUETONVILLE.
Un docteur de l'Université.
Sauvages.
Officiers.

ISABEAU.
MARGUERITE.
LA DUCHESSE DE BOURGOGNE.
VALENTINA.
Dames de la Cour.

1390

L'HOTEL SAINT-PAUL

Un grand salon de réception. Porte au fond donnant sur une antichambre. Portes latérales donnant sur d'autres salons et les appartements du Roi et de la Reine.

I

RAOUL D'AUQUETONVILLE. Dames et seigneurs en toilette de bal. Les dames sont assises.

UN SEIGNEUR.

Ce soir à l'occasion de la fête donnée par la reine pour le second mariage de l'une de ses dames, nos seigneurs le duc de Bourgogne et le comte de Nevers font leur réapparition à la cour, dit-on.

RAOUL.

. . Oui, mes seigneurs, il a fallu, bon gré mal gré comp. ter avec ces puissances.

LE SEIGNEUR.

C'est-à-dire que Monseigneur Philippe, remercié,

il y a un an, par son royal neveu, a obtenu de rentrer
en grâce.

RAOUL.

Le duc de Bourgogne veut bien reprendre la place
qu'il n'aurait jamais dû quitter.

LE SEIGNEUR.

Il l'emporte alors de nouveau sur la reine Isabeau,
le comte de Valois et les conseillers de la couronne?

RAOUL.

Monseigneur n'a plus de rivaux à la cour. C'est à
lui désormais d'y dicter des lois, aux autres d'obéir!

LE SEIGNEUR.

Monseigneur de Valois souffrira qu'il en soit ainsi?

RAOUL.

Le roi et le peuple le veulent!

LE SEIGNEUR.

Ils voudront bientôt le contraire, ou gare à la
guerre civile...

RAOUL.

Si Monseigneur Philippe le permet.

LE SEIGNEUR. *à part.*

Insolent!... (*haut*) Je vous demande pardon, général,
d'oser douter de vos paroles... C'est si étonnant, que
j'attendrai, pour y croire, que les faits vous aient justifié.

RAOUL.

Attendez !... Ne négligez pas, toutefois, votre cour au duc... C'est un conseil d'ami que je vous donne.

LE SEIGNEUR.

Je vous remercie, général... Nous verrons ce qu'en pensera le comte de Bar.

II

LES PRÉCÉDENTS, LE COMTE DE BAR.

LE COMTE DE BAR.

Il est question de moi, si j'ai bien entendu?

LE SEIGNEUR.

Je disais, en effet, cher comte, que je voulais vous consulter sur un avis que me donne à l'instant même le général des finances.

LE COMTE.

Monseigneur octroie des conseils?

RAOUL.

Cela vous surprend?

LE COMTE.

Nullement!

LE SEIGNEUR.

Le général m'engageait à saluer l'astre de Bourgogne qui, paraît-il, remonte au zénith de la faveur.

LE COMTE.

Que répondiez-vous?

LE SEIGNEUR.

Que je crois peu aux revenants... Ai-je tort ?

LE COMTE.

Peut-être...

LE SEIGNEUR.

Quoi! la reine Isabeau, Monseigneur de Valois,
Clisson, de la Rivière, Montaigu, sont réconciliés avec
la maison de Bourgogne ?

LE COMTE.

Apparemment !

LE SEIGNEUR.

C'est alors un accord, non une défaite, comme l'affirme le général.

LE COMTE.

Monseigneur Raoul d'Auquetonville soutient cela?.,
Menseigneur Raoul d'Auquetonville se trompe.

RAOUL.

La reine a un double intérêt à éloigner les Bourguignons... Elle ne saurait voir la belle Marguerite lui
faire ombre de ses succès, l'emporter dans le cœur de
Monseigneur de Valois, qui l'aime passionnément.

LE COMTE, *indigné.*

Vous allez loin, Raoul d'Auquetonville !... Nous

sommes chez le maître que vous êtes censé servir...
Mon devoir est de protester contre vos insinuations
calomnieuses !

RAOUL.

Tout sujet doit respect au ministre du roi, entendez-
vous, comte de Bar ?

LE COMTE, *à part.*

Judas !.. Traître !..

RAOUL, *avec arrogance.*

Je pourrais à mon tour !..

LE COMTE.

Quoi ?.. Me demander raison !.. (*A mi-voix à Raoul*)
Un gentilhomme ne se bat pas contre un valet !

RAOUL, *de même.*

Malheureux !..

LE COMTE, *toujours à mi-voix.*

Un valet ?.. C'est un fripon que j'eusse dû dire, puisque, pour mieux voler la France, tu te caches honteu-
sement sous la livrée du Bourguignon, le faux apôtre
de l'ordre et de l'économie !

RAOUL, *à part.*

Celui-ci est donc également las de vivre !

III

LES PRÉCÉDENTS, LOUIS, VALENTINA (1).

UN SEIGNEUR, *intervenant.*

Monseigneur le comte de Valois !

Les seigneurs se rangent de côté, les dames se lèvent. Louis et Valentina saluent. Louis accompagne la comtesse près d'un siége, puis revient au milieu des seigneurs.

LOUIS.

Cette nuit la cour sera très-brillante, dit-on, en l'honneur des princes de Bourgogne.

LE COMTE DE BAR.

L'illustre Philippe-le-Hardi sème, vous le savez, Monseigneur, l'émotion sous ses pas.

LOUIS.

C'est que ses lumières et son autorité sont utiles au bien du royaume... Le roi en a toujours jugé ainsi.

RAOUL, *à Louis.*

Le peuple approuve plus que jamais cette prudente politique, Monseigneur.

LOUIS.

Le peuple est chrétien, général : il croit, il espère, il aime !... Qui lui promet beaucoup est sûr de ses suffrages.

(1) Valentina était en ce moment à Blois, duché d'Orléans, où l'avait envoyée son mari pour la soustraire aux dangers auxquels l'exposaient ses fréquents rapports avec le Roi malade..

LE COMTE.

Promettre et tenir sont deux... Mieux vaudrait
donner que promettre...

RAOUL.

Monseigneur de Bourgogne est assez riche pour
faire honneur à ses engagements.

LOUIS.

Dites, général, que le roi, aidé de son concours,
assisté d'intègres ministres, saura combler les vœux
de la nation... Il y a de grandes réformes à faire dans
l'entourage de sa majesté, vous le savez mieux que
personne, Raoul d'Auquetonville... (*Avec intention*)
j'y travaillerai sérieusement pour ma part...

(*à* RAOUL, *s'inclinant pour se retirer*.

Monseigneur ne fera, en cela, que continuer son
œuvre...

LE COMTE.

Adieu, messire d'Auquetonville, bonne chance et
plein succès!... Attrapez les deux lièvres si vous
pouvez...

IV

LES PRÉCÉDENTS, moins RAOUL.

LE COMTE DE BAR.

Le châtiment approche pour ce misérable, ce me
semble...

LOUIS.

Grâce à sa témérité, le roi vient d'ouvrir les yeux.

LE COMTE.

Le temps, Monseigneur, est le grand réparateur de toutes choses,

LOUIS.

Ou le témoin de leur inévitable ruine... Laissons son regard impassible déconcerter les intrigues de Philippe et de Jean de Bourgogne... Une chose m'afflige pourtant : je ne peux pas abaisser leur orgueil, anéantir leur influence sans atteindre cette noble Marguerite, innocente des mauvais desseins de ces hômmes.

LE COMTE.

La comtesse vous pardonnera, monseigneur, cette dure nécessité.

LOUIS.

Pourra-t-elle croire encore à mes véritables sentiments?...

LE COMTE.

Quoi qu'il doive arriver, vous ne pouvez, Monseigneur, abandonner le roi, la France aux Bourguignons...

LOUIS.

Hélas! j'aimerais mieux mourir que causer un chagrin à ma belle cousine !

LE COMTE.

La comtesse de Nevers mérite vos égards, Monseigneur ; mais vous lui devez aussi votre honneur, dont son estime pour vous ne saurait se passer.

LOUIS

Tu as raison !... Le devoir, la politique sont implacables pour l'amour qui ne sert pas leurs intérêts. ⚬

LE COMTE.

Il y a tant d'amours qui mènent aux abîmes, Monseigneur !..

LOUIS.

Celui que j'ai pour Marguerite n'est heureusement pas de ceux-là... Je la respecte comme une sœur... Ce n'est point un vulgaire sentiment que j'ai pour elle ; c'est un culte qui me rend sa présence indispensable... J'ai voulu vivre au loin... J'ai essayé de l'oublier... J'ai voulu m'étourdir dans des folies... Rien n'a fait... Son image, le pur et doux éclat de son regard, le son mélodieux de sa voix, l'élevation de ses pensées, le charme angélique de sa personne m'ont poursuivi partout, au milieu des affaires, des plaisirs les plus extravagants !...

LE COMTE.

Son retour à la cour ne sera pas favorable à votre guérison, Monseigneur.

LOUIS.

Au contraire ! ami... Je souffre tant loin d'elle !... Oh ! je n'ai rien à redouter de sa présence... Je puis l'aimer sans la faire rougir, sans exposer mon cœur à des feux criminels !... Mais, je te le repète, j'ai besoin

de la voir, de l'entendre, de lui ouvrir mon âme commé
à une sainte protectrice...

LE COMTE

Ainsi, vous ne regrettez pas la réconciliation du
duc avec le roi?

LOUIS.

C'est moi qui l'ai ménagée, malgré la reine et les
conseillers du royaume.

LE COMTE.

Je m'en doutais!... Je ne pouvais admettre que nos
seigneurs de Bourgogne et de Nevers fussent rentrés
en grâce sans votre assentiment...

LOUIS.

Tu étais dans le vrai... D'ailleurs, ces chers parents
n'auront jamais que l'importance que je voudrai bien
leur laisser... Je ne pouvais autrement revoir Marguerite!... Toutes considérations ont dû céder devant cette exigence de mon cœur... Je vais désormais la rencontrer chez le roi, chez la reine, chez les
princes, partout!... Je vais la revoir, lui parler, respirer l'air qu'elle embaume!... O ami, cette idée me
console à l'avance des luttes qu'il me faudra soutenir
contre l'ambition remuante des Bourguignons!...

LE COMTE.

Prenez garde, Monseigneur, vous risquez gros pour
une passion sans issue...

LOUIS.

Tu.ne comprends pas ce qu'est pour moi Marguerite... Son affection purement amicale vaut plus à mes yeux qu'une couronne... Je la paierais de mon sang, de ma vie !... Tu crois qu'il s'agit d'une intrigue banale... Tu te figures que je m'illusionne sur la nature de mes sentiments... Non, cette passion que tu supposes sans issue, est d'ordre à ne tomber jamais dans la misère de l'inconséquence, du crime. Elle unissait nos âmes avant qu'elles fussent dans ces corps qui les enchaînent à la terre ; elle les identifiera lorsqu'elles en seront délivrées !... Que sont, auprès de ce bonheur, les vaines fumées de la gloire?... Rassure-toi, mon brave compagnon, les choses qui nous viennent de Dieu, nous sont secourables et salutaires...

LE COMTE, *apercevant les princes.*

Les princes de Bourgogne, Monseigneur.

LOUIS.

Enfin !!

V.

LES PRÉCÉDENTS, PHILIPPE, JEAN, LA DUCHESSE DE BOURGOGNE, LA COMTESSE DE NEVERS, suite.

LOUIS, *à Philippe.*

La France est heureuse, Monseigneur, de voir nos maisons franchement reconciliées... Elle sait que la paix et la prospérité en dépendent...

PHILIPPE.

Je partagerai sa joie, mon cher neveu, quand nous
l'aurons affranchie de l'étranger.

LOUIS.

Notre union contiendra l'Anglais, réduira les factions de l'intérieur, ramènera le bien-être parmi le
peuple.

PHILIPPE.

C'est notre plus ardent désir, mon cher neveu,
comme c'est aussi celui du roi.

LE COMTE DE BAR, à part.

L'excellent oncle se gardera de porter atteinte à
son commerce avec l'Angleterre, ses possessions du
nord fussent-elles disposées à le permettre... Ce serait
une déchéance...

LOUIS, aux dames.

La cour était bien languissante, mes dames, depuis
que vous n'y paraissiez plus.

LA DUCHESSE DE BOURGOGNE.

La reine et Madame la comtesse de Valois pouvaient
nous faire oublier facilement, Monseigneur...

VALENTINA.

On n'oublie pas plus la duchesse de Bourgogne que
la reine elle-même; chère tante.

LOUIS.

Madame la comtesse de Valois a raison, ma belle

tante. La reine de France, la duchesse de Bourgogne, la comtesse de Nevers, absentes ou présentes, fixent l'admiration comme les cœurs... N'est-il pas vrai, mon cher cousin ?

JEAN.

Vous êtes le parfait modèle de la galanterie, Monseigneur...

LOUIS.

Louez au contraire, cher cousin, la réserve de m'en tenir à des généralités... Ne pensez-vous pas belle cousine ?

MARGUERITE.

Monseigneur !

JEAN.

Empressez-vous d'acquiescer, madame, ou Monseigneur notre cousin va vous accabler de ses bonnes et gracieuses flatteries.

LOUIS.

Vous voulez couper court, cher cousin ?

JEAN, *apercevant le roi.*

Ce n'est pas moi, Monseigneur, c'est le roi et madame la reine.

VI

LES PRÉCÉDENTS, LE ROI, LA REINE, officiers, pages, suite.
Tout le monde se range et s'incline.

LE ROI.

Mes vœux sont exaucés, chers princes... Je vous
retrouve ensemble autour de moi, dévoués comme
toujours au bonheur de la France... Votre éloignement de la cour m'attristait, mon cher oncle... J'ai
besoin de votre expérience... (A Jean) Nous aurons
aussi besoin de votre épée, mon jeune cousin... Quant
à vous, madame la duchesse et à vous, madame de
Nevers, vous aviez rendu nos fêtes impossibles en les
privant de votre éclat...

> Les princesses s'inclinent.

LOUIS, à *Marguerite à mi-voix.*

Vous entendez, madame, le roi pense et parle comme
moi-même.

PHILIPPE.

Sire, la France demande la paix et de sévères économies dans les finances... C'est à lui assurer ces deux
grands biens que nous devons consacrer nos efforts,
sous vos sages inspirations....

JEAN.

Sire, mon bras est impatient de se voir à votre service.

LE ROI.

Nous n'en doutons pas, cher cousin... Votre courage, votre fidélité nous sont connus.

LOUIS, *à Marguerite.*

Je vous revois enfin, madame... Que votre absence a été longue!...

MARGUERITE.

La politique est une affreuse chose, Monseigneur!...

LOUIS.

Je l'ai maudite bien souvent, madame.

MARGUERITE.

Hélas!...

Louis et Marguerite continuent de causer.

PHILIPPE.

Sire, les mots que vous venez de prononcer annoncent que nous en finirons bientôt avec les causes qui troublent le royaume...

LE ROI.

Oui, cher oncle, j'ai hâte d'affermir mon pouvoir, d'amener nos voisins à de solides alliances.

PHILIPPE.

Vous pensez en roi et vous agirez comme vous pensez, Sire... Tous les princes de votre sang vous suivront dans cette voie glorieuse... (*A Louis*) N'est-il pas vrai, cher comte de Valois?

8

LOUIS, *distraitemeut.*

Assurément, Monseigneur ; je m'associe aux sentiments que vous exprimez au roi de France...

Il reprend sa conversation avec Marguerite.

LE ROI.

Je sais, mes seigneurs, que je puis compter sur
vous pour consolider à to·:t jamais l'unité politique de
la France, sécurité de vos provinces et de vos gou ‹
vernements respectifs...

PHILIPPE.

Nous sommes prêts à le jurer, sire, (*Désignant
Louis*) ainsi que notre cher neveu...

LOUIS, *embarrassé.*

Certainement, Monseigneur... Notre patriotisme le
commande...

Il reprend sa conversation avec Marguerite. Isabeau, Valentina
et Jean l'observent.

JEAN, *à part et courroucé.*

Peut-on pousser plus loin l'inconvenance !... La comtesse l'écoute, lui répond, comme s'ils étaient seuls !...

LE COMTE DE BAR, *brusquant la situation.*

Permettez-vous, Sire, au plus humble de vos sujets
de vous faire observer que la cour attend le signal de
la danse ?

LE ROI.

C'est juste,· mon brave comte... Le plaisir a son

heure comme la politique... Ordonnez donc que les
musiciens commencent... (*Le comte de Bar disparaît*)
Allons, mesdames, allons, mes seigneurs, soyons ardents
à la danse comme nous le serions au combat!...

La musique se fait entendre. Le Roi se confond dans la foule.
Philippe invite Isabeau; Louis, Marguerite; Jean, Valentina; le
comte de Bar, la duchesse de Berri. On se met en place et l'on
danse. Des groupes causent, jouent dans d'autres pièces; des personnages se promènent. Louis et Marguerite à gauche sur le
devant. Jean et Valentina à droite. La Reine et Philippe, au
fond, ouvrent le quadrille.

LOUIS.

La vie ne vous semblait pas triste dans vos châteaux,
belle cousine?

MARGUERITE.

Mortelle! Monseigneur.

LOUIS.

N'est-ce pas qu'il n'y a qu'une cour de France?

MARGUERITE.

C'est vrai... Là seulement on rencontre l'esprit, l'élégance, la courtoisie.

LOUIS.

C'en était fait de tout cela si vous n'y aviez plus
paru.

MARGUERITE.

Oh! Monseigneur.

LOUIS.

Je vous assure. Nos dames étaient toujours jolies,

si vous voulez ; mais elles tombaient dans la futilité...
Vous seule pouvez les retenir sur cette pente...

MARGUERITE.

Vous me rendez confuse, Monseigneur.

LOUIS.

Cet hommage est respectueux, inoffensif pour votre
modestie... La vérité, la justice l'imposent... La divi-
nité s'offense-t-elle de l'encens qu'on brûle pour l'honorer ?

MARGUERITE.

Je ne suis qu'une pauvre femme sans vertu, tout au
plus digne de pitié, Monseigneur.

LOUIS.

Ne croyez pas cela, Marguerite... Vous êtes un bon
ange envoyé contre des démons... Mon instinct ne s'y
est pas trompé... Tant que vous nous couvrirez de vos
blanches ailes, nos mauvaises passions reculeront... Si
vous veniez à les fermer, c'en serait fait de la paix, de
la sécurité, de la patrie... Nous foulerions aux pieds
cette noble mère pour assouvir nos folles convoitises.

MARGUERITE.

Ne dites pas cela, Monseigneur... Vous aimez trop
la France pour la désoler jamais.

LOUIS.

Oui, quand vous êtes là, que vous relevez en moi
l'honneur, l'humanité ; non, quand je suis abandonné
à moi-même... Oh ! alors, belle cousine, je me sens

égoïste, orgueilleux, méchant comme les autres... Les vanités du rang me montent au cerveau, l'ivresse du pouvoir m'obsède, l'impatience, la haine de tout obstacle me poussent à la lutte... Je me crée une destinée factice qui me passionne; j'oublie tout pour la poursuivre : droits de mes rivaux, repos des peuples, liens de famille, jusqu'à la religion même, qui nous ordonne l'équité, nous conseille le détachement des pompes de ce monde!...

MARGUERITE.

Vous m'effrayez, Monseigneur!...

LOUIS.

Hélas! belle cousine, je m'égare dans ces ténèbres, dès que vous n'êtes plus là pour m'orienter vers le bien... Aimez-vous notre France?,.. Voulez-vous que la concorde renaisse dans notre famille ?... Redoutez-vous qu'il n'arrive malheur à nos maisons? Alors ne m'abandonnez pas... soutenez-moi de votre miséricorde!

MARGUERITE.

Mes plus innocentes affections sont suspectées, Monseigneur... La prudence, le devoir...

Elle est interrompue par son tour de danse. Jean et Valentina passent à gauche.

JEAN.

J'espère, madame, que cette réconciliation de famille sera durable... Remarquez-vous comme Monseigneur de Valois est empressé autour de la comtesse?

VALENTINA.

En effet, Monseigneur, madame la comtesse de Ne-

8.

vers est si charmante qu'il faudrait, en vérité, que
mon seigneur et maitre fût bien indifférent pour ne pas
l'aimer comme tout le monde.

JEAN.

Vous pensez, madame, que Monseigneur de Valois
porte un réel intérêt à la comtesse?..,

VALENTINA.

En douteriez-vous, Monseigneur?

JEAN.

Plus maintenant, madame... puisque vous l'assurez...
C'est une grande satisfaction pour moi de voir monseigneur de Valois si attentif... Nos deux maisons ne
pourront certainement que s'en féliciter dans l'avenir.,,

VALENTINA.

Pourquoi pas dans le présent, Monseigneur.

JEAN.

A plus forte raison, madame la comtesse!

Les danses et les conversations sont interrompues par l'arrivée
de cinq ou six hommes déguisés en sauvages, qui font irruption
dans le bal. Ces hommes ont un costume collant recouvert d'une
toison d'étoupe. Ils gambadent en articulant des sons inintelligi-
bles. L'un d'eux lutine la jeune duchesse de Berri. Des pages se
tiennent aux portes avec des torches allumées.

LOUIS.

Eh! mesdames, messeigneurs, d'où nous viennent
ces hôtes étranges?... Sommes-nous conquis par les
Troglodytes?... Les singes des régions inconnues de
l'Afrique font-ils invasion dans notre Europe?... Par

saint Denis! ces animaux sont fort alertes, très-amu-
sants!... Il ne s'agit plus que de savoir si les anciens
nous ont dit vrai en affirmant qu'ils mangent. les .
serpents.

PLUSIEURS DAMES.

Horreur !...

Les sauvages font des bonds grotesques.

LOUIS.

C'est une chasse comme une autre, mesdames...
Elle a son utilité... L'Afrique engendrè tant de monstres qu'il faut bien qu'ils s'entre - détruisent pour
laisser quelque place à l'homme... Qui sait ? ces braves
singes viennent peut-être tâter de nos gibiers?... Les
reptiles ne manquent pas non plus chez nous !... Qu'ils .
y songent pourtant! s'ils y font grasses lippées, ils
trouveront peu de cavernes pour les digérer à l'aise...
Nous leur déclarerons rude guerre et garnirons nos
houppelandes de leur pelage.

Les sauvages font toutes sortes de gestes de moquerie. Celui
qui lutinait la duchesse de Berry, s'acharne après elle. Elle n'en
paraît pas effrayée.

LE COMTE DE BAR.

Ils ne semblent pas fort intimidés de vos menaces,
Monseigneur. Les rusés ont l'air de croire leur peau à
l'abri de vos convoitises...

LOUIS.

Elle n'en vaut peut-être pas la peine !

Les gambades redoublent·

LE COMTE DE BAR.

C'est ce qu'ils paraissent exprimer.

LOUIS.

Alors, cela prouve, au contraire, qu'ils y·tiennent, cher comte.! Passez-moi une torche, que je m'assure s'ils ont raison... (*Les sauvages gambadent toujours. Le comte de Bar, qui a pris deux torches des mains d'un page, en·présente une à Louis qui s'approche d'un des hommes travestis*) Voyons, mon brave, si ton régime alimentaire te fait le poil lisse et brillant... (*Le sauvage lui fait des grimaces et des gestes comiques*) Tu veux dire que ta robe est incomparable?... Nous allons en juger... Approchez-vous, mesdames, n'ayez pas peur...

En disant ces derniers mots, Louis approche la torche du vêtement de l'homme, qui prend feu. Le comte de Bar en fait autant à un autre. On rit d'abord beaucoup, ce qui fait que Louis et le comte de Bar en enflamment deux autres. La duchesse de Berri effrayée enveloppe le cinquième dans ses amples robes. Les quatre individus flambent et s'écrient.

LES HOMMES SAUVAGES.

Arrêtez!... Le roi est parmi nous !... Préservez-le !... Sauvez le roi!...

Ressentant les morsures du feu, ils fuient en hurlant de douleur. L'hilarité des assistants se change soudain en stupeur, en épouvante. Louis est atterré.

VIII

LES MÊMES, moins les quatre sauvages qui ont fui.

LE ROI, *se dégageant des bras de la duchesse de Berri et arrachant son masque.*

Mes seigneurs, mes amis!... qu'avez-vous fait!...

PLUSIEURS VOIX.

Le roi!...

LE ROI.

Ces hommes sont mes amis!... mes braves compagnons!... Sauvez-les!... Courez vite!... courez!...

Plusieurs personnes s'élancent sur les traces des amis du Roi.

PHILIPPE.

Sire! rassurez-vous... La vie de vos amis ne court sans doute aucun danger... (*Jetant un coup d'œil à Louis, toujours étourdi de cet incident*) Cette inconcevable imprudence n'aura pas de suite, espérons-le...

LE ROI.

Mon Dieu!... pourvu que mes pauvres amis ne périssent pas victimes de ce fatal divertissement!...

PHILIPPE.

Sire, on leur prodigue en ce moment les soins les plus empressés.

LOUIS, *avec émotion*.

Ah! maudite plaisanterie!... Combien je suis désolé, mon noble frère!...

Le roi sort.

JEAN, *à part*

Elle n'a pas eu, en effet, le succès qu'on en attendait...

PHILIPPE.

Vous avez été bien malheureusement inspiré, mon cher neveu.

LOUIS, *anéanti*.

Monseigneur!...

Il est interrompu par l'arrivée d'une foule de bourgeois et de gens du peuple.

IX

LES PRÉCÉDENTS, moins le Roi.
Foule dans laquelle se trouve un docteur de l'Université.

LE DOCTEUR.

Le roi a failli périr, dit-on, victime d'un lâche guet-à-pens!... Nous voulons voir le roi!...

PLUSIEURS VOIX.

Oui!... oui!... Le roi!... Le roi!...

PHILIPPE.

Tranquillisez-vous, mes enfants, le roi est sain et sauf.

LES VOIX.

Où est-il?... Qu'il vienne!...

LE DOCTEUR.

Le peuple veut le voir !

PHILIPPE.

Rien de plus facile, mes enfants... Il va se présenter à vous.

LES VOIX.

De suite !... De suite !... Le roi! Le roi !...

LOUIS.

Patience, mes amis... Le roi change d'habillement.

LE DOCTEUR.

On sait qu'un infâme complot a été tramé contre ses jours !...

LOUIS.

On vous a trompés, mes amis...

LA FOULE.

Le roi !... Le roi !...

PHILIPPE.

Il vient, mes enfants... Le voici...

LE COMTE DE BAR, *à Louis.*

Nous avons affaire à des gens habiles, Monseigneur... On a déjà profité de l'évènement pour semer l'inquiétude, la haine parmi le peuple.

LOUIS, *au comte.*

Les amis de nos bons cousins ne s'endorment pas, je le sais... Ils en seront pour leurs machinations...

LE COMTE.

La calomnie est comme l'huile ; il en faut peu pour produire une énorme tache.

X

LES PRÉCÉDENTS, LE ROI.

LA FOULE.

Vive le roi !... Vive notre père !...

LE ROI.

Oui, mes enfants, je vis, je vivrai longtemps encore, grâce à Dieu, pour veiller à votre bonheur !...

LA FOULE.

Vive le roi !...

LE DOCTEUR.

Vous nous devez vos jours, sire... Vous les mettrez à l'abri des coups des ambitieux, des méchants !...

LE ROI.

Tout le monde aime le roi, mes enfants, car le roi aime sincèrement tous ses sujets.

LE DOCTEUR.

Il se trouve des traîtres parmi eux, Sire !

LE COMTE DE BAR, *à part.*

En voici un qui gagne bien ce que doit lui donner ou lui promettre Raoul d'Auquetonville.

LOUIS.

Le roi le sait et les connait, mes amis... Leur faux dévouement ne l'abuse point.

UNE VOIX.

Ni nous non plus... Nous savons maintenant à quoi nous en tenir...

LE ROI.

Allons, mes enfants, vous m'avez vu... vous êtes bien sûrs que je n'ai aucun mal... Descendez calmer les bourgeois de notre bonne ville.

LA FOULE.

Vive le roi!... A bas les traîtres!...

LE COMTE DE BAR.

Oui, mes amis... s'il y en a parmi nous, vous les découvrirez et en ferez bonne justice... Nous vous y aiderons.

La foule s'écoule.

LE DOCTEUR, *à part.*

Vous êtes débordés, maladroits politiques!...

LE ROI.

Nous aussi, messeigneurs... allons nous reposer des fatigues, des émotions de cette nuit...

Le Roi, la Reine et leur suite se retirent.

9

LOUIS, *accablé, à la duchesse de Bourgogne.*

A bientôt, chère tante... nous nous verrons désormais souvent, je l'espère... (*A Marguerite*) Je ne manquerai plus une fête de la cour, belle cousine... (*A Jean*) Il faudra que le cher cousin en prenne son parti... Mais que le souvenir de ce terrible incident laissera de tristesse en mon âme !...

Il prend la main de Valentina et se dirige vers la porte du fond.

FIN DE LA DEUXIÈME PARTIE.

LOUIS D'ORLÉANS

TROISIÈME PARTIE

L'ÉGLISE SAINTE-CATHERINE

1406

PERSONNAGES

LOUIS.
JEAN SANS PEUR.
LE COMTE DE BAR.
RAOUL D'AUQUETONVILLE.
Docteurs de l'Université.
Un officier.
Écoliers.
Page.
Bourgeois.
Gens du peuple.

MARGUERITE.
Suivante de Marguerite.
Femmes du peuple.

1406

L'ÉGLISE SAINTE-CATHERINE

Sur le premier plan à droite une petite maison avec une porte basse. En arrière et formant le fond de la place Sainte-Catherine, l'église vue en façade. A droite et à gauche de celle-ci, rues bordées de maisons.

I

Plusieurs groupes d'hommes et de femmes de la bourgeoisie et du peuple. RAOUL D'AUQUETONVILLE, déguisé en artisan, entretient avec animation les bourgeois. LE COMTE DE BAR, enveloppé d'un manteau, se promène, écoute et observe.

UN BOURGEOIS.

Savez-vous, mes amis, qu'il est bien heureux pour nous que l'Université prenne en main nos intérêts... On ne sait vraiment pas où s'arrêteraient les vexations et les rapines de la cour, si nos docteurs n'élevaient la voix, et si nos espiègles d'écoliers ne se ruaient de temps en temps par la cité.

UN AUTRE BOURGEOIS.

Il le faut bien, puisque le roi ne peut plus gouverner

seul et que ses conseillers abandonnent tout au prince
d'Orléans... Ah ! les choses n'allaient point ainsi sous
feu son père !

LE PREMIER BOURGEOIS.

Cette terrible maladie qui altère la raison de notre
pauvre Roi ne guérira-t-elle jamais?

LE DEUXIÈME BOURGEOIS.

Hum! cela ne ferait pas le compte des ambitieux.

PREMIER BOURGEOIS.

Prières, conjurations, science, rien n'y peut.

DEUXIÈME BOURGEOIS.

C'est étrange !...

UNE FEMME DU PEUPLE.

Ah! c'est que la fille de l'athée de Milan, de ce juif
que Wenceslas, l'ivrogne, a fait duc pour cent mille
florins d'or, le tient en sa puissance !

PREMIER BOURGEOIS.

On le dit... mais comment le prouver?

LA FEMME DU PEUPLE.

Il est clair que ce pauvre Charlot est sous l'empire
de la damnée magicienne... N'est-il pas son esclave
soumis dans ses moments lucides, et n'est-elle pas la
seule qu'il reconnaît dans ses égarements?

DEUXIÈME BOURGEOIS.

C'est vrai... Cependant, prenez garde, voisine, les
accusations que vous portez contre la duchesse Valentina retombent sur le frère du roi.

LA FEMME DU PEUPLE.

Tant pis !... Je les soutiendrais la tête sur le billot...
C'est depuis l'arrivée de cette fille de l'allié des Turcs,
que tous les malheurs fondent sur nous.

DEUXIÈME BOURGEOIS.

Elle paraît pourtant aussi bonne qu'elle est belle,
cette duchesse.

LA FEMME DU PEUPLE.

Elle joue son rôle, l'infernale hypocrite. Elle n'est
pas pour rien du pays des poisons, des maléfices, la fille
de l'ami de l'Amorabaquin !... C'est bien elle qui a
ensorcelé notre pauvre Charlot !

UN TROISIÈME BOURGEOIS.

La compassion qu'elle affecte pour lui serait donc un
odieux mensonge ?

LA FEMME DU PEUPLE.

Elle accomplit son œuvre diabolique, vous dis-je.

TROISIÈME BOURGEOIS.

Mais enfin dans quel but ?

LA FEMME DU PEUPLE.

Il n'est pas difficile de le trouver... Après avoir
jeté un sort sur notre Charlot, n'a-t-elle pas voulu
empoisonner le Dauphin ?

UNE AUTRE FEMME DU PEUPLE.

Dans cette pomme qu'a mangée et dont est mort son
propre enfant ?

UNE AUTRE FEMME DU PEUPLE.

Le diable aura bien ri!... Comprenez-vous maintenant le but de la couleuvre de Milan ?

PLUSIEURS VOIX.

Infamie!...

DEUXIÈME BOURGEOIS.

Le duc d'Orléans serait complice de ses crimes?

PREMIÈRE FEMME.

Pour cela, mes enfants, je ne sais que penser.

DEUXIÈME FEMME.

Oh! non, j'en répondrais... Il est galant, dissipateur ; mais il est bon, généreux comme son frère... Une pareille complicité est impossible...

RAOUL, *s'approchant*.

Qu'en savez-vous, bonne femme?

DEUXIÈME FEMME.

J'en sais, qu'il est trop simple, trop affable avec le pauvre monde, qu'il est trop aimable, trop amoureux pour être méchant... C'est là où nous jugeons les hommes, nous autres...

RAOUL.

Vous pourriez vous tromper...

PREMIER BOURGEOIS.

Tuer son frère et ses neveux pour usurper!... Vous calomniez notre seigneur le duc d'Orléans.

RAOUL.

Eh! eh! cela s'est vu... Qu'est-ce donc, après tout, que prendre la place d'un malheureux idiot, d'un enfant que la démence atteindra certes à son tour?... La couronne est à celui qui exerce la puissance, disait le pape Zacharie à Childéric III, réclamant contre Pépin...

PREMIER BOURGEOIS.

Mais la commune origine du sang?

RAOUL.

Admettons qu'il ne soit pas complice des crimes, profiterait-il moins de leurs effets?

TROISIÈME BOURGEOIS.

Dame !... en l'absence d'héritiers directs!...

RAOUL.

Vous êtes de véritables serfs, bourgeois et artisans de Paris!... Vous ne comprenez pas vos droits... Vous êtes sourds à la voix de la Providence; il est juste qu'elle vous châtie.

LA PREMIÈRE FEMME.

Le fait est que tout est bouleversé depuis quelques années!

RAOUL.

Celui que vous a légué le feu roi mourant, celui qui exerce la puissance pourra seul rétablir le cours naturel des choses.

9.

DEUXIÈME FEMME.

Le duc de Bourgogne rendrait donc l'esprit à notre Charlot ?

RAOUL.

Il donnerait le repos au Roi, et, par le repos, peut-être la santé...

DEUXIÈME BOURGEOIS.

Préviendrait-il les trombes et les orages qui ravagent, détruisent les récoltes ?... Remplacerait-il la famine par l'abondance ?... Chasserait-il l'étranger qui désole le pays, ruine notre commerce ?

PREMIÈRE FEMME.

Détournerait-il la foudre de la tête innocente des enfants ?...

RAOUL.

Mais...

DEUXIÈME FEMME.

Ferait-il cesser le fantastique fracas des étoiles qui se combattent dans le ciel ?... Conjurerait-il ces flamboyantes comètes qui incendieront l'univers ?...

RAOUL.

Mais...

DEUXIÈME BOURGEOIS.

Dissiperait-il cette obscurité qui parfois couvre le soleil, comme s'il avait horreur de nos forfaits ?... Apaiserait-il les mers qui, furieuses, rejettent leurs habitants sur le rivage où ils expirent en empoisonnant l'air? Balayerait-il ces pestes qui déciment les populations, enlèvent les animaux utiles à l'existence de l'homme, comme si le monde devait finir bientôt?...

RAOUL.

Oui !... Monseigneur de Bourgogne viendrait à bout de ces fléaux !... En faisant reconnaître le vrai pape, en terrassant pour jamais l'antechrist, il calmerait la colère divine.

LA PREMIÈRE FEMME.

Serait-il bien possible !...

RAOUL.

N'en doutez pas, mes bons amis.

LE COMTE DE BAR, *intervenant.*

Braves gens ! n'en croyez rien... Cet homme aux belles promesses n'est qu'un imposteur qui cherche à vous duper...

RAOUL.

Oses-tu bien me contredire, vil espion de Louis, le plus criminel des princes !...

LE COMTE DE BAR.

Doucement ! Raoul d'Auquetonvillle, l'exacteur!

PLUSIEURS VOIX.

Raoul d'Auquetonville ?

LE COMTE DE BAR.

Oui, braves gens, Raoul d'Auquetonville, qui se déguise pour intriguer au profit des conspirateurs qui le paient... Raoul d'Auquetonville, que le Roi a chassé

comme concussionnaire et traître, et qui vient vous
parler de Dieu, de l'éternelle justice, au nom de ceux
qui ne respectent rien, ni le Roi, ni le droit!...

RAOUL.

Misérable!...

LE COMTE DE BAR.

Raoul d'Auquetonville, le Judas de votre infortuné
monarque, qui vient vous entretenir des visées d'un
rebelle, du rejeton d'un prince qui, le plus opulent de
l'Europe, est mort en ruinant ses créanciers !...

RAOUL.

Tu mens!...

LE COMTE DE BAR.

Demandez aux Bourguignons qui tous ont vu la veuve
de sa seigneurie Philippe-le-Hardi déposer ses clefs
sur sa tombe!... Il leur faut les trésors de la France, à
ces princes qui éclipsent leur maître!...

RAOUL, *tirant son épée*.

Malheureux ! ton sang va laver ces outrages !...

LE COMTE DE BAR, *se disposant*.

Comment!... à l'instant même!...

Des bourgeois se jettent entre les combattants.

LE PREMIER BOURGEOIS.

Plus tard, messeigneurs... Voici l'Université qui
se rend à l'hôtel Saint-Paul... La querelle du peuple
et de la cour nous intéresse plus que la vôtre.

RAOUL.

C'est la même, mes amis...

LE BOURGEOIS.

Possible, Messire... Nous aimons mieux qu'elle se vide autrement que par vos mains.

II

LES PRÉCÉDENTS. Les docteurs de l'Université, suivis des écoliers marchant avec ordre.

LES BOURGEOIS ET LE PEUPLE.

Vive l'Université !... Vive les écoliers !...

UN DOCTEUR.

Tant qu'ils vivront, ils soutiendront vos droits, poursuivront le redressement de vos griefs..

LA FOULE.

Bravo ! Vive l'Université !...

LE COMTE DE BAR, *à part.*

Pauvre peuple ! qui ne voit pas que ses flatteurs du jour sont ses tyrans du lendemain.

LE DOCTEUR.

Nous allons déposer vos plaintes aux pieds de notre bon Sire le Roi, mes amis... le supplier de soustraire le gouvernement aux influences qui vous le rendent odieux.

RAOUL.

Dieu vous donne force, courage, succès, braves docteurs!

LE COMTE DE BAR.

Servez bien surtout les complots de Monseigneur de Bourgogne... Nous verrons si la France s'en trouvera mieux. (*A part*) Pauvre peuple! il tombe toujours dans ces piéges grossiers... (*Apercevant Louis*) Ah!... Monseigneur d'Orléans... Il arrive à propos pour voir ses ennemis à l'œuvre.

III

LES PRÉCÉDENTS, LOUIS, enveloppé d'un manteau.

LE COMTE DE BAR, *à mi-voix*.

On s'occupe de vous, Monseigneur.

LOUIS.

Tant mieux, ami!... Il n'y a que les morts dont on ne s'occupe plus... Qu'y a-t-il?... Que veut tout ce monde ?

LE COMTE DE BAR.

Tout ce monde, Monseigneur? c'est le peuple, l'université, votre cher cousin, Jean de Bourgogne, qui conspirent en plein soleil, contre le roi, contre vous!

LOUIS.

Vraiment?... Eh bien! j'aime cela, comte... Il y a là une franchise qui ne me déplaît pas... Si je n'atten-

dais ici même la duchesse Marguerite, qui vient faire
ses dévotions à sainte Catherine, je voudrais complo-
ter avec ces braves gens.

LE COMTE DE BAR.

Vous ferez bien, au contraire, de renoncer à cette
rencontre, Monseigneur... Raoul d'Auquetonville est
là...

LOUIS.

Nous le dépisterons.

LE COMTE DE BAR.

Cela ne l'empêchera pas de parler...

LOUIS.

J'ai tout prévu... Regarde s'il va songer à nous dans
un moment...

Un page pénètre à cheval au milieu de la file des écoliers.

IV

LES PRÉCÉDENTS, un PAGE de la maison de Savoisy.

LE PAGE.

Gare là! eh! bonnes gens!... Vous êtes bien gênants
aujourd'hui.

UN ÉCOLIER.

Que t'importe, valet!... Arrière! attends que nous
soyons passés!...

LE PAGE.

Les officiers de Savoisy ne sont point dans l'usage
de céder le pas aux cuistres... Gare là!... ou j'en
écrase quelques-uns !

PLUSIEURS VOIX.

A bas l'insolent!... A bas le valet!... A pied!... à
pied!...

LE PAGE.

Quand mon cheval sera las de rompre vos os!...

RAOUL.

A moi! amis!... Enlevons ce fou!... Corrigeons-le!...

Un groupe d'écoliers se jette sur le page, le renverse de cheval, le désarme et le frappe.

LE COMTE DE BAR *à Louis.*

Que signifie cela, Monseigneur ?

LOUIS.

Tu vas voir...

LE COMTE DE BAR.

Mais si cette foule furieuse, dont dispose votre
ennemi, vous reconnaît?

LOUIS.

Cette tourbe de pédants, de roquets, d'imbéciles,
va fuir à toutes jambes devant une douzaine de bonnes
lames... Voici la duchesse... Nous allons entrer à
l'Eglise... Fais le guet pendant ce temps... Si le cas
l'exige, préviens-moi...

V

LES PRÉCÉDENTS, MARGUERITE, une suivante.

LOUIS, *allant à la duchesse.*

Par ici, belle cousine... Ne craignez rien... Ce tumulte a pour but de détourner l'attention...

RAOUL, *qui les observe, à part.*

Je ne crois pas que tu aies prévu la fin de tout ceci, Louis d'Orléans.

MARGUERITE.

Je tremble, Monseigneur... Je ne serais pas ici sans l'engagement d'un vœu sacré...

RAOUL, *à part.*

A-t-elle deviné nos projets?...

LOUIS.

Encore une fois, calmez-vous... Nous n'avons absolument rien à craindre.

A ce moment, des officiers de Savoisy sont venus au secours du page. Une mêlée générale s'engage dans les rues au fond de la place.

MARGUERITE.

Oh! Monseigneur, je m'expose aux soupçons, à la colère de mon époux... Vous-même allez peut-être encourir de grands périls...

LOUIS.

Des périls! belle cousine... En est-il auxquels on
doive songer près de vous ?

MARGUERITE.

Vous savez, Monseigneur, si ma sympathie pour
vous est pure et innocente; mais ma destinée est unie
au plus ombrageux des époux... Il y a de légitimes
affections qu'il n'est pas permis de faire paraître... Le
duc y verrait un crime impardonnable !...

LOUIS.

Pourquoi faut-il que l'ambition nous ait faits ennemis!...

MARGUERITE.

·Combien je le déplore !... Le temps presse, Monseigneur... Quittez-moi, je vous en supplie!... De saints
devoirs me réclament... Je suis attendue dans cette
église...

LOUIS.

Entrons-y ensemble, belle cousine... Nous serons
l'un et l'autre en parfaite sécurité.

Il offre la main à la duchesse et la dirige, accompagnée de sa
suivante, vers le portail de l'église.

RAOUL, à part.

Un rendez-vous ?... Prévenons vite Monseigneur.

MARGUERITE.

Oh! mon Dieu!... ne craignez-vous pas, Monseigneur,
que ce tumulte n'amène quelque évènement ?

LOUIS.

Il touche à son terme, chère cousine... Tous ces bons Parisiens vont rentrer chez eux dans un instant.

Ils franchissent le seuil de l'église et disparaissent.

VI

LES PRÉCÉDENTS, moins LOUIS et MARGUERITE.

RAOUL, *à part.*

Tu te trompes, Louis d'Orléans, nous saurons tirer parti des circonstances.

UN OFFICIER.

Ah! vous maltraitez les gens de la maison de Savoisy, turbulents écoliers! Vous allez savoir ce qu'il en coûte...

PLUSIEURS VOIX.

Ils ont bien fait!... C'est le page qui les a provoqués...

L'OFFICIER.

Cela ne vous regarde pas, bonnes gens... Rentrez chez vous, si vous ne voulez pas que nous vous donnions aussi la chasse.

LE PREMIER BOURGEOIS.

De quel droit?... Depuis quand le sire de Savoisy et ses gens ont-ils autorité sur nous?...

L'OFFICIER.

Depuis que vous soutenez cette sotte coquenaille de l'Université contre eux.

LE BOURGEOIS

En vérité !... C'est bien fâcheux !... En attendant, laissez-nous en repos... Nous n'entendons pas tolérer vos vexations.

RAOUL.

Vous ferez bien, braves gens !... Si nous supportions l'insolence de ces valets, ils nous conduiraient au bâton !

L'OFFICIER.

Valets, dis-tu, toi !... Nous allons t'en donner, attends !... A moi, camarades, et ferme sur cette canaille !...

Les officiers se ruent sur la foule.

RAOUL, *se jetant de côté.*

Courage ! enfants !... Emparez-vous de ces butors et jetez-les à l'eau !...

LA FOULE.

A mort !... à mort !... les valets de Savoisy !...,

Nouveau pêle-mêle général.

RAOUL, *à part.*

Ah ! madame la duchesse, vous continuez vos intrigues avec le beau Louis, et vous vous laissez surprendre !... Par Belzébuth ! je tiens une bonne vengeance !... Allons, Monseigneur !... allons Bourguignons ! arrivez

donc rosser les gens de Savoisy et profiter de l'échauf-
fourée de ces oisons de bourgeois et d'écoliers pour
avancer vos affaires !...

Il sort par la droite.

VII

LES PRÉCÉDENTS, moins RAOUL.

L'OFFICIER, *refoulant la masse.*

Vous voulez nous jeter à l'eau, nous écharper !...
Il faudra vous y prendre mieux une autre fois... Aujourd'hui, battez en retraite, et vivement !

LE PREMIER BOURGEOIS.

Nous laisser molester par un poignée de drôles !...
Vous n'avez pas de cœur, amis !... Montrons à ces
gens là que des pierres suffisent pour briser leur fer-
raille !

L'OFFICIER.

Chargeons !... poussons, camarades !... Balayons
cette canaille qui obstrue la place publique !...

LA FOULE.

Aux armes !... Au secours !... On égorge le peuple !...

La foule enfonce les portes de l'église. Les soldats la poursuivent, la chargent, la forcent à s'y réfugier.

VIII

LES PRÉCÉDENTS, LOUIS, MARGUERITE, sa suivante, s'é-
chappent, de l'église envahie, par une porte latérale de droite
et cherchent dans quelle direction ils pourront s'éloigner.

MARGUERITE, *effrayée.*

De grâce, Monseigneur, fuyons!... Protégez-moi!...

LOUIS.

Venez!... Tout ceci n'est qu'un jeu...

MARGUERITE.

Imprudente!...

LE COMTE DE BAR.

Les Bourguignons débouchent par les diverses rues,
Monseigneur... Nous sommes entourés !...

LA FOULE.

Les Bourguignons!... Les Bourguignons!... Vengeance !...

MARGUERITE.

Nous sommes perdus, Monseigneur!...

LOUIS.

Pas encore! Fuyons par ici...

Il entraîne Marguerite vers le fond de la rue de droite.

UN OFFICIER BOURGUIGNON, *surgissant.*

On ne passe pas!...

LOUIS.

Nous sommes étrangers à ces troubles. (*Montrant
Marguerite et sa suivante*) J'accompagne ces dames...

L'OFFICIER.

On ne passe pas!... C'est la consigne.

MARGUERITE.

Oh ! C'est fini!...

LOUIS.

C'est donc que je suis mort, madame ! (*Tirant son
épée et s'adressant aux Bourguignons*) Allons ! place,
vous autres !...

IX

LES PRÉCÉDENTS, JEAN ét RAOUL arrivant par la rue
de gauche. Le jour baisse.

RAOUL.

Ce sont eux, Monseigneur... Nous arrivons à temps !...

JEAN.

On ne passe pas, vous dit-on, à moins de se faire
connaître à nous, Jean de Bourgogne !

MARGUERITE.

O mon Dieu ! je me meurs !

. LOUIS.

Du courage, madame... Dieu n'abandonne pas les

innocents!... (*à Jean*)·Je suis Louis d'Orléans.·. Ces dames sont sous ma protection... Cela suffit, je l'espère, à la courtoisie de mon noble cousin.

JEAN.

Vous vous trompez, Monseigneur... Je ne puis déférer à vos désirs.

LOUIS.

Je l'exige, duc de Bourgogne!...

JEAN.

Je refuse, Monseigneur... (*A sa troupe*) Soldats ! qu'on s'empare de ces hommes, de ces femmes !

LOUIS.

S'apprêtant à résister ainsi que le comte de Bar, ils font avancer les deux femmes devant la maison d'angle de la place à droite.

Voyons donc, Bourguignons, si vous oserez porter la main sur le frère du roi !

JEAN, *à ses hommes.*

Qu'on m'obéisse!...

Il s'avance. Le comte de Bar se place en avant de Louis, qui lui-même est devant les deux femmes, adossées à la porte de la maison.

MARGUERITE.

Hélas!...

La petite porte s'ouvre, une femme en sort, pousse Marguerite, sa suivante et Louis dans la maison.

LA FEMME.

.Entrez vite, madame !... vous aussi, Monseigneur !...

La femme se rejette à son tour dans la maison et ferme la porte. Jean, furieux, se retourne pour donner des ordres. Le comte de Bar profite de ce mouvement pour s'esquiver.

JEAN.

Que l'on cerne la place!... Faites fermer les portes!...
Saisissez tout le monde!... A. cette maison, soldats!
qu'il n'en reste pas pierre sur pierre!... (*A part*) Oh!
rage!... C'est Jean de Bourgogne que l'on joue ainsi
publiquement! (*A ses hommes*) Soldats! renversez d'a-
bord les murailles... Nous abattrons les têtes après!...
Vengeance! que tu es lente à me servir?...

FIN DE LA TROISIÈME PARTIE

LOUIS D'ORLÉANS

QUATRIÈME PARTIE
LE MONASTÈRE DES CÉLESTINS
1407

PERSONNAGES

LOUIS.
. JEAN SANS PEUR.
LE COMTE DE BAR.
PHILIPPE DE MÉZIÈRES.
RAOUL D'AUQUETONVILLE.

—

MARGUERITE, en novice.

1407

LE MONASTÈRE DES CÉLESTINS

Une grande salle donnant sur une galerie de cloître. Stalles avec accotoirs de chaque côté. A droite, en avant, une table et des escabeaux. A gauche, un prie-Dieu.

I'

Plusieurs moines. Un pèlerin.

UN MOINE.

Vous savez la nouvelle, mes frères?

UN AUTRE MOINE.

Non, nous avons passé la matinée à la chapelle... Notre vénérable prieur nous a fait demander à Dieu d'opposer sa toute puissance aux persécutions de l'Église.

LE PÈLERIN.

Philippe de Mézières aurait plus court de s'adresser au diable même.

10.

LE PREMIER MOINE.

Que voulez vous dire, pèlerin ?

LE PÈLERIN.

Simplement que votre prieur passe pour être au
mieux avec Galéaz Visconti, duc de Milan.

LE PREMIER MOINE.

Prenez-vous ce seigneur pour le démon ?

LE PÈLERIN.

S'il ne l'est pas, ce que je n'oserais soutenir, il est
du moins de sa famille.

LE MOINE.

Cela ne prouverait pas qu'il fût l'auteur des fléaux
qui nous accablent, ni que le prieur fût son complice.

LE PÈLERIN.

Mes pères, je n'accuse personne... Je vous rapporte
les bruits du monde... Parcourant le pays, j'entends
parler les gens, j'apprends ce que l'on pense dans les
châteaux comme dans les chaumières.

LE MOINE.

Et l'on dit ?

LE PÈLERIN.

Que le duc de Milan, par ses connaissances occultes,
par son pacte avec le prince des ténèbres, n'est étranger ni aux malheurs de notre pauvre France, ni aux
persécutions qui affligent l'Eglise ; que Philippe de
Mézières, sous son habit de moine, est son confident,

son coopérateur; qu'il prête conséquemment la main à tous les maléfices dirigés contre notre roi, contre la maison de Bourgogne ; enfin...

LE MOINE.

Ce sont là des absurdités... Pourquoi Monseigneur le duc de Milan voudrait-il la ruine de la France, où sa fille tient un si haut rang?... Comment prendrait-il pour le seconder dans cette œuvre, l'ancien conseiller, le vieil ami de feu notre sire Charles V?

LE PÈLERIN.

Vous avez raison, mon père... C'est ce que j'ai répondu à ces propos ; mais on ne manque pas d'insinuer que Monseigneur Galéaz Visconti veut, à tout prix, pousser son gendre au trône...

LE MOINE.

Et Philippe de Mézières, qui s'est retiré du monde où il jouait un si grand rôle, pour se consacrer à la prière, à la pauvreté, se ferait l'instrument d'un si abominable attentat !...

LE PÈLERIN.

C'est encore ce que j'ai répondu, mon père... « Pourquoi donc le duc d'Orléans, qui veut imposer les biens d'Église, frapper les revenus du clergé, prendre sur la part des pauvres, est-il si intime avec Philippe de Mézières et va-t-il si souvent au monastère des Célestins? » m'a-t-on alors objecté.

LE MOINE.

Rien de plus simple... Notre prieur aime Monseigneur comme un fils... Celui-ci vénère Philippe de Mézières et se plaît à faire ses dévotions parmi nous, quand il réside à son château de Beauté.

LE PÈLERIN.

C'est toujours ainsi que j'ai parlé... Mais, vous le dirai-je, mes pères, j'ai rencontré beaucoup d'incrédules... On n'admet pas la sincérité religieuse de Monseigneur... On dit qu'il serait moins dissolu, moins ambitieux du pouvoir, s'il était vraiment dévot... On dit surtout qu'il ne se serait point allié avec un prince qui fait profession d'athéisme et prend parti pour les infidèles contre les chrétiens.

LE MOINE.

Le monde est léger, méchant, mon frère... Il aime à s'arrêter aux fausses apparences.

LE PÈLERIN.

Hélas ! je le sais, mon père, l'humanité cède à l'esprit du mal... Néanmoins, de graves et saints personnages affirment que Monseigneur le frère du roi n'est pas étranger aux causes qui attirent sur nous tant de calamités...

LE MOINE.

Nous sommes tous pécheurs, mon frère, quelle que soit notre condition... Mais, vous allez voir Monseigneur d'Orléans dans l'exercice de ses pieux devoirs... Vous jugerez de la charité de ceux qui l'accusent d'hypocrisie.

LE PÈLERIN, *dissimulant*.

Serait-il ici en ce moment, mon père?...

LE MOINE

Précisément... C'est ce que j'allais apprendre à nos frères, quand vous m'avez interpellé.

PLUSIEURS MOINES.

Vraiment?

LE PÈLERIN, *à part.*

On ne m'avait pas trompé...

UN MOINE.

Monseigneur ne se rend jamais au monastère, sans que quelque grâce l'y suive...

LE PÈLERIN.

Pourrai-je avoir le bonheur d'apercevoir Monseigneur, mon bon père?

LE MOINE.

Comme nous-mêmes, pèlerin... Monseigneur se soumet ici à la plus stricte égalité.

LE PÈLERIN, *à part.*

C'est bon à savoir... (*Haut*) Touchante vertu d'une grande âme!...

LE MOINE, *se tournant à gauche.*

Le voici qui s'avance, mes frères... Voyez qu'elle attitude modeste, recueillie!

II

LES PRÉCÉDENTS, LOUIS, LE COMTE DE BAR. Les moines
se rangent et s'inclinent. Le pèlerin se tient derrière eux.

LOUIS, *il est pâle et souffrant.*

La paix soit avec vous, mes frères.

LE MOINE.

Amen !...

LOUIS.

Notre vénérable prieur est-il dans son oratoire,
mes pères ?

LE MOINE.

Je le pense, Monseigneur... Il vous recevra avec
joie... Vous êtes à ses yeux, comme aux nôtres, la
Providence du monastère.

LOUIS.

Je suis le plus indigne d'entre vous, mes pères... Il
ne m'appartient pas d'interrompre les saintes élévations
de notre prieur... J'attendrai qu'il veuille m'accorder
ici quelques instants...

Les moines s'inclinent et s'éloignent.

LE PÈLERIN, *se disposant à les suivre, à part.*

Ce ne sont pas des pensées du ciel qui t'occupent,
Louis d'Orléans... Tu viens demander des ruses au
vieux renard de cette tanière...

Il sort.

III

LOUIS, LE COMTE DE BAR.

LE COMTE.

Passez-vous la nuit ici, Monseigneur?

LOUIS.

J'y resterai vraisemblablement quelques jours...
Mon esprit, mon âme sont bien malades!...

LE COMTE.

Je vais aller faire préparer votre cellule, Monseigneur.

Il sort.

IV

LOUIS, seul.

J'ai besoin de voir mon vieil ami, de lui ouvrir mon
cœur, de lui dévoiler mes défaillances... Plus j'avance
dans cette existence que tant d'aveugles m'envient,
plus je la trouve fatigante et vide!... Qu'y a-t-il au
fond de ces agitations, de ces intrigues, de ces luttes
honteuses ou meurtrières ?... Que je suis las de cette
destinée qui m'éloigne de Dieu!... Que je méprise ces
nécessités politiques qui étouffent l'honneur, la générosité!... Maudite ambition qui sacrifie tout à ses

rêves, fait de la vertu un piége, du crime souvent une
vertu !... Pourquoi suis-je né sous ce fardeau du rang
qui écrase et déforme l'âme, remplace l'empreinte de
l'homme par celle du monstre, à moins que Dieu n'y
ait pourvu en donnant aux princes le génie !... Ah !
que ne puis-je enfouir ces vains titres, déposer le pouvoir qui y est attaché, vivre dans l'indépendance et la
vérité, me bornant à mes devoirs de chrétien !... Tu
aurais le champ libre, Jean de Bourgogne !... Seul, tu
porterais la responsabilité de ces crises qui ruinent,
désolent la patrie !... Tu serais maître de tout, excepté
pourtant de voler la couronne de mon malheureux
frère !...

V

LES PRÉCÉDENTS, PHILIPPE DE MÉZIÈRES, JEAN.

PHILIPPE, *à Louis.*

Vous m'avez fait appeler, mon cher fils ?

LOUIS.

J'ai dit que je vous attendais, mon père. (*Apercevant
Jean*) Vous ici, mon cousin ?

JEAN.

Ma présence vous surprend, Monseigneur?

LOUIS.

En effet... Je ne l'espérais pas...

JEAN.

Elle ne vous laissera pas de regrets, je le suppose Monseigneur.

PHILIPPE DE MEZIÈRES

Voici, Monseigneur, l'objet de la démarche de votre noble cousin... Vous savez ce qui se passe à Liége : le peuple y est soulevé contre son évêque, Jean de Bavière, beau-frère de Monseigneur Jean de Bourgogne... Il veut un évêque chantant la messe.

LOUIS.

Cela regarde Monseigneur Jean de Bavière et non pas moi....

PHILIPPE.

Sans doute, Monseigneur... Mais il paraît que l'audace du peuple...

LOUIS.

Fait trembler le bon évêque sans tonsure pour ses possessions temporelles?...

PHILIPPE.

Non, Monseigneur, mais sur les causes mystérieuses du mouvement.

LOUIS.

Qu'y puis-je, mon père?

PHILIPPE.

Beaucoup, mon fils.

11

LOUIS.

Voyons...

PHILIPPE.

Il s'agirait de rester neutre dans le débat...

LOUIS.

Cette témérité du peuple liégeois tiendrait donc aux espérances qu'il fonde sur nous ?

PHILIPPE.

On l'insinue, Monseigneur.

LOUIS.

Serait-ce parce que j'ai trouvé légitime le désir de ces braves gens?

PHILIPPE.

On suppose, Monseigneur, que vous ne seriez pas fâché d'occuper un peu votre cousin de ce côté.

LOUIS.

Où serait le mal?... Les diversions sont de bonne guerre!...

JEAN.

Elles sont inutiles avec un adversaire qui souhaite désormais par-dessus tout la paix, Monseigneur.

LOUIS.

Parlez-vous sérieusement, cousin?

JEAN.

Oui, Monseigneur... Nos discordes ont fait assez de
mal à nos peuples, pour que nous y mettions enfin un
terme... Je viens donc vous proposer la paix...

LOUIS.

Votre beau-frère Jean de Bavière doit être dans un
grand embarras, mon cousin, pour que votre fierté se
soumette à cette ouverture...

JEAN.

L'intérêt de la France, notre commune patrie, l'emporte sur tous les autres, Monseigneur... Or, la France
est épuisée, elle succombe... N'aurons-nous pas pitié
d'elle?...

LOUIS.

Si, assurément!... J'ai toujours déploré qu'elle fût
victime de nos rivalités.

PHILIPPE.

Alors, Monseigneur, n'hésitez pas à accepter la main
que vous tend votre puissant parent.✳ Pour le repos,
la prospérité, la gloire de la France, unissez-vous par
la politique comme vous l'êtes par le sang!...

LOUIS.

Savez-vous bien, cousin, que les démêlés de Liége
me faisaient la partie belle!

JEAN.

Mon Dieu, Monseigneur, pas autant que vous le
pensez.

LOUIS.

Vraiment !.... Croiriez-vous par hasard que la vue politique fût un privilége de la seule maison de Bourgogne ?

JEAN.

Nous savons, Monseigneur, que celle de Valois ne le cède à aucune en finesse et en profondeur ; mais il ne s'agit plus de ces jeux dangereux...

LOUIS.

Ma situation serait excellente, si je voulais en profiter... Maître du Luxembourg, imploré par les Liégeois qui, au fond, ont raison de vouloir un prêtre pour évêque (notre vénérable prieur le sait bien) je pourrais éterniser la guerre dans vos États de Flandre et de Brabant... Que deviendraient alors vos prétentions sur le gouvernement de la France?... Qui sait même, dans les hasards des combats, ce qui pourrait advenir de la maison princière de Bourgogne?....

JEAN.

Elle irait jusqu'au bout de ses hommes, soutenue de ses trésors inépuisables, Monseigneur.

LOUIS.

La vie ne l'est pas, mon cousin... Un coup de masse ou de lance y met un terme.

JEAN.

Monseigneur oublie que l'on m'a donné le surnom de *Sans-peur*.

LOUIS.

Et vous l'avez mille fois justifié... Mais enfin la bravoure n'éternise pas le succès... La fortune a des inconstances, des caprices.

JEAN.

Regrettez-vous, Monseigneur, d'éviter une guerre nouvelle ?... Ne parlons plus alors de ma proposition... Il ne sera pas dit, du moins, que j'aurai mis mon orgueil au-dessus de l'humanité...

PHILIPPE.

Vous vous êtes rencontrés dans ce saint lieu avec de bienveillantes dispositions, Messeigneurs... L'esprit qui règne ici vous inspirera de sages résolutions... Vous y laisserez vos arrière-pensées, vos rancunes... Vous en sortirez réconciliés, alliés pour le bonheur des peuples...

LOUIS, *après réflexion.*

Vous avez raison, mon père... Je veux agir en chevalier, en chrétien, advienne que pourra... Je vous tenais dans mes serres, mon cousin... Je pouvais vous étouffer, préparer la réunion à la France de vos États !... Je renonce à ces chances que m'offre la fortune... Je vous laisse vos avantages, confiant à votre seul honneur la paix, la tranquilité du monde !...

JEAN.

Il sera au service du roi de France et de votre illustre maison, Monseigneur... (*A part*) Tu es joué, Louis !

LOUIS, *lui tendant la main.*

Touchez donc là, cousin... N'oublions pas que cette réconciliation a lieu en présence d'un saint homme, dans le temple de celui qui pardonnait en expirant sur la croix.

Jean lui donne la main.

PHILIPPE.

Ah ! Monseigneur, le ciel a enfin exaucé mes prières!... La concorde va renaître parmi. nous... O ma patrie ! tu pourras voir encore de glorieux jours!... O mon Roi ! ta raison jusqu'ici chancelante au sein des vicissitudes, des trahisons, va se raffermir par l'amour et l'appui des tiens!... Je vous bénis tous deux, nobles princes!...

LOUIS.

Sincèrement associés pour le bien du royaume, nous pourrons tout, mon cher cousin.

JEAN.

Nous le prouverons, Monseigneur... Laissez-moi me hâter de transmettre cette heureuse nouvelle à la cour, à la bonne ville de Paris... (*A part*) C'est le signal de mon prochain avénement!...

LOUIS.

Allez, cher cousin... Bientôt la France ne doutera plus, en nous voyant inséparables, des conséquences de ce que vous lui aurez annoncé.

Jean sort accompagné de Philippe.

VI

LOUIS, seul.

Le jour baisse sensiblement jusqu'à une sorte de pénombre.

Étrange coïncidence!... Au moment où mes pensées roulent vers des projets de paix, Jean se trouve animé des mêmes sentiments!... Est-ce hasard, ou Dieu veut-il mettre un terme à nos dissensions de famille?... Il prend pitié de nos malheureux peuples, puisqu'il inspire ceux qui les gouvernent!... Votre volonté sera faite, Seigneur!... L'éblouissement de la puissance nous a trop longtemps détournés de votre miséricorde... Nous aurons enfin conscience de nos devoirs de princes et de chefs... Peut-être trouverons-nous ainsi au jour du jugement, grâce pour nos erreurs et nos fautes... Mort!... Immortalité!... qui songe à vous cherche la justice ici-bas, implore le pardon d'en haut!... Inévitable mort! O grande moissonneuse! Je ne serai pas comme la frêle marguerite des prairies, comme l'herbe sèche des champs, quand se présente la faux ou la rafale... En tombant sous vos coups, je saurai où je vais, ce qui m'attend... Marguerite! ce nom de fleur me rappelle cette autre étoile blanche, cette perle brillante, emblème de pureté, de vertu.... O Marguerite! c'est l'instinct de mon cœur qui place ton nom sur mes lèvres!... Mystère de l'âme qui sonde les rapports des créatures dans l'œuvre infinie du Créateur!... (*Il s'absorbe dans ses réflexions, puis sortant de cette rêverie*) : Philippe tarde bien à revenir... Confesse-t-il mon terrible cousin ?... (*Il croit entendre un certain bruit*). C'est lui sans doute... (*Il porte les*

yeux vers le fond de la salle) Je crois, en effet,
l'apercevoir... (*Une apparition commence à se dessi-
ner vaguement*) Non... qu'est-ce donc que je vois?...
(*Un squelette blanc se montre nettement. Reculant
à cette vue*) La mort!... La mort!... Suis-je bien
éveillé?... (*Le squelette fait de la tête un signe affir-
matif*) Me cherches-tu? Est-ce à moi que tu en veux,
Mort? Je suis prêt, si l'heure est venue... (*La mort
montre à Louis ces mots : Juvenes ac senes capio*)
J'aurais voulu pourtant voir, une fois encore, ceux que
j'aime: mes enfants, ma femme... elle aussi! S'il est
trop tard, je les contemplerai du ciel... Tu vois que je
ne tremble pas... Tu es bien hideuse pourtant!...
(*La mort reste immobile ; mais une autre apparition
se produit derrière elle, celle d'un tribunal*) Que
vois-je encore? Un tribunal?... L'instant de me juger
est arrivé, Seigneur?... Pitié ! mon Dieu ! pitié pour le
plus obstiné pécheur!... (*Il tombe à genoux sur le
prie-Dieu, la tête dans ses mains. Les apparitions se
dissipent, se fondent dans l'obscurité. Levant la tête,
plongeant ses regards dans l'espace et ne voyant plus
rien*) Ce n'est point une illusion!... J'ai vu, parfaitement vu... Que peut m'annoncer ce prodige?... Dois-je
mourir bientôt?... Dois-je faire pénitence, ne plus
vivre que pour bien mourir?... Vous ne parlez clairement qu'aux innocents, Seigneur!... (*Il se remet la
tête entre les mains, puis se relève*) Et le prieur ne
revient pas !... Il m'expliquera le sens de tout ceci...
Éclaire-moi de tes saintes lumières, mon vieil ami !...
Dis-moi ce que signifient ces visions qui succèdent à
l'inattendue visite du redoutable Jean... Serait-ce?...
Oh! non, Jean de Bourgogne ne pousserait pas le
sacrilége jusqu'à me tendre des embûches au pied

de l'autel!... Ce n'est pas non plus un présage de fin prochaine... Dieu ne permettrait pas que mes enfants, que ma douce Valentina restassent livrés aux haines fanatiques de mes ennemis, que Marguerite, cette noble femme qui plane au-dessus des inflexibles préjugés de partis, fut abandonnée aux cruautés d'un orgueil furieux !...

VII

LE PRÉCÉDENT, le pèlerin. Il se glisse au fond de la salle sans être aperçu de Louis.

LOUIS.

Quitter tous ces êtres chéris qui ne peuvent se défendre seuls !... Pauvres enfants ! qui les dirigerait ?... Mon infortuné frère leur manque à tout jamais !... Nos amis ?... courtisans !... C'est à la fortune qu'ils s'attachent !... Mes oncles ?... Ils sont vieux, sans caractère, sans ressort, sans force, sans autorité !... La reine ?... femme de plaisir, sans prestige !... Valentina ?... Déclassée dans son origine, suspecte d'hérésie, d'athéisme, de sorcellerie !... Comment conjurer les malheurs qu'entraînerait ma disparition !... Le vénérable prieur peut seul m'aider à le concevoir.

Il s'assied sur un escabeau, se prend de nouveau la tête dans les mains.

LE PÈLERIN, à part.

Le moment est bien arrivé cette fois... Nous sommes seuls... Personne ne me soupçonne ici... L'initiative pacifique de Jean donnera le change à l'opinion...

11.

Le dévouement du prieur pour le prince épaissira les
voiles... Je te tiens enfin, Louis d'Orléans !...

*Il fait quelques pas en avant, cherchant un poignard sous sa
robe. Louis se lève. Le pèlerin se rejette dans l'ombre. Un moine
apporte une lampe qu'il place sur la table.*

LOUIS, *inspiré.*

Cette idée vient d'en haut !... Oui, la sage, la vraie
politique est dans la confiance... Jean de Bourgogne
eut-il l'intention de trahir sa parole, je le contrain-
drai à l'observer par ma propre générosité !... Vivant,
je serai son fidèle allié... Mort, c'est à lui que je con-
fierai ce que j'ai de plus cher : ma femme, mes enfants... Je l'élèverai, je le grandirai de ma foi en la
droiture de son cœur !... A lui qui, en d'autres temps,
a voulu perdre ma maison, je remettrai la tutelle, l'a-
venir de mes fils !... S'il m'arrive malheur, il me sup-
pléera dans mes intérêts, dans mes devoirs !... Quelle
âme resterait insensible à un si complet abandon ?...
Cette résolution me soulage, me tranquillise... Ne
renvoyons pas à la fixer... *(Il se rapproche de la table
et écrit en se dictant tout haut)* « Je confie en mourant mes enfants à mon très-honoré et très-aimé cousin
Jean de Bourgogne... Quant à mes biens personnels,
en dehors de mes apanages de famille, ils seront em-
ployés à fonder des églises, des hospices, à secourir
ceux de mes frères en Jésus-Christ qui manquent du
nécessaire... »

Il s'appuie sur sa main gauche.

LE PÈLERIN, *s'avançant, à part.*

C'est parfait !... Il se charge lui-même de nous
innocenter dans l'avenir...

VIII

LES PRÉCÉDENTS, MARGUERITE, en moine. Marguerite entrant doucement, le pèlerin se retire dans l'ombre et se blottit dans une stalle.

MARGUERITE.

Monseigneur ?...

LOUIS, *sans. se déranger.*

Qui m'appelle ?...

MARGUERITE.

Un novice qui vous est envoyé.

LOUIS.

Approche, mon ami... Tu viens de la part du prieur ?

MARGUERITE, *à mi-voix.*

Je viens vous avertir, Monsigneur, que vos jours sont menacés...

LOUIS.

Je le sais, mon ami... C'est là ce dont je m'occupe...

MARGUERITE.

Au nom du ciel, Monseigneur, fuyez ! N'oubliez pas ceux qui vous aiment, qui vous sont chers !...

LOUIS.

Sois tranquille, mon frère... ton couvent sera bien doté...

MARGUERITE.

Vous pouvez encore vous soustraire aux assassins, Monseigneur !...

LOUIS, *se levant lentement.*

Des assassins, dis-tu?

MARGUERITE.

Oui, Monseigneur, c'es ici qu'ils doivent vous frapper !

LE PÈLERIN, *à part.*

Qui diable a pu savoir?... Je rêve donc tout haut!

LOUIS.

Comment as-tu appris cela, toi qui vis dans cette retraite ?

MARGUERITE.

Peu importe, Monseigneur... Vous êtes prévenu. . Demandez vos gens, partez !...

LOUIS.

Pas avant que tu ne m'aies dit d'où te vient ce ténébreux secret...

MARGUERITE, *bas.*

Vous ne me reconnaissez pas, Monseigneur?...

LOUIS.

Nullement !... (*Il prend la lampe qu'il approche du visage du moine. Reconnaissant Marguerite*) Vous?... sous cet habit !...

LE PÈLERIN, *à part.*

·J'y suis!... On m'a compris... On surveille mes pas...

MARGUERITE, *presque bas.*

Silence!... Monseigneur... Me croyez-vous maintenant?

LOUIS.

Oh! bonheur!... Je devais vous revoir!

MARGUERITE.

J'avais à vous sauver, Monseigneur...

LOUIS, *secouant la tête.*

Je me sens condamné, belle cousine.

MARGUERITE.

Je veille sur vous, Monseigneur... On ne surprendra pas ma vigilance... Mais partez à l'instant, retournez à Paris... Ne vous séparez pas de vos officiers, de vos gens.

LOUIS.

On ne détourne pas longtemps la destinée, Marguerite... Je lui rends grâce de m'avoir permis de vous revoir... Vous saurez du moins, à n'en pouvoir douter, combien est pur, divin, mon amour pour vous!...

MARGUERITE.

Il est de l'essence du mien, Monseigneur... C'est

pourquoi vous me voyez tranquille dans le devoir que j'accomplis...

LOUIS.

O Marguerite!... quand je vous entends, le chœur des anges résonne à mon oreille !... Bercez-moi encore, toujours de cette céleste mélodie !... Que mon âme s'envole sur vos pensées!...

MARGUERITE.

Nous nous perdons l'un et l'autre, Monseigneur... Le danger se rapproche... Il est présent peut-être...

IX

LES PRÉCÉDENTS, LE COMTE DE BAR.

LE COMTE DE BAR.

Monseigneur?...

LOUIS.

Qu'y a-t-il ?

LE COMTE DE BAR.

Monseigneur de Bourgogne n'est point parti... Il passe la nuit au monastère.

MARGUERITE, à Louis.

Que vous disais-je, Louis ! Sans doute nous sommes entourés !

LOUIS.

Silence, Marguerite !... (*Au comte de Bar*) Qui a pu faire changer d'avis le duc?

LE COMTE.

Il veut vous demander de souper avec lui ce soir et de rentrer demain ensemble dans la bonne ville de Paris.

MARGUERITE, *à part.*

Oh! mon Dieu!... C'est le moyen choisi pour l'exécution du complot... (*A Louis*) De grâce, Monseigneur, n'acceptez pas... Dérobez-vous...

LOUIS *à Marguerite.*

Ne craignez rien pour moi, madame... Quant à vous, avant une heure, vous serez en sûreté dans votre hôtel... (*Au comte de Bar*) Sois sans inquiétude, mon brave compagnon... Le prieur et les pères veilleront avec nous jusqu'à notre départ... Mais voici un jeune novice que je charge d'une mission pressée... Tu vas le suivre, lui obéir comme à moi-même... Ta prudence sera nécessaire... Il peut se faire aussi que tu aies besoin de ton courage... Je compte sur toi... (*A Marguerite*) Venez, mon adorée Marguerite... Personne ne vous a vu pénétrer en ces lieux, personne ne vous en verra sortir... Vous rentrerez à l'hôtel de Bourgogne sans qu'on ait pu soupçonner votre absence...

Ils sortent tous trois.

LE PÈLERIN.

Excepté moi, trop heureux prince!... Encore un coup manqué !... Le diable s'en mêle décidément... D'Auquetonville finira par passer pour un grand maladroit!

FIN DE LA QUATRIÈME PARTIE

LOUIS D'ORLÉANS

CINQUIÈME PARTIE

L'HOTEL BARBETTE

1407

PERSONNAGES

LOUIS.
JEAN SANS PEUR.
RAOUL D'AUQUETONVILLE.
Officiers.
Pages.
Valets.

—

ISABEAU.
MARGUERITE.
Dames de la Reine.

1407

L'HOTEL BARBETTE

Un salon chez la reine Isabeau. Porte au fond ouvrant sur l'antichambre. De chaque côté de cette porte, une fenêtre donnant
sur la cour. Appartements à droite et à gauche.

I

Officiers et pages.

UN OFFICIER.

Vous savez, messires, qu'il y a encore eu cette nuit
des coups d'épée aux environs de l'hôtel royal.

PLUSIEURS OFFICIERS.

Vraiment!...

LE PRÉMIER OFFICIER

· On a relevé ce matin au coin des rues du Temple et
des Francs-bourgeois, un gentilhomme très-grièvement
blessé.

UN OFFICIER.

Est-ce la suite d'un duel, ou un assassinat?

LE PREMIER OFFICIER.

Le pauvre diable n'a pu dire un mot.

UN PAGE.

C'est quelque guet-à-pens !

LE PREMIER OFFICIER.

Aux nombreuses blessures de la victime, cela est vraisemblable...

LE PAGE.

Vous verrez qu'il nous en arrivera autant quelque
nuit...

LE PREMIER OFFICIER.

Peut-être bien... si nous faisons trop les galants...

LE DEUXIÈME OFFICIER.

Rien ne prouve que le gentilhomme ramassé ce matin sur le pavé sortît d'un rendez-vous d'amour.

LE PREMIER OFFICIER.

C'est supposable, néanmoins... On ne l'avait pas
volé...

LE DEUXIÈME OFFICIER.

Où diable venait-il passer par ici?...

LE PREMIER OFFICIER.

Il faut croire qu'il y était forcé...

LE DEUXIÈME OFFICIER.

Comment !... forcé ?... L'hôtel Barbette est isolé de toutes autres habitations...

LE PAGE.

Trop isolé, malheureusement ?

LE PREMIER OFFICIER

Que voulez-vous que je vous dise, messires?... Dès que l'infortuné a été frappé près d'ici, c'est qu'il y avait apparemment affaire...

LE DEUXIÈME OFFICIER.

Il n'aura sans doute pas voulu fournir d'explications là-dessus...

LE PREMIER OFFICIER.

Je ne dis pas non...
> Il fait signe à l'autre officier d'en rester là.

LE DEUXIÈME OFFICIER.

Encore un mystère de sang!...

LE PAGE.

Comprend-on sa majesté la reine d'être venue se reléguer dans un pareil quartier !...

LE PREMIER OFFICIER.

On y est tranquille... et... libre !...

LE PAGE.

Le jour, c'est possible... Mais la nuit, on y a mille chances d'être égorgé!...

LE PREMIER OFFICIER.

Au dehors... tout au plus...

LE PAGE.

Il faut bien s'y trouver... soit pour venir, soit pour s'en retourner...

LE PREMIER OFFICIER.

Pourquoi y vient-on?... Ou pourquoi s'en retourne-t-on... trop tard, ou seul, quand on y est venu?...

LE PAGE.

Le grand maître Montaigu aurait bien dû garder son repaire et nous laisser à l'hôtel Saint-Paul.

LE PREMIER OFFICIER.

Où la Reine ne pouvait plus se souffrir, n'est-ce pas?... Et où chaque prince du sang avait ses espions logés, gobergés aux frais du Roi!...

LE PAGE.

Mieux vaut être espionné, qu'assassiné!...

LE DEUXIÈME OFFICIER.

Cela dépend, mon ami... Il y a des gens qui préfèrent l'assassinat à l'espionnage... Ils n'y vont du moins que de la vie!... On assure, du reste, Messires, que la police de la cité va être réorganisée... La réconciliation des princes, permettra, dit-on, d'améliorer une foule de services.

LE PAGE.

On ferait bien d'établir dans chaque rue de bons
postes d'archers et de multiplier les rondes...

LE DEUXIÈME OFFICIER, *se tournant vers le fond.*

Fais-en la demande à Monseigneur de Bourgogne!

LE PAGE.

Pourquoi pas?...

L'OFFICIER.

L'occasion est belle, le voici...

II

LES PRÉCÉDENTS, LE DUC JEAN, RAOUL. Les officiers
et les pages s'inclinent devant le duc.

LE PAGE.

Faut-il annoncer Monseigneur à sa Majesté la
Reine?

JEAN.

Dans un instant... (*Aux officiers*) Dites-moi, Messires,
il paraît que votre quartier est assez mal gardé la nuit...
On y assassine comme en pleine forêt...

LE PREMIER OFFICIER.

Il est vrai, Monseigneur, qu'il est un peu désert...
Il y aussi des gens bien imprudents...

JEAN.

Il y a d'audacieux bandits... Vos hommes d'armes ne portent donc pas secours à ceux que l'on arrête?...

L'OFFICIER.

Il paraît qu'ils n'entendent rien, Monseigneur.

JEAN.

Cela est étrange!... Placez des sentinelles!... Étendez votre surveillance!...

L'OFFICIER.

Nous n'osons pas nous disséminer, Monseigneur... Dans ces temps de troubles, de factions... S'il était tenté quelque chose contre la Reine!...

JEAN.

Les factions n'ont plus désormais de raison d'être, Messire... Quant à la Reine, tous les Français la respectent, l'aiment... Ne négligez donc pas d'assurer la sécurité autour de sa demeure... Voulez-vous qu'il soit dit qu'Isabeau de Bavière, reine et mère des enfants de France, habite un repaire de brigands ?

L'OFFICIER.

Nous ferons de notre mieux, Monseigneur...

JEAN.

J'y compte... en attendant que nous ayons organisé une police qui protégera la vie et la bourse des citoyens dans toute l'étendue de la cité... Ce serait une honte de voir continuer plus longtemps cette anarchie dans le royaume!... Monseigneur d'Orléans et moi ne le souffrirons pas !... A propos, Monseigneur d'Orléans soupe-t-il ce soir avec nous chez ma royale cousine?...

L'OFFICIER.

Il aura cet honneur... Il a été invité, Monseigneur...

JEAN, *jetant un coup d'œil à Raoul.*

Ah !... Je sais gré à sa Majesté de cette attention... (*A Raoul*) D'Auquetonville, prévenez mon oncle le duc de Bourbon que je ne pourrai me rendre chez lui...

RAOUL, *s'inclinant (à part).*

A moi, fortune !...

III

LES PRÉCÉDENTS, ISABEAU. Elle entre par la gauche, suivie de ses dames (1).

LE PAGE.

Sa Majesté la Reine !

Le duc se découvre. Les officiers et les pages passent dans l'antichambre dont la porte reste ouverte. Les dames passent dans la pièce de droite. Deux se tiennent sur le seuil aux ordres de la Reine.

(1) Louis fut bien assassiné en revenant de l'hôtel Barbette, où il était venu faire visite à la Reine, mais non en sortant de souper avec elle, car elle était à peine relevée d'une dernière couche depuis treize jours, le 10 novembre. C'est le 23 qu'avait lieu le meurtre.

LA REINE.

Vous avez reçu mon invitation, mon cher cousin ?

JEAN.

J'en devance l'heure pour témoigner plus librement
ma gratitude à votre Majesté.

LA REINE.

Bien que souffrante encore, j'ai pensé qu'il vous
serait agréable de fêter avec moi, dans l'intimité,
votre réconciliation avec Monseigneur d'Orléans.

JEAN.

C'est un nouveau titre à ma reconnaissance, ma
royale cousine... Vous l'avez vu, Madame, moi si altier
d'habitude, j'ai fait les premiers pas... Je lui ai presque demandé pardon !...

LA REINE.

Vous avez prouvé, Monseigneur, que vous aimez la
France... Elle n'est pas ingrate, vous le savez...

JEAN.

Je suis assez récompensé par l'approbation de ma
Reine, Madame...

LA REINE

Comment est-il, ce cher duc ?... On nous le faisait
très-malade ces derniers jours...

JEAN, *avec intention.*

Il me semble, en effet, fort affaissé.

LA REINE.

Serait-il menacé de cette affreuse maladie qui afflige Sa Majesté ?...

JEAN.

Je ne suis pas, je vous l'avoue, sans inquiétude...

LA REINE.

Vous m'effrayez, Monseigneur... N'y a-t-il pas moyen de prévenir l'explosion de ce mal maudit ?...

JEAN.

Monseigneur d'Orléans est bien épuisé, bien affaibli !...

LA REINE.

A son âge, la vie a toutes ses puissances..

JEAN

Sans doute, ma royale cousine, moyennant qu'on veuille la ménager... Il faudrait du repos à Monseigneur, quelque solitude dans une paisible résidence.

LA REINE.

Rien n'est plus facile que ce régime, quand la conservation l'exige.

JEAN.

Assurément... Mais Monseigneur n'entend pas renoncer aux affaires, aux plaisirs... Dans son état, c'est un grand tort...

LA REINE.

Vous croyez que le prince devrait suspendre tout travail!... Hélas! lui aussi!... Que deviendrons-nous?...

JEAN.

N'êtes-vous pas la Reine de France?

LA REINE.

Les reines peuvent gouverner ici ; elles n'y règnent pas, Monseigneur... Je suis d'ailleurs une femme sans aptitude politique...

JEAN.

Nous vous aiderons, ma Souveraine, et vous n'aurez pas de peine à faire mieux que maints ministres et hommes d'État qui ruinent et abaissent la France.

LA REINE.

Vous me flattez, Monseigneur... Je n'envisage pas moins ces éventualités avec un véritable effroi!

JEAN.

Au surplus, Madame, la crainte de perdre le précieux concours de Monseigneur d'Orléans, me grossit peut-être ses dangers... Vous jugerez mieux que moi, ce soir, de sa santé, surtout de son état mental... En tout cas, n'oubliez point, je vous prie, que je suis et serai toujours le plus docile, le plus dévoué de vos serviteurs et sujets.

Il s'incline pour prendre congé.

LA REINE.

J'ai bien besoin d'amis, mon cher cousin. *(Lui tendant sa main qu'il baise respectueusement)* Ne vous faites pas attendre ce soir.

JEAN.

Je serai le premier au rendez-vous

Il sort.

IV

LA REINE seule.

Que cache cette métamorphose du sombre Jean?... Il est allé de lui-même à son cousin d'Orléans... Il vient à moi, qu'il ne déteste pas moins... Il m'offre son dévoûment, il m'assure sa soumission en cas d'incapacité du Roi et de son frère... Quels projets masque cette manœuvre?... Jean de Bourgogne, tu prépares une trahison!... Qui en doit être la victime?... Je le pénétrerais peut-être, si je soupais seule avec lui... C'est une idée !... Contremandons Louis... *(Elle va se mettre à une table et écrit).* « Cher beau-frère, vous ne soupez plus ce soir avec moi, comme il avait été convenu... Vous m'empêcheriez de découvrir des desseins qu'il nous importe de connaître... Venez demain dans la matinée, j'aurai du nouveau à vous apprendre, ou je me trompe fort. » *(Elle plie la lettre qu'elle met sous enveloppe et la scelle. Elle frappe sur un timbre : un*

12.

page se présente) Sur-le-champ ce billet à Monseigneur le duc d'Orléans, en main propre.

Le page s'éloigne.

V

LA REINE seule.

Certainement, je lui apprendrai du nouveau... Vous êtes un profond politique, Monseigneur! Je suis femme; nous pouvons lutter... Ce pauvre Jean qui a cru me troubler par ses fables sur l'état moral de Louis... Sans doute, il est malade, ce cher duc: c'est de n'avoir pu te confiner dans ta Bourgogne ou dans tes Flandres!... Tu le sais bien, renard!... Ce qu'il n'a pas pu, je le ferai, moi!... Cette inquisition des Bourguignons m'est odieuse à la fin!... .

VI

LES PRÉCÉDENTS, LOUIS.

UN PAGE.

Monseigneur le duc d'Orléans.

Le page se retire. Louis s'incline et baise la main que lui tend la Reine.

LA REINE.

Vous n'avez donc pas reçu mon mot, cher duc?

LOUIS.

Si fait, madame, à l'instant même.

LA REINE.

Et vous n'avez pas tenu compte de ma prière !

LOUIS.

Elle a piqué ma curiosité au dernier point... Je viens vous en demander l'explication et me retire ensuite, selon votre désir.

LA REINE.

Je n'en ai pas encore à vous donner, et votre présence ici renverse mon espoir de rien tirer du duc Jean.

LOUIS.

Est-ce qu'il deviendrait expansif?...

LA REINE.

Ne plaisantez pas, Louis... Jean est gai, douce-reux, empressé près de moi... plein de sollicitude pour vous... Il médite certainement quelque noirceur... Comprenez-vous pourquoi je tremble ?...

LOUIS.

Quoi! vous vous alarmez qu'il se fasse un peu aimable !...

LA REINE.

Oui, certes, je m'en alarme !... Il m'a dit de ces mots obligeants qui ne m'annoncent rien de bon...

LOUIS.

Nous sommes sincèrement réconciliés, madame...
Il ne pourrait nous susciter des embarras... Il a
assez de ceux qui le menacent dans le nord... Il vaut
mieux, croyez moi, que sa réputation... Son ambition
dùt-elle d'ailleurs le mal conseiller, ma loyauté connue de tous, le contiendra toujours dans le respect de
la justice.

LA REINE.

Dieu vous entende!...

LOUIS.

C'est lui qui me rend confiant et fort, ma reine !...

VII

LES PRÉCÉDENTS, JEAN. Des valets apportent une table
de trois couverts, servie, et des candélabres allumés.

JEAN, *à la reine.*

Vous voyez mon exactitude, Majesté... (*A Louis en
lui tendant la main*) Je n'aurais pas manqué pour un
empire cette occasion de me rencontrer avec vous,
Monseigneur... C'est beau pour un ambitieux !

LOUIS.

C'est que chez vous, mon cher cousin, l'ambition
de faire des heureux, l'emporte sur celle des vaines
grandeurs...

JEAN.

Vous dites vrai, Monseigneur; je suis plus fier de
votre noble amitié que d'une impérissable victoire!...

LOUIS.

La concorde est la gloire solide des princes, mon
cher cousin, car c'est elle qui fonde la prospérité, le
bonheur des peuples...

JEAN.

Vous pensez et parlez en philosophe, Monseigneur...

LOUIS.

Vous voulez dire en chrétien.

JEAN.

Soit! cela vaut mieux encore...

LA REINE, *s'asseyant.*

Voulez-vous prendre place, Messeigneurs.

Louis se place à gauche et Jean à droite de la Reine.

JEAN.

Vous êtes un ferme croyant, Monseigneur!

LOUIS.

Peut-être Dieu m'en fera-t-il la grâce.

LA REINE.

Cette réputation commence à faire bruit... Si cela
continue, nous entendrons parler bientôt de vos
miracles...

JEAN.

Puis un jour, la canonisation !

LOUIS.

Je n'aspire qu'au pardon suprême, sans oser, hélas!
me le promettre !...

JEAN.

Je tâche, moi de réparer mes fautes dès ce monde. .
La responsabilité dans l'autre m'inquiète peu...

LE REINE.

Vous êtes incrédule, cher cousin !

JEAN.

Non pas, madame... Je crois tout ce que nous en-
seigne la tradition conservée par la sainte Église... Dès
que notre cher duc d'Orléans sera passé bienheureux,
j'admettrai sa légende comme celle de saint Antoine
ou de saint Siméon... Jusque-là, excusez moi de faire
quelques réserves.

LOUIS.

C'est votre droit, cousin... En attendant, vous plaît-il
parler d'autre chose ?

LA REINE.

Ceci est fort intéressant, mon cher beau-frère... Le
plaisir est assez fugitif ici, pour qu'il nous importe de
le rencontrer ailleurs encore.

JEAN.

Ce sont là des spéculations que j'abandonne volon-

tiers aux mystiques, mes amis... Remplir sa destinée
terrestre d'abord... Le reste concerne Dieu, et je ne lui
demande pas de comptes à l'avance...

LOUIS.

Le temps vous fera changer d'avis, cher cousin...
Quand vous aurez confessé la vanité de toutes choses,
depuis les jouissances de la matière jusqu'à l'apothéose
de l'orgueil... quand vous aurez reconnu qu'il n'y a de
réel que le travail qui s'associe aux dessins de la providence, d'autre honneur que le service de l'humanité... de nouveaux sentiments éclateront en vous...

JEAN.

C'est le but que nous poursuivons en obéissant à nos
passions, nous autres grands de la terre !... s'il nous
faut le pouvoir, l'autorité, c'est pour établir parmi les
hommes un ordre de plus en plus juste et parfait...
Quand nos projets, nos conquêtes, même nos crimes
réussissent, groupent les peuples, élargissent le cercle
de l'unité, condensent la force gouvernementale, n'ac-
complissons-nous pas la tâche qui nous a été assignée
par cette fatalité mystérieuse qui préside à la vie
sociale de l'humanité?...

LOUIS.

Peut-être... mais par les moyens sataniques, non
par ceux de la miséricorde et de la grâce, magie de
l'amour et de la liberté, science des harmonies prééta-
blies...

JEAN.

Vous nous révélez là une politique nouvelle, Monseigneur.

LOUIS.

En effet, c'est celle de l'avenir, cher duc.

JEAN.

Souffrez que j'en attende l'inauguration, l'épreuve, avant de lui engager ma confiance...

LOUIS.

Je n'hésite pas à le faire dès à présent, moi, mon cousin, en accueillant vos promesses de paix.

JEAN.

Et c'est d'un bon Français, Monseigneur... comme aussi d'un véritable homme d'Etat... Vous êtes d'ailleurs assez puissant pour tenter, sans risques, une si haute et si noble expérience...

LOUIS.

Ce ne sont pas de si profonds calculs qui dictent ma conduite, mon illustre cousin... J'ai été touché d'un rayon d'en haut, je le crois... Voilà tout le miracle... Je suivrai la voie qu'il m'indique...

JEAN.

Que ne puis-je parler et agir comme vous, Monseigneur !... Malheureusement je ne suis point un saint... Loin de là, je suis presque un démon... Ma désastreuse défaite de Nicopolis l'a bien prouvé, n'est-il pas vrai ? (A part) Pauvre niais !... Dans quelle décrépitude est tombée son intelligence !

LA REINE.

Moi aussi je vous admire, cher beau frère... Cependant, votre point de vue, vos résolutions m'effrayent!

JEAN.

Eh! bien, ne vous avais-je pas dit, madame, que Monseigneur d'Orléans était, au monastère des Célestins, dans de très-étranges idées?

LA REINE.

Je vous avouerai que j'avais cru d'abord que vous y mettiez quelque malice...

LOUIS.

Maintenant, comme le cher cousin, vous me trouvez absolument extravagant.

LA REINE.

Je ne dis pas cela, Monseigneur...

LOUIS.

Vous le pensez! c'est bien pire, madame...

LA REINE.

Vous me faites un peu l'effet d'un général qui donne sa démission la veille d'une bataille, d'un roi qui abdique avant d'avoir essayé de régner...

JEAN, *à part*.

Va-t-elle réveiller sa raison?... (*Haut*) Monseigneur, après tout, voit les choses de plus haut que nous, Madame... Tandis que nos pieds se déchirent aux ronces du chemin, que les accidents de terrain nous masquent la direction sûre, il s'élève comme l'aigle,

13

étend son horizon, distingue par où il faut passer pour toucher au but en quelques bonds ?...

LOUIS.

Vous l'avez dit, cousin, je cherche au-dessus des vapeurs sanglantes des guerres civiles, au-dessus des nuages de la politique égoïste, ce soleil d'éternelle justice qui mûrit les moissons de l'humanité.

JEAN.

C'est l'intuition anticipée du règne de Dieu sur la terre, le ravissement de la conscience, l'extase !... (*A part*) Il est décidément fou à son tour.

LOUIS.

Jugez-en, cher cousin, quisqu'elle embrasse tous les hommes d'un même amour.

JEAN.

Sans exclure les dames, bien entendu.

LOUIS.

La gaieté vous gagne, cousin... Sa majesté la reine l'a déjà remarqué...

JEAN.

Ce n'est pas en ce moment que vous voulez vous en plaindre, j'imagine.

LA REINE.

Non, assurément... On s'attriste le moins possible chez la reine de France... N'avons-nous pas assez de motifs de chagrin ailleurs?... (*A part*) Il me fait frémir !...

LOUIS.

Rions donc, puisque vous le voulez !... Rions des
dupes qui s'acharnent à des chimères ! des avares qui
grossissent un trésor dont ils ne jouiront pas !... des
amants qui rêvent l'éternité de leurs amours !... des
maris qui ne comptent que sur leurs droits pour se
garantir des infortunes !... des courtisans qui croient
à notre estime !... des peuples qui poursuivent l'égalité
par l'abaissement des grands et l'élévation démesurée
des petits !... Rions de tout, mes amis, car, en effet, il
n'y a qu'illusions triviales sur cette boule de fange où
nous paradons vaniteusement !...

JEAN.

A la bonne heure !... Voilà qui s'appelle comprendre la vie, Monseigneur... Je reconnais ici l'éclair de
vos beaux jours !...

LOUIS.

Vous n'y êtes pas précisément, cousin... Autrefois, j'étais étourdi, j'abusais... Pourtant j'aimais naï-
vement, à l'aventure, comme si la volupté fût la fin
d'elle-même... Aujourd'hui que je connais les vicissitudes, la fragilité de toutes choses, je comprends qu'il
y a, derrière ces apparences qui passent, des réalités
dont la conquête dépend, non de la force et de la ruse,
mais uniquement de la science, de la vertu... En un
mot, la fantasmagorie des passions troublées s'est évanouie pour me laisser pénétrer le vrai rôle de ces virtualités de l'âme : l'orientation des destinées !... Combien est misérable, honteux, ce monde de démence
édifié par l'homme, auprès de celui qu'inspire la nature !...

LA REINE.

Quel désenchantement, Monseigneur!... Gerson ne
va pas plus loin dans ses réprobations... On dirait, en
vérité, noble cousin, que tout vous échappe ici-bas,
vous le plus favorisé des princes.

LOUIS.

Oh! je ne suis point ingrat... Dieu m'a fait une belle
part!... Mais, plus il m'a donné, plus je dois rendre...
C'est pourquoi vous me voyez prêt à me dépouiller de
ces fausses grandeurs qui me fatiguent, à faire le
sacrifice de ma vie même, s'il en doit résulter du
bien.

LA REINE.

Cher beau-frère, vous allez trop souvent au monastère des Célestins... Vous finirez par endosser le
froc.

LOUIS.

Pourquoi pas, ma sœur?... Le froc est la cuirasse
de l'âme... Il rend invulnérable aux traits de Satan et
de ses légions...

IX

LES PRÉCÉDENTS, un officier du Roi.

UN PAGE, annonçant.

Un officier de notre sire le roi, dépêché à monseigneur le duc d'Orléans.

LOUIS, *à la reine.*

Vous permettez, madame?... (*Il fait signe d'introduire l'officier. Celui-ci entre. A cet officier.*) Que
me voulez-vous, mon ami ?

L'OFFICIER.

Monseigneur est mandé sur-le-champ par notre sire
le roi de France.

LOUIS.

Est-il plus mal?

L'OFFICIER.

Non, Monseigneur, il s'agit d'une communication...

LOUIS, *à lui-même.*

Que peut-il y avoir?... (*A la reine*) M'autorisez-vous,
madame, à m'absenter quelques instants ?

LA REINE.

Il le faut bien, Monseigneur... Mais revenez-nous le
plutôt possible.

LOUIS, *se lève, s'incline. Au page.*

Un page, deux écuyers et des valets avec des torches... (*A la reine*) Aussitôt libre, madame, j'aurai
l'honneur de vous rejoindre... (*A Jean*) Vous serez
encore, je l'espère, près de sa Majesté, mon cher
cousin...

Jean se lève et s'incline. Louis sort.

X

LA REINE, JEAN.

LA REINE.

C'est étrange que le roi envoie chercher son frère, à l'heure même où ses crises sévissent le plus fort... Il se passe quelque chose d'extraordinaire...

JEAN.

La folie de sa Majesté change peut-être d'objet...

LA REINE.

Qu'entendez-vous par là, cousin?...

JEAN.

Sa Majesté devient peut-être ombrageuse à son tour... (*Ironiquement*) Ce serait bien toujours de la folie !...

LA REINE.

Oh ! Monseigneur... Cet incident m'inquiète... Je ne sais quel trouble...

JEAN.

Je ne partage pas vos appréhensions, madame... Le roi ne voudrait pas quitter la vie en même temps que son frère se dispose à sortir du monde...

LA REINE.

Pauvre duc !... Quels secrets chagrins ont pu l'amener là?...

JEAN.

C'est là, suivant moi, le triste côté de ces préten-
dues conversions... Elles n'ont jamais lieu qu'à la suite
de folles espérances déçues ou d'un affaiblissement intellectuel... Les cœurs robustes, les cerveaux libres et
entiers ne connaissent point ces défaillances...

LA REINE.

Vous suspectez tout, Monseigneur...

JEAN.

Non, ma belle cousine... Il y a des sentiments auxquels je crois... Ceux, par exemple, dont je sais les
véritables causes et dont je constate les résultats... Et
tenez...

XI

LES PRÉCÉDENTS, MARGUERITE.

MARGUERITE, *éperdue*.

Monseigneur! monseigneur! Savez-vous ce qui se
prépare ?...

JEAN.

Quoi donc, madame?... Vous êtes bien émue !... (*Il
lui fait signe de s'arrêter. A un de ses officiers qui
se trouve dans l'antichambre*) Holà!... (*L'officier se
présente. A mi-voix*) Eloignez les gens de la reine!...
Que l'on ferme et garde ces portes au dehors!... (*A
Marguerite*) Parlez, madame.

MARGUERITE.

Oui, Monseigneur, il se prépare, il va se commettre un crime épouvantable, si vous ne l'empêchez....

JEAN.

Enfin, de quoi s'agit-il?.

MARGUERITE.

D'une vie précieuse, Monseigneur... que vous ne pouvez laisser atteindre, sans ouvrir vos propres veines...

LA REINE.

De qui parlez-vous, grand Dieu!... En voudrait-on aux tristes jours du roi?...

MARGUERITE, *à la reine.*

Ah! madame! c'est horrible!... (*A Jean*) De grâce, monseigneur! ne perdez pas une minute, envoyez vos gens autour de cet hôtel... Il va s'y commettre, il s'y commet peut-être en ce moment un meurtre abominable!...

LA REINE.

Oh! mon Dieu....

JEAN.

Décidément, nous direz-vous, madame, pour qui vous vous alarmez si fort?..

MARGUERITE.

Ne comprenez-vous pas, Monseigneur, qu'il est question de votre cousin d'Orléans?...

JEAN.

Monseigneur le duc d'Orléans ?... Il vient de partir chez le Roi...

MARGUERITE.

C'est sur ses traces qu'il faut se porter au plus vite.!... Courez donc, Jean de Bourgogne !...

JEAN.

Chez le roi de France !... A cette heure ?...

MARGUERITE.

Peu importe !... Allez où il est menacé !...

JEAN.

Vous perdez l'esprit, madame !...

LA REINE

Monseigneur le duc d'Orléans sort d'ici à l'instant même, ma cousine... Il est accompagné des officiers de sa maison... On vous a trompée en vous disant qu'il court quelque danger.

JEAN.

Je sais l'intérêt que vous portez au duc Louis, madame..... Rassurez-vous, l'heure est peu avancée... Le trajet est court d'ici à l'hôtel Saint-Paul..... Aucun accident n'aura lieu.....

MARGUERITE.

Eh ! bien, Monseigneur, pour me tranquilliser..... (Se reprenant,) pour tranquilliser la reine..... pour désavouer d'infâmes bruits, rendez-vous au devant du duc avec vos hommes d'armes.....

13.

JEAN.

Comment ! vous voulez qu'à la huitième heure du
soir, entre les hôtels peu éloignés du roi et de la
reine, je fasse un semblable affront à Monseigneur
d'Orléans ?... Vous n'y songez pas !.....

MARGUERITE.

Et si le crime s'accomplit ?..... Si le prince est
assassiné ?...

LA REINE.

Assassiné ?

MARGUERITE.

Oui, assassiné !... Qui passera pour l'instigateur du
meurtre ?...

JEAN.

Madame !...

MARGUERITE.

Eh ! Monseigneur !... qui vous aime ?..... qui se fie
en vous ?...

JAEN, *à mi-voix.*

Madame !... votre passion vous perd !...

MARGUERITE.

On dira que vous avez payé les meurtriers !...

JEAN, *menaçant.*

Vous tairez-vous, enfin !...

MARGUERITE.

Votre nom restera flétri !... Votre postérité sera souillée !.....

JEAN.

Criez partout, madame, que j'en veux aux jours du frère du roi !... que je suis allé l'embrasser devant l'autel, que j'ai communié avec lui pour l'étouffer, pour l'égorger plus sûrement !...

MARGUERITE, *se jetant aux pieds de Jean.*

C'est à genoux que je vous implore, Monseigneur !... Volez au secours de votre cousin qui expire sous le fer des assassins !...

JEAN.

Vous l'aimiez passionnément, madame.

MARGUERITE.

Outragez-moi, Jean de Bourgogne, immolez-moi, mais sauvez votre honneur !...

JEAN, *à la reine.*

Ne trouvez-vous pas, ma royale cousine, que cette femme est assez audacieuse de venir, devant vous, mendier la vie de son amant?

LA REINE.

Monseigneur !...

JEAN.

Pardon !..... De votre amant !..... Vous vous le partagiez !.....

LA REINE.

Duc de Bourgogne !... Vous outragez indignement votre reine !...

MARGUERITE.

Grâce !... grâce !... pour lui !... pour vous !.... pour nous tous !...

JEAN.

Ah ! vous pensiez, mesdames, que l'on joue impunément celui qui aujourd'hui fait trembler peuples et rois !...

LA REINE, *à part.*

Hélas !... mes pressentiments ne m'abusaient point !...

JEAN.

Ah ! vous pensiez qu'une vulgaire adre sse mettrai toujours l'adultère à l'abri de la vengeance !...

MARGUERITE.

Je suis pure et sans reproche, Jean de Bourgogne.

JEAN.

Ah ! vous supposiez que j'avais niaisement pardonné vingt ans de trahison, d'insulte !...

LA REINE.

Mais c'est horrible ce que vous faites, Monseigneur !...

JEAN.

Vous ne connaissiez pas Jean de Bourgogne, nobles dames.

MARGUERITE.

Tu te trompes, bourreau !... Ma démarche te le prouve...

JEAN.

Allons donc!... vertueuse épouse!... mettons-y enfin de la franchise... Convenons que nous nous devinions tous deux...

MARGUERITE.

Eh bien ! oui !... je l'admirais... je l'aimais, si tu veux, d'un noble et chaste amour, autant que je te déteste et te méprise..... J'ai pu ainsi respecter mes devoirs, non pour toi qui me fais horreur.... mais pour lui, pour moi-même !... .

LA REINE.

Epargnez votre ennemi, Monseigneur!... Nous vous abandonnerons tout : richesses, pouvoir, honneurs...

JEAN.

Tout cela m'appartient, reine indigne !... Ma volonté est tout dès à présent !..... Vous m'obéirez en silence, trop heureuse que je laisse les hochets du rang à votre honteuse puérilité !.....

LA REINE.

Mais cet homme est infâme !... N'ai-je donc pas de gardes pour secourir sa victime, s'il en est temps encore, pour s'emparer de l'assassin !... Holà ! fidèles serviteurs !...

JEAN.

Vous appelez, madame... Je veux qu'on puisse vous
entendre au loin..... Peut-être les derniers échos de
votre voix seront-ils doux à une oreille chérie...

Il va ouvrir une croisée au fond à gauche. On entend un tumulte de cris et de combat.

UNE VOIX, *au dehors.*

A mort !... A mort !...

UNE AUTRE VOIX.

A nous !... Au secours !... Au meurtre !... Au secours !... On assassine Monseigneur d'Orléans !.....

Cliquetis d'armes.

LA REINE ET MARGUERITE.

Oh ! mon Dieu !... Protégez-le !...

Le tumulte continue.

JEAN.

Vous entendez, mesdames !... C'est l'accompagne-
ment de ma vengeance !...

Profond silence.

MARGUERITE, *prophétiquement.*

Jean de Bourgogne !... tu fais lâchement assassiner
ceux que tu n'oses combattre en face !... Le même
sort t'attend !... Toi aussi, livré par trahison, tu
périras assassiné !...

LA REINE.

Oh ! mon Dieu !... Quelles calamités vont fondre
sur nous !...

JEAN, *comme sortant d'un rêve.*

Le diable m'a tenté!... Si, en succombant, j'ai engagé mon âme, que j'en obtienne du moins le prix...
A moi les conquêtes, le pouvoir, la domination ici-bas!..... A moi de réunir, de grouper, de conduire les peuples!... A moi l'immortelle gloire de reprendre l'œuvre gigantesque qu'ont rêvée Alexandre, César, Charlemagne, d'une monarchie universelle !..... Cette réelle et suprême félicité, vaut bien peut-être l'illusion d'un amour de femme et une damnation problématique !...

FIN

LE
MONDE DRAMATIQUE

EXAMEN CONTROVERSÉ

MONDE DRAMATIQUE

EXAMEN CONTROVERSÉ

Voici une étude d'un autre genre, nullement à spectacle, bornée à la peinture des mœurs intimes assez
ordinaires à ceux qui dirigent, desservent ou fréquen-
tent les théâtres. Néanmoins, c'est également de l'histoire, puisqu'il s'agit toujours des passions humaines,
des incidents qu'elles engendrent, des traces qu'elles
laissent dans le sillon de la vie sociale. Mais cette
histoire, au lieu d'embrasser de graves événements,
de sombres péripéties, n'offre que les impulsions étroi-
tement circonscrites ou les vicissitudes de modestes
particuliers, et n'exige plus, dès lors, dans l'application dramatique, que de l'observation, un certain
agencement scénique, une expression plus ou moins
littéraire.

D'indulgents amis ayant cru trouver quelques-unes
de ces qualités dans ce travail, nous poussèrent à entreprendre les démarches nécessaires pour essayer de
le faire arriver à la représentation.

Cependant le sujet de la pièce ayant été conçu sous
l'impression de ce qui se passe d'habitude au sein
des exploitations théâtrales, nous avions bien personnellement l'appréhension qu'il serait, par là même,
peu sympathique aux directeurs de celles-ci. Mais,
d'un côté, le tableau sans être trop chargé, semblait
assez réussi; de l'autre, la rareté des œuvres vraiment écrites, laissait espérer qu'un homme indépendant, hardi, pourrait peut-être voir dans la nôtre les
chances d'une fructueuse opération, ne fût-ce qu'à
cause du piquant de l'indiscrétion.

Convenons-en aujourd'hui, c'était trop présumer de
la fortune. Il n'était pas vraisemblable qu'un seul directeur, fît-il exception pour la moralité ou pour l'audace, consentît à livrer à la conscience publique les
pratiques usuelles et presque inévitables de la corporation, c'est-à-dire l'exploitation abusive de la galanterie, au moyen des jeunes artistes principalement
engagés dans ce but. Car il est évident pour tout le
monde que l'étude des passions, l'art de les faire mou-
voir selon l'ordre de la nature, de traduire leurs pensées dans des formes correctes, pures, élégantes, sont
absolument accessoires ou inutiles pour la spéculation
exclusivement commerciale. Ce qu'il leur faut avant
tout, ce sont, d'une part, des compositions brutalement
cyniques, d'autre part, de jeunes et charmants sujets
peu farouches et bien dressés. Dans ces conditions tout
est au mieux : public de la salle et des coulisses, amateurs de l'un et l'autre sexe, comédiens et comédiennes,
directeurs et carcassiers, chacun a sa place dans
l'orgie et se tient généralement pour satisfait. C'est là
ce qui explique le parallélisme invariable qui existe
dans le commun abaissement des œuvres et de leur

interprétation. Sous un pareil régime, il n'y a ni auteurs, ni comédiens.

Or, ce sont les intrigues, les iniquités, les turpitudes de ce milieu que nous avons eu l'intention de mettre en scène dans cet essai. On comprendra facilement qu'il ne pouvait être accueilli ; mais il ne sera peut-être pas sans intérêt de voir de quelles précautions spécieuses il fallut entourer les refus, pour leur donner quelque apparence de sincérité, de raison. Au surplus, l'examen de ce curieux dossier fournira la confirmation même de notre thèse, à savoir que la carrière des comédiens, par exemple, ne dépend le plus souvent que de leur jeunesse, de leur beauté, surtout de leur *bonne composition*, très-rarement de leur mérite. La médiocrité du personnel des théâtres, de ceux-là même qui sont subventionnés, n'a pas de cause plus profonde.

—

Spécialement faite en vue du Vaudeville qui, vers 1851, languissait sous l'indigence de son répertoire, malgré *l'habileté hors ligne*, disait-on, de son administrateur, M. Bouffé, la pièce que l'on va lire lui fut présentée par sa première pensionnaire, mademoiselle X.

De son propre aveu, M. Bouffé ne lisait jamais entièrement un manuscrit. Il ne recevait les ouvrages que sur une esquisse verbale, plus ou moins vague, du scénario de ses auteurs favoris, exposée par eux ou par les amis qui voulaient bien intervenir à leur lieu et place. Cependant par égard, cette fois, pour l'intermédiaire (1), il nous assura avoir fait exception à ses

(1) Justement admirateur du talent déjà si parfait de l'émi-

habitudes en notre faveur. « J'ai pris connaissance de votre travail, nous dit-il; il est intéressant et bien écrit, trop bien écrit surtout pour mon public qui ne vient pas au Vaudeville pour penser et goûter des choses littéraires, mais pour rire et *attiser sa sensualité*. A la Comédie française, votre pièce serait écoutée et réussirait peut-être. Ici, nos habitués de l'orchestre, plus connaisseurs en reports (1), en épaules et en tibias qu'en littérature, bâilleraient et s'en iraient. Portez votre ouvrage au Théâtre Français : vous ne pouvez le présenter que là. »

— Mais je n'y connais personne; il ne sera jamais lu.

— Pourquoi ? M. Lireux est payé pour cela; il est obligeant, assez consciencieux ; voyez-le.

M. Lireux avait des allures de canotier qui nous inspiraient assez peu de confiance dans la délicatesse de son goût en matière d'art. Il n'était pas homme d'ailleurs à trahir la franc-maçonnerie dramatique. Nous ne songeâmes donc point à le consulter.

Interrogé en particulier par l'artiste qui lui avait remis notre manuscrit, M. Bouffé répondait : « Où diable ce garçon va-t-il s'aviser de faire du théâtre ! Avec ses connaissances, son instruction, son talent, il a cent fois mieux à faire. C'est un esprit distingué, et nous n'avons besoin que de *machinistes*... »

nente comédienne dont il s'agit, il lui avait dit, dans un élan de reconnaissance pour les immenses succès qu'elle avait obtenus : « Vous êtes maîtresse ici, madame. Demandez, commandez. N'hésitez pas à recevoir communication des manuscrits dont on pourrait vous parler. Ce que vous jugerez bon, nous l'accepterons les yeux fermés, car vous êtes une grande artiste, capable de tout interpréter, de tout faire réussir avec éclat. »

(2) Le Vaudeville était alors place de la Bourse.

Heureux point de vue pour faire commerce d'art!
Ce directeur lisait dans l'avenir.

Cependant nos amis ne se décourageant pas, nous
signalaient le Gymnase comme susceptible d'accueillir
plus libéralement une œuvre de quelque audace.

— J'aurais dû y songer, m'écriai-je. M. Gustave Le-
moine, frère de M. Montigny, m'a donné assez de
témoignages d'estime pour ne point hésiter à me
recommander.

— Ne vous arrêtez pas à cela : présentez-vous boule-
vard Bonne-Nouvelle, vous y serez certainement reçu
avec toute la bienveillance possible.

Nous nous rendîmes aussitôt auprès de M. Montigny
que nous essayâmes de prémunir contre une tentative
d'intrus.

« Monsieur, nous dit avec cette solennité qui le caractérise, le directeur du Gymnase, une lettre de mon
frère n'eût en rien influencé mon jugement et ma détermination. Ici, nous lisons tout; le nom des auteurs
n'existe pas pour nous. Quand l'ouvrage est bon, nous
le jouons, fût-il anonyme. Tenez, le manuscrit de *la
Pariure de Jules Denis* nous fut envoyé sans nom
d'auteur; nous ne nous sommes pas moins empressés
de l'accueillir. Faites déposer votre ouvrage à la
Direction ; vous pouvez compter qu'il sera examiné
avec l'impartialité dont nous nous faisons une loi. »

Ravi de tant de courtoisie, plein de confiance dans
cette exquise loyauté, nous nous empressâmes, on le
conçoit, de remettre au secrétariat une copie de de notre
pièce.

Plusieurs mois se passèrent sans nouvelles. Cet empressement prodigué aux anonymes, ne s'était point
manifesté pour nous. Le manuscrit était toujours là,

dans les cartons ; mais il s'agissait, puérile temporisa-
tion, petit moyen d'éluder la solution, de savoir si
nous avions eu déjà quelque chose de joué n'importe
où.

— Qu'est-ce que cela pourrait faire au mérite du
travail que j'ai eu l'honneur de vous remettre, fis-je observer à M. le régisseur. J'ai publié quelques volumes,
j'ai en porte-feuille quelques drames, c'est peut-être
une certaine présomption que je sais du moins un peu
écrire.   •

— Oh! ce n'est pas la même chose.....

— Sans doute; mais si, vraiment, qui peut le plus
peut le moins, celui qui a fait des ouvrages de longue
haleine, doit au moins pouvoir faire une pièce pas-
sable.

— Détrompez-vous! J. J. Rousseau, Chateaubriand,
M. de Lamartine n'ont pu y parvenir. Voyez...

Nous arrêtâmes M. le régisseur, qui, certainement,
allait nous apprendre beaucoup de choses nouvelles,
par cette seule observation : qu'il ne leur avait pas plu
sans doute de le vouloir sérieusement.

— Ne croyez pas cela, s'écria-t-il. Il y a dans le théâtre un je ne sais quoi qui ne dépend ni du talent, ni
même du génie. Il faut en avoir fait.

— Sans avoir jamais commencé! Ce ne doit pas être
facile !

— Soyez-en sûr!... Voyez nos plus charmants auteurs : Ils n'ont pas de savoir, ils pensent médiocrement, écrivent plus mal encore; mais ils sont ingénieux pour arranger, pour profiter des conseils de la
pratique. Tout le succès est là.

— Vous avez raison, M. le régisseur. En attendant,
daignez prendre la peine de faire examiner mon tra-

vail. Je me soumettrai docilement ensuite, s'il y a lieu, aux inspirations de votre expérience.

Il eût été absurde évidemment de serrer davantage l'honorable M. Montval. Au théâtre, les opinions font partie de la tradition; on se les transmet telles quelles; l'habitude d'user de l'esprit des autres, fait qu'on se dispense le plus souvent d'en avoir pour son propre compte. Le digne régisseur continua donc de croire ses doctrines infaillibles, et le pauvre auteur fourvoyé à jamais, qu'il ne lui restait plus qu'à faire oublier son audace.

Quant au majestueux M. Montigny, il va sans dire qu'il ne daigna pas même abaisser ses regards sur l'ouvrage que lui avait soumis un ancien ami de son frère. Aussi put-il, sans compromettre en rien l'autorité de sa critique, nous faire adresser les banalités suivantes :

« Monsieur,

« Votre manuscrit a été lu *avec l'attention et le soin que nous apportons toujours à l'examen des ouvrages que veulent bien nous faire remettre MM. les Auteurs.*

« Malgré le talent incontestable que l'on remarque dans beaucoup d'endroits de votre pièce, il s'y révèle une inexpérience de la scène qui *a fait craindre* à M. le directeur qu'elle ne convînt pas à son théâtre.

« En conséquence, j'ai l'honneur de vous exprimer ses regrets et de vous retourner votre travail.

« Agréez, etc.,

« Montval. »

———

14

Ces deux premières démarches si promptement interrompues, calmèrent, on le sentira, notre ardeur et
nos espérances, et ce ne fut qu'un an ou deux après,
dans les circonstances que nous avons rapportées plus
haut, p. 44 à 51, que nous nous décidâmes à faire une
nouvelle tentative à l'Odéon. .

Les bonnes dispositions que nous avait montrées
M. Gustave Vaëz dans sa lettre du mois de juin 1854 (1),
pour tout ouvrage de fantaisie que nous pourrions
lui présenter, nous déterminèrent naturellement à lui
adresser notre comédie, qu'il nous promettait, chose
peu rassurante, de faire examiner immédiatement par
son associé, M. Alphonse Royer. Ce ne fut guère
qu'au bout de dix-huit mois qu'eut lieu enfin ce tour de
faveur et que nous pûmes, à force d'insistance, obtenir
une réponse, toujours négative, bien entendu, mais
du moins, toujours aussi, motivée d'une façon spécieuse
et courtoise, ainsi qu'on en va juger en lisant ce qui suit :

« Monsieur,   .

« Je regrette bien d'avoir tardé aussi longtemps à
vous remettre en possession de votre manuscrit; je
voulais toujours l'accompagner d'une longue lettre et
je ne puis pas retrouver les notes critiques faites par
moi sur votre ouvrage et que j'aurais désiré vous
communiquer. Je n'ose pas me fier à ma mémoire seule,
pour vous les écrire, ces notes. Je n'aurais qu'à me
tromper sur un point, cette erreur vous ferait croire
que je n'ai pas même lu votre pièce, *et je l'ai lue trois
fois* (1).

(1) Voir plus haut, p. 50, 1.   .
(1) Déjà, quatre mois auparavant (16 mai 1856), M. Gustave

« Je vous dirai cependant ceci :

« Une actrice type de vertu ne m'a jamais paru un bon personnage pour une pièce de théâtre (1). Certes, il y a des actrices qui sont de très-honnêtes femmes, et nous en pourrions nommer, vous et moi, que nous estimons beaucoup. Il n'en est pas moins vrai qu'elles forment une exception. Et le public ne s'y intéresse aucunement. Offrez à son admiration une actrice vertueuse, digne d'être épousée, votre thèse ne plaira pas aux jeunes hommes parce qu'ils aiment mieux considérer une actrice comme leur maîtresse possible, celui-ci en l'enrichissant, celui-là en lui inspirant un caprice.

« La thèse ne plaira pas aux jeunes femmes du monde (comme on dit) parce que, ne pardonnant pas aux actrices d'être souvent beaucoup aimées, ou tout au moins très à la mode, elles se vengent de ces dan-

Vaëz nous avait écrit : « Je vous parlerai ces jours-ci de votre pièce que j'ai achevé de lire déjà deux fois et que je dois cependant relire une fois encore. »

(1) Cette première et fondamentale objection semble tout d'abord d'autant plus suspecte, qu'elle porte absolument à faux, l'héroïne de la pièce manquant précisément de ce qui fait la base de la vertu chez la jeune fille : la continence. Clotilde est d'un caractère droit, loyal, noble ; mais elle subordonne les mœurs reçues au libre amour. Elle oublie la pudeur, la chasteté, en se donnant volontairement, spontanément à Georges, en vivant ostensiblement avec lui, sans souci des blâmes du monde. Elle est légère dans ses propos, inconsidérée dans ses relations, imprévoyante de l'avenir, comme on l'est dans le milieu où tout se joue, les principes comme les sentiments. Dès lors, elle n'est point une femme vertueuse dans la stricte et complète acceptation du terme : C'est une actrice rangée, qui sera fidèle peut-être ; mais c'est une actrice, soumise, comme toutes les autres, aux impressions vives, aux entraînements, à l'indifférence de la moralité convenue. Qu'elle soit honnête, estimable par opposition avec Andréa, cela ne saurait donc suffire à en faire un *type de vertu*, susceptible de décourager les poursuivants, de porter ombrage aux coquettes jalouses, de blesser enfin la vraisemblance.

gereuses rivales en attribuant toutes leurs séductions à leurs seules facilités. Enfin, votre thèse déplaira aux familles parce'que les papas et les mamans ne veulent pas qu'on leur prouve que, dans certaines circonstances, ils auraient tort de refuser leur consentement au mariage de leur fils avec une jeune fille de théâtre.

« Il n'y aura donc pour s'intéresser à votre héroïne que ça et là quelques hommes admis dans l'amitié d'une actrice honnête femme et qui ont pu apprécier chez elle toutes les qualités·qui commandent l'estime ; car, j'ai besoin de le répéter, ces exceptions, je reconnais qu'elles existent ; je ne condamne pas une caste, je fais une théorie d'art dramatique, et voilà tout.

« Pour ce qui regarde votre fabulation, j'aurais bien besoin d'avoir sous les yeux mes petites notes. Je hasarderai cependant une observation. Ne pensez-vous pas que Clotilde, votre actrice vertueuse, ne peut trouver aucun engagement à aucun théâtre de Paris, par la raison qu'elle a dans le cœur un amour qui l'empêche de se donner ou de se vendre ?

« Cela n'est pas vrai, me semble-t-il. Je ne crois pas que *tous* les directeurs de Paris repoussent une actrice de talent parce qu'elle ne sera pas une... Andréa. Je prends, au lieu d'un substantif, le nom de votre actrice qui trouve des engagements. Je ne crois pas qu'il y ait, dans la jeunesse dorée de Paris, un seul homme assez puissant pour faire ce que fait votre chevalier de Saint Léon. Quoi ! il ferme à une actrice de talent les huit ou dix théâtres de Paris ! Il lui fait offrir par la Comédie Française, à elle, jeune premier rôle, un engagement de troisième soubrette ; il la fait abandonner par tous ses anciens amis devenus auteurs influents ou directeurs !

« Le public sentirait que vous n'êtes pas dans le vrai
et votre pièce ne réussirait pas.

« Il faut bien que je vous dise cette conviction,
pour me couvrir de ne pas avoir joué votre pièce. Il y
a dans votre dernière lettre une bien grande erreur
encore. Il vous est démontré, dites-vous, que *ce n'est
pas le mérite d'une pièce, quelle qu'elle soit, qui détermine son acceptation*. Je puis vous garantir que
nous nous sommes toujours mis à ce point de vue-là
uniquement et que c'est pour moi un *vrai chagrin* de
n'avoir pu faire en votre faveur ce que nous avons fait
pour l'auteur de *Madame de Montarcy*, par exemple;
nous avons reçu de lui cinq actes sans le connaître aucunement (1). Je vous cite cette pièce-là, entre dix,
parce qu'elle est actuellement en répétition. Ma longue
hésitation pour vous rendre votre pièce n'a jamais eu
d'autre cause que mon regret de ne pouvoir servir un
homme pour lequel je me sentais une grande sympathie. »

. Avant de nous adresser ces critiques de parti pris
irrévocable, M. Gustave Vaez avait donc lu et relu
deux fois encore notre modeste ouvrage. Pourquoi
tant de peine, s'il était réellement injouable à tant de
titres que l'on se plaisait à le dire! Comment! ses per-

---

(1) Il nous répugne de révoquer en doute l'affirmation d'un
galant homme, justement estimé, croyons-nous, et qui n'est
plus. Cependant, comment admettre que M. Bouillet, l'auteur
de cette pièce, avantageusement connu dans le monde dramatique où il jouissait d'une légitime autorité, ait cru devoir présenter son ouvrage sous le voile de l'anonyme? Manquait-il
d'une certaine confiance en son œuvre, qui, d'ailleurs ne réussit
que médiocrement? C'est la seule explication que nous puissions trouver de ce fait, s'il s'est passé comme l'a dit M. Gustave Vaëz.

sonnages, ses situations manquaient de vérité, d'intérêt, devaient indisposer les spectateurs de toutes catégories, l'empêcher évidemment de réussir, et l'on ne pouvait s'en assurer qu'après· une étude patiente, attentive! N'était-ce pas plutôt qu'il avait fallu de la réflexion, du temps, pour donner à la procédure qui conclurait à un refus, les apparences d'une analyse consciencieusement approfondie? Nous en verrons plus loin la preuve.

En attendant, examinons de notre côté la solidité des critiques énoncées dans la lettre qui précède.

Et d'abord, une actrice vertueuse n'a jamais paru un bon personnage à porter au théâtre, non parce qu'il est exceptionnel, mais surtout parce qu'on veut, de toutes parts, le tenir pour invraisemblable. Ne pourront s'y intéresser que quelques naïfs prévenus, crédules. Pour tous autres, il sera indifférent, si même il ne leur est pas antipathique.

Assurément, si nous avions eu le dessein de réhabiliter la comédienne, au point de vue des rigueurs de la morale usuelle, et rien de plus, les observations de M. Vaez eussent été fondées; mais c'était si peu là notre intention, que nous avons, dès le principe, placé la nôtre dans une situation irrégulière, condamnée dans le monde. Clotilde n'est donc nullement un type de vertu. Elle est femme de libre amour, s'affranchit sans bégueulerie des conventions sociales en matière d'union. Seulement, s'il lui convient de disposer de sa personne, elle entend que le cœur soit pour cela d'accord avec la volonté. Il ne s'agissait donc aucunement d'actrice vertueuse, absolument inaccessible aux espérances des amateurs de galanterie.

Nous savons d'ailleurs, comme tout le monde, que la

carrière dramatique consistant à traduire, à exprimer
les passions, principalement celle de l'amour, l'artiste
qui la suit a besoin d'en avoir une pratique constante,
prolongée, pour imprimer à ses imitations le cachet de
grâce, de jeunesse, qui fait sa vérité, son charme. Par
prédisposition imaginative, par excitation permanente,
par nécessité professionnelle, pourrait-on dire, les comédiens se livrent donc le plus longtemps possible aux
intrigues réelles de galanterie. C'est par là qu'ils con-
servent l'apparente fraîcheur des sentiments, la sou-
plesse des ressorts de l'idéal. L'artiste qui n'aurait pas
le désir de plaire, fût-ce à un inconnu, verrait bientôt
s'éteindre en lui cette flamme qui échauffe, parfois
embrase le spectateur. Celui qui, d'une nature constante, resterait à jamais insensible aux assauts de ses
adorateurs, serait impropre, par cela même, à peindre
fidèlement les plus hauts accords de l'amour. Encore
une fois, la vertu ou ce que l'on désigne ainsi, sous ce
rapport, est donc quelque chose d'absolument indifférent, ou, si l'on veut, d'antipathique au théâtre.

   Aussi, n'est-ce aucunement cette thèse parfaitement
niaise que nous avons entendu présenter, soutenir
dans notre pièce. Ce que nous avons voulu montrer.
censurer, c'est, d'un côté l'abus énorme de ces mœurs
libres, du profit honteux que cherchent à en tirer certaines administrations ; de l'autre, les persécutions,
les préjudices, les indignités auxquelles sont exposées
de malheureuses femmes qui refusent de se soumettre
aux conditions avilissantes que l'on prétend leur imposer. Telle a été, telle est notre thèse, peu faite, nous
en convenons, pour engager messieurs les directeurs à
lui donner le concours d'une publicité en action. C'était
là, en conséquence, qu'eût dû porter leur opposition,

s'ils avaient pu y mettre quelque franchise, et non sur
les points de détail qui ne pouvaient sérieusement la
justifier.

« Il n'est pas vrai, *me semble-t-il,* ajoutait prudem-
ment M. Vaës, qu'une actrice ne puisse trouver un engagement à aucun théâtre de Paris, par la raison
qu'elle aura dans le cœur un amour qui l'empêchera de
se donner ou de se vendre. »

Contester cela c'est ignorer ou refuser de reconnaître comment se font les engagements de femmes
au théâtre. A moins d'un talent hors ligne qui commande au public et fait recette, ces engagements n'ont
lieu que sous trois sortes d'influences : celles des directeurs eux-mêmes, des auteurs ou des protecteurs susceptibles de devenir, au besoin, bailleurs de fonds. Le mobile de ces influences est identique. En dehors de cela,
les malheureuses comédiennes, même de quelque talent,
peuvent solliciter; elles n'arriveront plus que par hasard.

« Je ne crois pas qu'il y ait dans la jeunesse dorée
un seul homme assez puissant pour faire ce que fait
votre chevalier de Saint-Léon, continue M. Vaës.
Quoi! il ferme à une actrice de talent huit ou dix
théâtres de Paris : il lui fait offrir par la Comédie-
Française, à elle, jeune premier rôle, un engagement
de troisième soubrette ; il la fait abandonner par tous
ses anciens amis devenus auteurs influents ou directeurs !

« Le public *sentirait* que vous n'êtes pas dans le
vrai et votre pièce ne réussirait pas. »

On croit rêver quand on lit de pareilles choses. Et pourtant c'était M. Gustave Vaëz, ancien auteur, vivant dans
les coulisses, directeur à son tour d'un théâtre subventionné, lequel n'a jamais su, comme c'était son devoir,

ouvrir ses portes aux artistes de mérite que ne voulait pas s'attacher la Comédie-Française; c'était M. Vaëz qui écrivait sans rire ces énormités, comme s'il n'était pas notoire qu'il se forme à chaque instant de malveillantes coteries dans ce milieu d'intrigues du théâtre, qu'il n'y a de place, dans la prétendue maison de Molière, que pour les favoris, Dieu sait à quelles conditions (1); enfin qu'il fût tout à fait ordinaire que les amis qui parviennent restassent fidèles à ceux qui demeurent dans l'impuissance ou tombent dans l'infortune !

Tout cela est tellement exorbitant, remarquait avec une apparence sérieuse M. Gustave Vaëz, que le public ne pourrait manquer d'en être révolté, d'en faire bonne et prompte justice. Il attribuait là au public, contrairement à sa pensée, une innocence bien chatouilleuse. Nous doutons que celui-ci se fût, en effet, tant indigné à l'hypothèse des vengeances de la vanité blessée, du favoritisme des directions, de l'ingratitude du cœur humain.

Était-ce à M. Vaëz, qui lui-même avait fait des pièces, en avait vu et monté de toutes sortes, qu'il y avait à apprendre que ce n'est pas tant la vérité que la vraisemblance qui convient au théâtre ? Ne savait-il pas, mieux que nous, que l'idéal est là l'unique, la vraie réalité, et que le génie d'un auteur lui donne toute latitude à cet égard ? Il était assurément bien le maître

(1) Ce fait de débuts de troisième soubrette accordés à une artiste de premier ordre dans le grand emploi, est authentique. M. Camille Doucet pourrait s'en souvenir. L'artiste eût accepté, qu'elle n'aurait sans doute pas été engagée, et, l'eût-elle été, ne serait certainement jamais passée sociétaire. Rue de Richelieu, on n'accepte point des talents formés.

de trouver impossible, de repousser notre ouvrage,
sans avoir à nous déduire ses raisons; mais, dès qu'il
jugeait à propos de le discuter, ne devait-il pas au
moins le faire sans arrière-pensée et conclure, comme
il le fit en particulier plus tard auprès de quelqu'un
qui nous le rapporta, sur les véritables motifs de son
refus ?

En faisant, au contraire, reposer principalement sa
critique sur l'invraisemblance du personnage de Clotilde, l'artiste indépendante, mais honnête, ne ris-
quait-il pas de nous voir douter, non pas seulement de
son jugement, mais de sa sincérité? Car, si la constance, la moralité sont rares au théâtre, rien ne prouve
pourtant qu'elles y soient impossibles. Les faits ne
manquent pas pour l'établir. On a toujours considéré
comme parfaitemeut honorables les Candeille, les
Pradère, les Rose Chéri, et d'autres encore. Et cela
fût-il contesté, l'actrice vertueuse fût-elle une chi-
mère, l'introduction de ce type au théâtre ne saurait y
être accueillie comme voulait bien le dire M. Vaëz,
puisqu'il n'y aurait plus, dans ce cas, de raison de le
confondre avec la réalité. Ce ne serait donc plus l'artiste de profession, l'agent même du rôle, mais la
situation de la femme, ses vicissitudes, ses épreuves,
ses douleurs qui s'adresseraient, non plus aux préjugés
sociaux, mais aux sentiments d'humanité. On ne se demandera pas si la comédienne vouée d'ordinaire à la
galanterie, ne sait, ne peut y résister par suite de ses
passions natives et des influences du milieu; on ne
verra plus qu'une femme violentée dans sa liberté, sacrifiée dans sa carrière, parce qu'il ne lui convient
pas, fût-ce pour un temps, pour un moment, de céder
à ce qu'on veut exiger d'elle. Il n'est plus question ici,

encore une fois, du métier, du relâchement dans les
mœurs qu'il entraîne, mais uniquement du premier
droit de la nature en tout être humain, celui de s'appartenir, de se défendre de toute tyrannie corruptrice
ou violente qui tente d'aliéner ce droit. C'est là qu'est
l'intérêt, et les préventions du monde, les secrètes
jalousies des femmes, les visées du libertinage, les
appréhensions des familles qui verraient leurs rejetons
convoités par les jeunes et séduisantes comédiennes,
toutes ces choses, réelles ou imaginaires, ne le dépla-
ceront pas. Il y a mieux, plus l'opinion sera tournée
contre les vices d'une classe, et plus l'individu qui s'en
affranchira à force de courage, de sacrifices, sera sympathique aux cœurs droits et généreux, toujours dominants dans toute masse en libre possession d'elle-même.
Ici, la qualité du personnage ajoutera nécessairement
à l'intérêt qu'on lui portera, en raison des sentiments qu'il manifeste et qu'il pratique. S'il pouvait
en être autrement, quelle justice faudrait-il attendre
des hommes?

Quant aux femmes du monde qui ne pardonnent pas,
dit M. Vaëz, aux actrices d'être souvent beaucoup aimées ou tout au moins fort à la mode, il semblerait, à
moins que la passion ne les aveuglât bien singulièrement, qu'elles devraient, en bonne politique, les encourager à la vertu plutôt que de les confirmer dans leurs
habitudes galantes en les réprouvant avec mépris. Agir
comme le suppose M. Vaëz, c'est effectivement se
poser en rivales; et qui peut être rivales de courtisanes, sinon d'autres courtisanes? Celles des femmes
du monde qui sont honnêtes, filles ou épouses, n'ont
pas plus à craindre celles qui font passe-temps ou commerce d'amour, qu'à s'en venger, car ces dernières ne

pèsent, dans l'opinion des hommes, que ce qu'elles valent. Les imbéciles seuls font exception, et pour un sot qu'une comédienne légère fera plonger, la corporation masculine ne sera point exposée tout entière.

Il n'y a donc pas à se méprendre sur les observations critiques de l'ancien directeur de l'Odéon. Ce ne sont ni les vertus attribuées à une comédienne idéale, ni les plaisanteries ou les imputations dirigées contre les jeunes ou vieux beaux de coulisses, qu'elles visent; ce sont uniquement les révélations sur l'administration intérieure des entreprises théâtrales. On a vu là une indiscrétion compromettante, une sorte de diffamation, dont on ne pouvait naturellement pas, sans trop de naïveté, se faire le porte-voix. On a jugé qu'il ne pouvait être prudent, non pour cause de susceptibilité morale, mais par un sagace instinct de conservation corporative, mettre sous les yeux du public ce qu'il pourrait trouver étrange que tolérât encore la police des mœurs. Et voyez, en effet, quelle conséquence pouvait entraîner cette maladresse : à la connaissance acquise du pêle-mêle érotique qui constitue le fond des mœurs de toute troupe dramatique, s'ajoutait celle de l'exploitation industrielle de cette honorable promiscuité. On dut trouver, avec raison, qu'il convenait de s'en tenir aux divulgations du libre amour dans la sphère des groupes. Sans accorder à notre œuvre un mérite qu'elle n'a très-probablement pas, nous croyons que ce n'est pas ailleurs qu'il faut chercher le vrai motif qui l'a fait refuser successivement. D'ailleurs, l'aveu personnel de MM. Bouffé et Vaëz prouve que si nous signalons hardiment de tristes vérités, nous ne calomnions du moins ni l'institution, ni ceux qui en abusent.

Les directeurs de spectacles, comme les maîtres, patrons ou chefs de service, comme tous ceux enfin qui ont une certaine autorité de situation, ne supportent pas qu'on les contrôle, qu'on les critique, encore moins que l'on divulgue ce qui, sans tomber sous le coup des lois, entache pourtant leur moralité. Les premiers, surtout, hommes à succès, à fantaisies, entourés d'adulations, recherchés comme dispensateurs de plaisir, n'acceptent guère plus les observations que les conseils. Comment fourniraient-ils eux-mêmes l'occasion d'attaquer ouvertement, sur leur propre terrain, un régime immoral, inique, dont ils profitent d'ordinaire en paix? Aussi, confesserons-nous volontiers qu'il y avait témérité de notre part d'essayer de les y amener, et que ce fut, au fond, dans un droit de légitime défense, qu'ils en repoussèrent la tentative.

Donc, si possible, même si intéressant, si fructueux qu'il eût pu être, cet ouvrage, par sa nature, son but, ne pouvait obtenir, de notre temps, que la publicité de l'impression, à moins qu'il ne fût monté, dans un intérêt supérieur d'ordre public, sur une scène particulière, par quelque groupe d'amateurs dévoués à la réformation de l'art et de la littérature dramatiques. Aussi, est-ce principalement à ce dernier point de vue qu'il faut l'envisager pour se rendre compte de sa portée pratique.

Bien que pas un seul des directeurs auxquels nous présentâmes notre pièce ne laissât soupçonner dans ses observations que nous eussions obéi, en écrivant, à un sentiment plus ou moins motivé de dépit, de rancune, on pourrait croire peut-être qu'il y eut réellement quelque chose comme cela. Sans doute ce que nous avions appris et vu des agissements intérieurs des administrations théâtrales était loin de nous avoir inspiré beaucoup d'estime pour elles. Néanmoins, nous l'affirmons, aucun grief personnel ne se mêlait à nos dispositions, car nous n'avions alors abordé ces matières que par leur côté littéraire et philosophique et n'avions eu conséquemment à solliciter personne pour la représentation (1).

Aujourd'hui même, que nous avons éprouvé pour quelques autres essais, que nous croyons sérieusement possibles, les effets du parti pris de ces messieurs contre tout ce qui ne leur vient pas des faiseurs accrédités, nous n'hésitons pas à déclarer que ce n'est pourtant nullement la guerre aux hommes que nous entendons faire en attaquant la mauvaise constitution administrative du théâtre, puisque la concurrence la leur impose et les pousse, comme tous les autres industriels et commerçants, à mille manœuvres ou actions répréhensibles, qu'ils répudieraient certainement, en général, dans d'autres conditions. Il y a plus, sans professer une grande considération pour ce métier d'entrepreneur dramatique, il est, paraît-il, assez

(1) Ce travail, intitulé *Baudoin IX, premier Empereur latin de Constantinople,* avait été entrepris et imprimé sur le conseil bienveillant de M. le baron de Crouseilhes, ancien ministre de l'instruction publique, qui avait daigné prendre connaissance du manuscrit. C'est une étude historico-dramatique très-étendue non destinée à la scène, à laquelle elle ne pourrait s'adapter qu'à l'aide de larges coupures qui en condenseraient les effets, nombreux et saisissants, croyons-nous. Si les prétendus théâtres historiques étaient autre chose qu'une plaisanterie, couverte, on ne sait trop pourquoi, par nos *fugitifs* ministres, il y aurait là, nous ont assuré quelques personnes compétentes, matière pour eux à grand et intéressant spectacle ; mais cette idée ferait bien rire M. Castellano et les braves directeurs qui lui succèderont.

attrayant et, d'ailleurs, assez dangereux pour faire
excuser en partie les imprudents de s'y engager et,
une fois dans l'engrenage, de risquer beaucoup, souvent trop, pour éviter de s'y faire broyer.

—

Un an ou deux après le refus' de l'Odéon, la direction du Vaudeville ayant changé de mains, madame X...
qui avait bien voulu se charger, une première fois, de
proposer notre ouvrage à M. Bouffé, n'hésitait pas à le
présenter à son successeur, M. de Beaufort, déclarant
de plus à ce dernier, que, bien que le rôle de Clotilde
eût été fait à son intention, elle accepterait, au besoin,
celui d'Andréa, s'il convenait de disposer du premier
en faveur d'une autre pensionnaire. Elle eut presque
consenti, comme Déjazet, dans une circonstance analogue, mais sans doute également en vain, à jouer
gratuitement celui des personnages dont ne voudraient
pas ses camarades. Ces initiatives d'artistes éminents
sont généralement sans influence sur MM. les directeurs, qui n'abdiquent jamais, quoiqu'ils puissent dire
dans certains moments, leur. despotique infaillibilité.
Tout en accueillant courtoisement les recommandations de son premier sujet, M. de Beaufort se réserva
donc d'examiner la chose et de faire connaître sa décision, ce qu'il fit en effet de la manière suivante :

Paris, 7 octobre 1854.

« Madame,

« Si vous ne connaissiez pas la tyrannie des occupa-
tions quotidiennes du théâtre, je m'excuserais auprès
de vous d'avoir si longtemps fait attendre à votre

légitime impatience, ma réponse relative à l'ouvrage
que vous m'avez remis. Comme vous n'en pouvez douter, je l'ai lu avec d'autant plus de soin qu'il était
chaudement appuyé par vous. Voici sincèrement ce
que j'en pense :

« L'autéur y révèle un vrai talent, sobre, logique et
mesuré. Ce sont de grandes qualités par le temps de
rapsodies où nous sommes, mais (il y a toujours un
mais dans les choses humaines) les exigences du
théâtre sont si complexes que les plus précieuses qualités du livre n'y suffisent pas. Il faut avant tout
l'opportunité du sujet. Après quoi viennent l'intérêt,
la passion, les situations. Or, c'est *l'opportunité* du
sujet qui me paraît manquer à l'œuvre si distinguée
dont nous nous occupons. Je ne pourrais faire représenter la pièce qu'après une autre qui mît en scène
un personnage identique, une comédienne. Or, d'une
part, cette nature de personnage est un peu usée, et,
d'autre part, que sera-ce encore lorsque le Vaudeville
en aura montré une de plus ? Voilà déjà une *raison capitale* et qui me force à écarter votre protégé. Il en
est de non moins puissantes, quoique secondaires.

« Je vous disais que le talent de l'auteur était sobre
et mesuré. Ces qualités qui se révèlent surtout par le
style sont particulièrement appréciées sur des scènes
comme le *Théâtre Français* et *l'Odéon*. Or, *nous ne
pouvons aspirer à l'honneur de faire accepter ces
belles choses, sans prendre des précautions pour nous
faire pardonner tant d'audace*. Ces précautions qui
sont, pour le drame, la violence des situations, la vivacité du dialogue, l'intérêt croissant des développements, me paraissent manquer à l'œuvre que j'ai lue.
Enfin pour dire tout en un mot et avec sincérité, nous

ne pourrions aspirer qu'à un succès d'estime. Je ne puis m'en contenter en plein hiver et en présence des nombreux engagements que vous me connaissez.

« Voilà toute ma pensée. *N'en dites à l'auteur que la portion qui pourra le flatter et gardez le reste pour vous.* Il faut que je sois bien convaincu pour refuser à votre insistance une chose que j'aurais bien voulu pouvoir faire pour vous. Mais c'est ici que la complaisance passerait pour une trahison. La rampe est là qui fait cruellement repentir d'avoir été facile.

« J'ai dit : encore une fois, je suis bien contrarié de vous refuser ce que vous paraissiez désirer tant ; mais je crois que c'est dans l'intérêt de l'auteur, dans le vôtre et aussi dans le mien. »

—

En relisant cette lettre à un si long intervalle de temps, nous y découvrons un apprêt, un arrangement, un calcul, qui ne nous avaient pas frappé d'abord. Est-elle simplement l'expression diplomatique de la fin de non-recevoir d'un prudhomme directorial, ou, par une intention bienveillante concertée avec la négociatrice, un moyen pour se débarrasser l'un et l'autre, le plus amiablement possible , d'un auteur trop convaincu, auquel on voulait du moins témoigner tous les égards?

Prenons les choses du bon côté et supposons que M. de Beaufort n'agissait que pour son propre compte. Il aurait pu, ce semble, s'en tirer mieux ; car enfin, qu'entendait-il par cette *inopportunité du sujet, s'il ne montait préalablement une autre pièce offrant un personnage identique à notre héroïne?* La multiplicité ne crée pas l'opportunité. Qu'importe à une œuvre l'opportunité de son sujet, si elle est convenablement

traitée, si la thèse qu'elle soulève est neuve, intéressante, utile? Ce n'est pas la qualité des personnages,
mais la situation, la fonction qu'on leur assigne dans
le drame, qui en détermine la valeur, et le sujet de ce
drame est toujours opportun s'il émeut le cœur, la
conscience du spectateur. Aucun de nos personnages
n'est d'ailleurs le sujet de notre pièce. Ce sujet, c'est
le théâtre même, en tant que cadre des manifestations
actuelles de la littérature dramatique. L'objet de la
conception n'est point non plus dans la carrière spéciale d'une comédienne, mais uniquement dans le
résultat des causes perturbatrices du mécanisme administratif dominant la destinée des auteurs et de leurs
interprètes. Dès lors, les incidents particuliers aux
rôles ne sont plus que des effets du jeu des caractères
personnels dans le milieu où ils s'agitent. C'est donc
toujours ce milieu qui se dégage comme fond essentiel de la composition. M. de Beaufort le savait .parfaitement, et dans ses observations embarrassées,
amphigouriques, c'était précisément ce thème qu'il
trouvait intempestif, inacceptable. Toutefois, il se
gardait bien d'en convenir, de paraître même y avoir
songé, tant il est vrai qu'il n'y a pires sourds que ceux
qui ne veulent point entendre, et que l'esprit glisse
volontiers sur les imputations qu'il sait irréfutables.

Ainsi, comme M. Gustave Vaëz, comme M. Montigny, comme M. Bouffé, M. de Beaufort se défendait d'accueillir un ouvrage dont le danger, pour lui
aussi, se fût bien plus rencontré, pour la direction
qui l'eût monté, dans la nature de son objet, que dans
la manière dont il est traité, sous le double rapport du
plan et de la forme. En effet, ce plan, on l'avait peu
ou point discuté ; on avait, sans restriction, loué la

forme. C'était donc bien réellement le tableau de ce qui se passe derrière le rideau, dans l'ombre du cabinet directorial, qui était surtout l'insurmontable, l'indestructible obstacle.

Cependant, une fois en train de poursuivre l'expérience vis-à-vis des directions, il n'y avait point de raison pour ne pas aborder successivement toutes celles dont le cadre pouvait correspondre à une grande comédie, ne fût-ce que pour voir s'il se trouverait enfin un juge assez franc pour articuler le véritable motif du refus et nous dire : « Monsieur, vous avez cru bon, sous prétexte de comédie, de développer une thèse qui fait de nous, directeurs, autant de fils trop dégénérés du dieu Mercure. Vous n'exigerez pas, sans doute, que nous adhérions publiquement à cette comparaison peu flatteuse pour la corporation. »

Nous songeâmes donc alors à utiliser l'obligeance d'un ami intimement reçu chez M. Empis, en ce moment commissaire impérial auprès de la Comédie-Française. M. Empis fils, jeune médecin, très-versé dans les études littéraires, se chargeait de lire les manuscrits que son père ne se réservait pas d'examiner directement lui-même. Ce fut donc M. Empis fils qui lut d'abord le nôtre. N'ayant aucune raison pour sentir son père personnellement atteint dans sa susceptibilité, ni pour supposer l'administration du Théâtre-Français menacée de son côté par le fait de la satire des intrigues de coulisses, formant le nœud de notre étude ; parcourant nos pages sans arrière-pensée, sans parti pris, sans préoccupations mercantiles, le prétendu côté scabreux, épineux, impossible, qui avait invariablement arrêté le précédents juges, ne lui apparut même pas, et il recommanda chaudement l'œuvre à son père, qui en ayant pris à son tour connaissance ne se montra pas moins satisfait.

Tout n'aurait pas été dit pour cela, et malgré la fermeté bien connue de l'honorable académicien, il aurait appris à compter avec la gent comédienne qui, bien que souvent victime de ses mœurs professionnelles, n'entend néanmoins paŝ appeler l'attention du dehors sur elles. Heureusement pour M. Empis, son déplacement vint à propos lui épargner une lutte aussi désagréable qu'inutile, car, très-mal avec le ministre, il n'était guère mieux avec messieurs les comédiens ordinaires de sa Majesté, fort dédaigneux qu'il se montrait de leurs tripotages d'intérieur.

Pourtant, l'ex-administrateur de la Comédie-Française tenant bon, voulait présenter à son successeur notre ouvrage, l'appuyer de son avis favorable, de son autorité littéraire. Peine perdue! Il ne put même pas obtenir qu'il serait lu, fût-on décidé d'avance à le refuser quand même. En face de ces dispositions bien arrêtées et surtout de celles du nouveau commissaire impérial, nous fîmes remercier M. Empis et le priâmes de vouloir bien en rester là. Voyez-vous notre *inopportun sujet*, comme disait M. de Beaufort, soumis à la casuistique de M. Edouard Thierry! C'est alors qu'il eût fallu en entendre ou en lire de belles, si, chose douteuse, son austérité eût daigné condescendre à fournir quelques explications de son suprême veto! C'était assez, pour le moment, de renoncer à toute insistance. Nous demeurâmes sur cet incident.

Deux ans plus tard, un de nos vieux camarades, en relation assez étroite avec M. Davesne, directeur de la scène, croyons-nous, à ce même théâtre Français, nous proposait d'obtenir, par l'entremise de ce dernier, une lecture immédiate de l'un des premiers examinateurs. Nous acceptâmes, à la condition toutefois que notre nom ne serait même pas communiqué à l'obligeant intermédiaire, que celui-ci serait seulement invité à solliciter la bienveillance du lecteur.

Plusieurs mois se passèrent sans entendre parler de rien. Enfin, sur une prière instante de faire connaître où en étaient les choses, on remit à notre ami le manuscrit et la lettre suivante :

Paris, 1er mars 1861.

« Mon cher Davesne,

« J'aurais vivement désiré discuter avec l'auteur lui-même la pièce que vous avez bien voulu me confier ; j'aurais cherché à lui prouver que son ouvrage participe beaucoup plus du roman que du théâtre, et que malgré de sérieuses qualités de style et d'observation, les trois derniers actes sont froids et languissants. A mon avis, l'idée première est *trop abstraite* pour être acceptée du public, et l'exécution a le grave défaut de manquer de vivacité et de contraste. J'espère toutefois que l'auteur s'exerçant sur un sujet plus dramatique, pourra faire un jour une bonne pièce, et je vous rends ce manuscrit avec le vif désir de lui voir réaliser bientôt mon espérance.

« Croyez toujours, mon cher ami, à mes sentiments les plus affectueux.

« Léon Guillard. »

—

Évidemment encore cette lettre ne traduisait point la vraie pensée de son auteur, mais toujours les vagues

15.

généralités, au moyen desquelles on élude le point
précis qui fait litige. Nous y fîmes la réponse que
voici :

« Monsieur,

« Je trouve en arrivant de voyage votre lettre à
M. Davesne et le manuscrit qu'un de mes amis lui avait
remis, pour que vous en prissiez connaissance.

« C'est presque malgré moi, monsieur, que j'avais
consenti au dépôt de ce manuscrit, bien fixé que j'étais
d'avance sur le sort qui l'attendait (1).

(1) Cette conviction qui eût semblé, il y a seulement quinze
ans, le préjugé d'un esprit chagrin, est confirmée, proclamée
aujourd'hui par les journaux les plus compétents, les plus auto-
risés en la matière. Ainsi, par exemple, on lit dans le *Figaro* du
20 avril 1876, sous le pseudonyme Agénor.

« Je voudrais risquer ici quelques réflexions un peu audacieu-
ses, j'en conviens, sur un abus dont on gémit secrètement,
mais contre lequel on n'a pas encore eu l'énergie de réagir, ce
qui est l'histoire de tous les abus : Je veux parler de *l'ostracisme*
immérité, mais *incontestable*, qui, en matière d'art, de littérature
et *surtout de théâtre*, frappe les gens du monde et les empêche
presque toujours, quelque soit d'ailleurs leur talent, d'occuper
une place, si petite soit-elle, dans le temple dont les portes
sont toutes grandes ouvertes aux artistes, aux littérateurs et aux
auteurs dramatiques de profession, sans en excepter quelquefois
les médiocrités les moins intéressantes de la bohème d'esta-
minet.

« Si un homme du monde écrit un opéra, un ballet, une comé-
cie ou un drame... c'est ici que se manifeste dans toute sa splendeur le mauvais vouloir dont il doit être infailliblement victime.
Les directeurs de théâtres sont impitoyables; ils refusent le plus
souvent de lire la pièce de l'amateur, ne répondent à ses ouver-
tures que par une douce ironie ou l'inertie la plus décourageante, et ils se retranchent en fin de compte derrière une
muraille *absolument infranchissable* pour les profanes. *Ceux-là
seuls qui sont de la boutique possèdent le secret qui aplanit les obstacles.*

« A la Comédie-Française, contrairement à ce qu'il serait
permis de supposer, les choses se passent d'une façon aussi peu

« Mais, vous le savez, il y a encore de par le monde
des hommes naïfs qui croient que les affaires de théâtre
sont comme les autres, et qui supposent qu'il suffit que
les pièces, comme les marchandises, soient plus ou
moins acceptables pour être acceptées.

« Bien que le manuscrit en question eût été lu avec

équitable qu'ailleurs. Avant d'arriver au comité de lecture qui
pourrait être soupçonné... d'impartialité, l'auteur est obligé de
soumettre sa pièce au jugement d'un premier tribunal. Celui-ci
se compose de trois membres ayant à eux trois au moins deux
cents ans, et dont *la compétence littéraire est des plus contestables.*
Cet aréopage quelque peu suranné décide, *sans appel,* sur la
question de savoir si l'œuvre soumise à son appréciation est
digne ou non d'être lue devant le comité, et il va sans dire que
*ses decisions ne sont pas toujours marquées au coin de la justice et
de l'indépendance.* Il y a même bien peu d'exemples qu'un auteur,
homme du monde, n'appartenant pas à la grande corporation
où l'on fait commerce des douceurs réciproques de la fraternité
littéraire, et où s'échangent journellement les éloges, les encouragements et les réclames, il n'est guère d'exemples, dis-je,
qu'un auteur dans ces conditions parvienne à franchir ce premier et redoutable degré.

« *Dans ce pays de camaraderie et de coterie par excellence,* il était
réservé à l'art, à la littérature et au théâtre, c'est-à-dire à ce
qui devrait être en dehors, pour ne pas dire au-dessus de toute
influence et de toute pression, de *donner le spectacle du népo-
tisme le plus accentué et des exclusions les moins justifiées.* »

A l'appui de ces observations, le journaliste raconte qu'un
auteur ayant, sur le conseil de M. Camille Doucet, alors chef de
la division des théâtres au ministère des Beaux-Arts, présenté un drame remarquable, celui-ci lui fut retourné accompagné de critiques dérisoires au point d'indigner le protecteur,
qui enjoignit aussitôt une autre lecture, mais sérieuse, aux examinateurs.

Tout naturellement, lecteurs, membres du comité, administrateur s'inclinèrent très-bas; car ces messieurs compensent
d'ordinaire leurs allures pédantes vis-à-vis des humbles par
leurs courbettes devant ceux qui disposent de quelque crédit.
Cette même pièce qui venait d'être conspuée, fut donc louée
servilement cette fois.

Ceci nous rappelle un autre fait non moins caractéristique du

intérêt par M. Empis, au moment où il allait quitter la
direction de la Comédie française, et, par lui déclaré
suffisamment honorable pour être accueilli par notre
première scène, j'étais parfaitement convaincu que,
le fût-il par vous, le Comité le repousserait, sans égard
pour vos bienveillantes dispositions.

jugement, de la dignité qui président le plus souvent aux inspirations des notabilités de la Comédie-Française.

Un auteur qui avait fait en vain, pendant dix ans, le pied de
grue dans l'antichambre de maints directeurs, mais qui, grâce à
l'intérêt d'une actrice devenue directrice, était enfin arrivé à se
faire connaître, obtint un jour quelque bruyant succès. Le
lendemain, les sommités, en personnes, du sociétariat du théâtre Richelieu assiégeaient son domicile. On s empressait de
saluer l'astre naissant. On venait solliciter les bonnes grâces du
parvenu, qui daignait promettre de songer plus tard aux comédiens ordinaires de sa Majesté l'Empereur.

Cela ne paraissait pas faire l'affaire de leur impatience fiévreuse. Les dames les plus séduisantes de la troupe furent dépê-
chées vers le ministre pour qu'il obtint, dans le plus bref délai,
un pièce du nouveau faiseur.

Ces choses ne souffrent aucun retard. Sous nos bienheureux
gouvernements, on tient en suspicion les penseurs qui trouvent
ou signalent d'utiles idées; mais on va au-devant, on choie, on
comble les farceurs qui poussent à la décadence sous toutes les
formes. On manda sur-le-champ le personnage du moment, qui
avait justement un nouvel ouvrage en répétition au Vaudeville.

« Monsieur, lui dit son Excellence, à laquelle on avait fait
croire qu'il s'agissait d'une double incarnation de Molière et de
Beaumarchais, monsieur, il nous faut une pièce de vous à la
Comédie-Française.

— Votre Excellence peut compter que son désir est une loi.
J'essaierai de répondre à la confiance dont elle m'honore.

— Mais c'est immédiatement que je réclame, pour le théâtre
de sa Majesté, le concours de votre talent

— Je me hâterai, Excellence.

— Faites mieux, nous vous en saurons gré. Vous avez actuellement un ouvrage à l'étude dans un théâtre secondaire. En vertu
de nos privilèges, je m'en empare.

« C'est pour cette raison que je ne voulus pas que mon nom fût déclaré d'abord, et que je refusai catégoriquement de me rendre auprès de vous pour causer de l'ouvrage.

« Ou monsieur Guillard, répondis-je à l'ami qui me transmettait le désir exprimé par M. Davesne, que

— Votre Excellence me permettra de lui faire observer qu'il n'a été conçu, ni écrit pour une semblable épreuve.

— Votre talent, monsieur, peut la braver. C'est entendu, vous nous apportez cette pièce. Nous indemniserons, s'il le faut, le directeur auquel nous l'enlevons.

Le modeste auteur, persuadé qu'il était décidément trop sévère pour lui-même en hésitant, et qu'il fallait se rendre aux arrêts de l'opinion, distribua aussitôt les rôles à ses illustres interprètes.

Une fois en répétition, ceux-ci qui avaient cru tout simplement s'approprier un chef-d'œuvre, se préparer d'immortels triomphes, s'aperçurent que le résultat pourrait bien ne pas ratifier leurs espérances. La mise en scène ne fut exempte ni de réactions, ni de mauvais vouloirs, ni d'orages. Les comédiens ordinaires de l'Empereur eussent bien voulu restituer la chose aux chers camarades du Vaudeville. Malheureusement, ils l'avaient voulue !

De son côté, l'auteur qui aurait dû s'en prendre à lui aussi, déclarait qu'il n'y avait pas d'acteurs plus inintelligents, plus maladroits, plus ankylosés dans la routine des ;vieilles traditions que les prétendus grands artistes du théâtre Richelieu ; que sa pièce était massacrée, perdue ; qu'il y avait là une trahison ourdie par ses ennemis, ses envieux.

La conscience de sa témérité, sa vanité blessée, ses calculs déçus le rendaient évidemment injuste. Non seulement tout le monde s'était trompé de bonne foi sur le mérite de l'auteur, mais encore, par égard pour celui-ci, qui se trouvait à point dans les conditions de médiocrité propres à obtenir les encouragements de l'Etat, sa malencontreuse pièce, sifflée, conspuée dès le deuxième acte, eut encore une douzaine de représentations, onze fois et demie plus qu'elle ne valait assurément.

Quant à l'auteur, l'évènement ne fit qu'accélérer sa fortune, l'obtention des honneurs qui lui étaient dus, et développer, consolider son crédit auprès des directeurs de spectacles.

Rien à reprendre, si tout est bien qui finit bien.

j'allasse vous voir, ou M. Guillard trouve la pièce
acceptable, ou il la trouve mauvaise. Dans le premier
cas, qu'il la renvoie au Comité. Dans le second, à quoi
aboutirait notre entrevue ? Je ne le persuaderais pas
plus qu'il ne me convaincrait lui-même. Qu'il te fasse
purement et simplement remettre le manuscrit.

« C'est sans doute à la suite de cette réponse que vous
crûtes devoir, pour l'acquit de votre conscience, écrire
la lettre qui se trouve aujourd'hui entre mes mains.

« Si vous le permettez, je vous soumettrai, à mon
tour, les observations qu'elle me suggère.

« Vous commencez par exprimer obligeamment le vif
désir que vous aviez de discuter avec moi pour chercher
à me prouver que mon ouvrage participe beaucoup
plus du roman que du théâtre.

« Je ne saisis pas parfaitement ce que vous voulez
dire, et si c'est du fond ou de la forme que vous entendez parler. Si c'est du fond, je ne vois pas l'inconvénient. Histoire, roman, études de mœurs ou de
caractères, le théâtre me paraît fait pour comporter
tout cela. Si c'est de la forme qu'il s'agit, votre critique
n'aurait qu'une importance de détail à laquelle il serait
facile de faire droit en coupant dans le dialogue.

« Les trois derniers actes, dites-vous, sont froids et
languissants : c'est une opinion qui peut être juste,
fondée, mais que vous ne justifiez pas. La mise en répétition, l'épreuve du jeu pourraient seules décider cette
question.

« L'idée première, ajoutez-vous, est *trop abstraite*
pour être acceptée du public. Je vous avoue que cette
proposition me paraît plus obscure encore que la précédente. Est-ce dans le sens grammatical ou dans le
sens métaphysique que vous l'entendez ? Selon le sens

grammatical, voudriez-vous dire que la donnée est trop simple, l'action du drame trop dégagée d'accessoires, le mécanisme scénique trop peu complexe? Je n'ai pas effectivement jugé à propos de faire intervenir Alexandre le Grand et la statue de Memnon dans les amours plus ou moins contrariées d'un jeune avocat et d'une modeste comédienne.

« Si c'est dans le sens métaphysique que vous parlez en disant que l'idée est *trop abstraite*, ma comédie serait alors difficile à comprendre. Cette acception serait en opposition avec la première, et je ne vois pas bien ce qu'il y a d'inintelligible dans un amour qui chemine, à travers divers obstacles, pour arriver, comme toujours, dans la comédie, au mariage.

« Ce vague, cette indétermination des pensées et des termes de votre lettre me feraient presque regretter de n'avoir pas eu l'inspiration de me rendre à votre désir pour discuter vos appréciations. Il est probable que mes questions vous auraient rendu plus clair. J'eusse certainement gagné d'excellentes raisons, de précieux conseils.

« Vous terminez, monsieur, en exprimant l'espoir que je pourrai quelque jour faire une bonne pièce en m'exerçant sur un sujet plus dramatique, et vous voulez bien ajouter que vous éprouvez le vif désir de me voir réaliser bientôt cette espérance.

« Je suis très-touché de cette marque de bienveillance pour un homme que vous ne connaissez point, car elle semblerait indiquer que votre conscience a peut-être trouvé sévère la condamnation prononcée par votre esprit. Cependant, je ne prévois pas devoir satisfaire prochainement, ni même jamais, le vœu obligeant que vous avez formé.

« Je suis très-loin de contester l'indispensabilité
d'une certaine expérience, d'une pratique plus ou
moins exercée pour atteindre les chances de réussir au
théâtre ; mais, je sais aussi qu'il faut beaucoup d'autres
choses qui me manquent et que je ne me sens ni l'envie
ni le goût de me procurer.

« Les théâtres, la Comédie-Française comme les autres, bien que cela ne devrait pas être, sont des entreprises dans lesquelles on donne le moins possible à l'inconnu, à moins de compensations éventuelles.

« En ne recevant et ne jouant que les œuvres des
auteurs connus, on compte à tort ou à raison, à tort,
selon moi, sur l'influence du nom et la clientèle de
l'auteur. Cela donne confiance dans une certaine mesure
aux directeurs ou comités, comme aux artistes. Si cette
condition de notoriété et l'action que l'on suppose y
être attachée fait défaut, on veut au moins pouvoir se
rattraper sur les ressources des hautes protections.

« Comme je viens de vous le dire, je n'ai point à offrir,
ni n'entends me procurer, dans ce but, des dédomma-
gements de cette nature. J'ai fait des livres quand j'ai
cru de mon devoir d'émettre ou de servir certaines
idées utiles. J'ai écrit quelques pièces que j'ai en porte-
feuille, quand une donnée dramatique s'est trouvée sur
mon chemin, m'a saisi, et qu'il m'a semblé que je
pourrais, dégagé de toute préoccupation basse, la traiter, sinon avec supériorité, au moins d'une manière
honorable.

« J'ai un profond mépris, je l'avoue, pour ces œuvres
d'industrialisme qui gâtent le goût public, déshono-
rent la littérature. Je n'ignore pas le succès des fi-
celles et la vogue des trucs; mais je crois que la vraie
mission du théâtre est ailleurs, et que les esprits dé-

licats ne seraient pas fâchés d'entendre de temps en
temps une autre prose que celle de nos fabricants bre-
vetés.

« Je comprends qu'un homme intelligent vise au théâtre, où l'on parle à tous, et se passionne pour ce
genre d'études au point d'y consacrer de longs jours,
des années. Je ne comprends pas, en face des insurmontables difficultés qu'opposent généralement les administrations aux auteurs pour faire leurs preuves,
que ceux-ci perdent leur temps à mendier le bon vouloir de juges prévenus ou la faveur de protecteurs
dédaigneux. Mieux vaut mille fois renoncer à de légitimes espérances que de subir un pareil abaissement.

«Je ne vous donnerai donc pas de nouveau, monsieur,
la peine de parcourir d'autres manuscrits. Je me bornerai à imprimer modestement, à mon heure et à
mon aise, mes quelques essais dramatiques, me sen-
tant suffisamment honoré si la critique sérieuse dai-
gne s'en occuper, et s'ils trouvent, comme l'un d'eux
déjà, une humble place dans la bibliothèque même de
la Comédie Française. »

———

Ce fut par cette lettre que M. Guillard apprit le
nom de l'auteur du travail qu'il avait examiné et qu'il
avait attribué sans doute à quelque jeune et timide
poète. Nous avions eu l'occasion de nous rencontrer
quelques années auparavant sans nous sentir portés,
je crois, d'une bien vive sympathie l'un pour l'autre.
Aussi ne répondit-il pas à cette lettre, regrettant probablement celle dont il avait pris assez bénévolement
l'initiative, puisque nous avions malgré ses instances,
refusé jusque là de nous faire connaître.

Du reste, comme nous le lui déclarions, nous cessâmes toutes démarches, à partir de cette époque , nous promettant, à un moment d'interruption de nos études préférées , de réaliser ce que nous faisons aujourd'hui.

Nous venons donc de relire, après vingt quatre ans d'oubli, cette longue comédie conçue dans l'intention de châtier les mœurs d'une classe d'industriels qui échappe d'autant plus au contrôle de l'opinion, qu'elle dispose. en général des organes de la publicité et qu'elle ne souffre guère d'allusions critiques sur son propre terrain, où elle traîne pourtant tous les vices, tous les travers de la société. Nous l'avons relue comme si elle nous eût été étrangère, sans prédisposition favorable, sans faiblesse de paternité. Il peut se faire qu'elle n'ait pas un mouvement scénique assez incidenté, assez rapide; que certains développements de dialogue dépassent la mesure rigoureusement nécessaire. La représentation seule pourrait édifier sur ces différents points, que nul , [parmi les plus habiles, ne saurait encore une fois trancher préalablement d'une façon certaine. Mais, osons le dire, ce dont nous avons eu la conscience plus claire encore qu'après l'avoir terminée, c'est que l'observation y est juste, les caractères naturels et vrais, la forme libre et correcte, l'allure nette, tranchée, l'action convenablement graduée, en un mot, que la lecture en est intéressante. En serait-il autrement avec le concours d'interprètes expérimentés qui donneraient l'animation, la vie aux personnages? Nous avons quelque peine à l'admettre, et l'un de nos amis était si loin de le penser qu'il voulait, au moyen d'une avance à un théâtre plus ou moins embarassé, faire monter la chose à ses risques et périls.

« Je parierais, nous répétait-il souvent, pour cent bonnes représentations (1). »

Nous ne consentîmes point à cette témérité, qu'une foule de petites raisons pouvait rendre dangereuse, même transformer en déroute. Qui sait? nombre de critiques vertueux, incorruptibles, auraient pu prendre fait et cause pour la moralité malicieusement suspectée de certaines directions et nous faire un mauvais parti. Eussent-ils pu applaudir à notre thèse, eux qui, dans chaque théâtre, sont les amis de la maison? Pouvaient-ils, d'un autre côté, louer la facture, l'intérêt de la pièce, sans reconnaître implicitement qu'elle reposait sur une base solide ou tout au moins sur une spécieuse donnée? De toute manière, c'eût été protester contre les abus essentiels des administrations. Cette conduite n'était pas dans l'ordre, et quelle que fût leur opinion sur la valeur de l'ouvrage, ils eussent necessairement pensé, comme MM. Bouffé et Gustave Vaëz, qui s'en ouvrirent en particulier vis à vis de madame X.: « *Il n'est pas convenable de mettre sous les yeux du public ce qui se passe dans l'intérieur des théâtres.* »

Convenons-en donc franchement nous-même, la représentation eût-elle été tolérée, la réussite demeurait impossible. Il ne restait qu'un seul moyen d'en appeler à l'opinion, sans compromettre en rien les personnes ou les intérêts, au point de vue actuel, celui que nous employons aujourd'hui.

(1) Cent représentations, c'était, il y a vingt ans, chose phénoménale Aujourd'hui, c'est par traité que maintes pièces, médiocres ou mauvaises fournissent une telle carrière. Les directeurs souvent y perdent, ainsi que pourrait, entr'autres, nous l'apprendre M. Montigny, même lorsqu'il s'agit d'auteurs académiciens.

c

LE
MONDE DRAMATIQUE

PREMIÈRE PARTIE
UNE VILLE D'EAUX DANS LES ALPES

PERSONNAGES

GEORGES DE LUCEVAL.

LE CHEVALIER DE SAINT-LÉON.

RIGOBERT, jeune provincial.

HECTOR DE MAUNY, ami de Georges.

LE MARQUIS DE BERLUCHON.

DÉMOSTHÈNE BOURDET, journaliste.

BONNARD, négociant.

PÉRICHON,   id.

CLOTILDE, artiste dramatique.

ANDRÉA,   id.

MARIETTE, femme de chambre de Clotilde.

Baigneurs et baigneuses.

Hommes de lettres.

Femmes à la mode.

La scène se passe dans les Alpes.

UNE VILLE D'EAUX DANS LES ALPES

Une place ombragée par de grands arbres. Au loin les montagnes
et les vallées. Il est huit heures du soir.

I

Baigneurs et baigneuses.

UN BAIGNEUR.

Eh! bien, madame la comtesse, comment vous trouvez-vous ce soir?

LA COMTESSE.

Ni mieux, ni plus mal, marquis... Je commence à
désespérer... Les médecins ne savent décidément pas
nous guérir.

LE MARQUIS.

Les nerfs sont un domaine si mystérieux!...

LA COMTESSE.

Mais à quoi bon la science, si ce n'est pour pénétrer
les mystères?

LE MARQUIS.

Ah! sans doute... Seulement, il faut qu'elle soit assez avancée.

LA COMTESSE.

Si elle ne l'est pas, pourquoi cette assurance?... Pourquoi ces expériences que nous payons si cher?

LE MARQUIS.

Pour aider à l'éducation, à la fortune de nos docteurs...

LA COMTESSE.

Que nous en revient-il, à nous?

LE MARQUIS.

Le simulacre de leur attention.

LA COMTESSE.

J'aimerais mieux la santé!...

LE MARQUIS.

En l'absence du plus, il faut se contenter du moins...

LA COMTESSE.

Soyons philosophes, contentons-nous-en!... A propos de maladie et de médecins, savez-vous comment va notre charmante artiste?... Pauvre enfant!... Si jeune, si jolie et déjà si souffrante!... Mais, qu'a-t-elle, marquis?... Vous devez le savoir, vous qui vivez dans l'intimité du chevalier de Saint-Léon?

LE MARQUIS.

Ce n'est point par lui que je pourrais le savoir,
comtesse, car il l'ignore absolument lui-même.

LA COMTESSE.

Comment! M. de Saint-Léon qui accompagne la
jeune malade, n'en sait pas plus que nous sur ce chapitre?... Je vous avouerai que j'ai peine à le croire.

LE MARQUIS.

C'est pourtant l'exacte vérité...

LA COMTESSE.

Il n'est donc pas, comme tout le monde le suppose,
le souverain du cœur de la grande artiste!

LE MARQUIS.

Il paraît que non... Il y aspire simplement.

LA COMTESSE.

Hum!... Cela me fait l'effet d'un roman calculé au
profit d'un utile prestige.

LE MARQUIS.

Beaucoup de personnes pensent comme vous, comtesse; néanmoins, M. de Saint-Léon n'est qu'un prétendant... C'est une situation assez rare chez une
actrice, n'est-il pas vrai?

LA COMTESSE.

J'en conviens... Si rare que je doute encore malgré
vos affirmations... N'êtes-vous pas aussi incrédule que
moi, madame de Rosemont?

16

Mme DE ROSEMONT.

Si assurément, ma chère comtesse.

UN BAIGNEUR.

Vous êtes des esprits forts, mesdames... Vous ne croyez, il paraît, qu'à ce qui est vraisemblable et démontré.

LA COMTESSE.

Absolument...

MADAME DE ROSEMONT.

Il n'y a que des hommes qui puissent admettre qu'une femme se laisse suivre et compromettre gratuitement.

LE MARQUIS.

Clotilde ne peut-elle tolérer les espérances de M. de Saint-Léon et demeurer libre d'elle-même?

LA COMTESSE.

On n'est plus libre quand on donne ou laisse prendre des droits sur soi...

MADAME DE ROSEMONT.

On n'est pas davantage disposé à renoncer à ses prétentions, quand elles ont reçu une espèce d'encouragement... Je ne crois pas, du moins, que M. de Saint-Léon soit homme à l'entendre autrement.

LE MARQUIS.

Les mœurs du théâtre ne sont pas les nôtres, mesdames... Ce qui compromet une femme du monde n'est même pas remarqué là... On fait, sans espoir, pour

une gracieuse artiste, ce qu'on ferait à peine pour une
autre, même après avoir vu couronner ses vœux.

LA COMTESSE.

Oui, c'est là comme en industrié, la valeur des choses
s'accroît en raison de la recherche... C'est bien flatteur
pour nous!

LE MARQUIS.

Que voulez-vous, comtesse, la vie privée a si peu de
mise en scène et de prestige !

MADAME DE ROSEMONT.

La perspective en amour fait si bien aussi, n'est-il
pas vrai?

LE MARQUIS.

Pourquoi n'en conviendrais-je pas?... Ne ressen-
tez-vous pas, comme nous, l'influence du même fait!...
Votre imagination n'est-elle pas, comme la nôtre, plus
disposée à s'enflammer en faveur d'un homme supérieur et en vue, qu'en faveur d'un pauvre diable obscur
et nul, fût-il beau comme Adonis, riche comme Crésus?...
Cela est dans l'ordre... La nature serait absurde de
nous donner une autre manière de voir...

LA COMTESSE.

Après tout, vous avez peut-être raison... Vous croyez
donc sérieusement à l'indépendance de Clotilde à l'é-
gard de M. de Saint-Léon?

LE MARQUIS.

Oui, madame, j'y crois sérieusement.

LA COMTESSE.

Alors, tout autre aurait des chances de le supplanter ?

LE MARQUIS.

Ah! voilà ce que je ne saurais vous dire... Clotilde aime-t-elle Saint-Léon, ou l'aimera-t-elle, je l'ignore..· Lui préférerait-elle un autre parti, voilà ce que je ne sais pas davantage... Ce qu'il. y a de plus clair pour moi, c'est que cette charmante femme me paraît surtout atteinte d'une affection morale que Saint-Léon ne me semble nullement capable de guérir.

LA COMTESSE.

Bah!... Vraiment?...

MADAME DE ROSEMONT.

Vous voyez bien que vous savez quelque chose !

LE MARQUIS.

Ce sont de vagues bruits, de simples conjectures...

TOUS.

Contez-nous cela bien vite !...

LE MARQUIS.

J'y consens... Mais n'oubliez pas qu'il n'y a rien de certain dans ce que je vais vous dire... On m'a assuré que Clotilde avait eu naguère, à Paris, une grande passion qui avait tourné malheureusement, et que, depuis, sa santé s'était altérée comme nous le voyons... Elle aurait éprouvé cet amour violent pour un personnage qui ne pouvait devenir son époux et dont elle n'a pas voulu devenir la maîtresse.

LA COMTESSE.

C'est donc bien réellement un dragon de vertu?

LE MARQUIS.

Cela semblerait le prouver... Quoi qu'il en soit, j'ai beaucoup observé la pauvre enfant et je lui ai trouvé une mélancolie que rien ne peut distraire... pas même les tendres propos de Saint-Léon... Quand on aime les gens n'est-on pas à eux tout entier?...

LA COMTESSE.

Vous avez raison, marquis, il y a là-dessous un mystère qu'il faut éclaircir, s'il est possible.

MADAME DE ROSEMONT.

Il y a, je crois, un moyen facile d'y arriver...

TOUS.

Voyons!...

MADAME DE ROSEMONT.

Vous savez que M. Rigobert, ce jeune homme que la beauté de Clotilde a si profondément bouleversé, serait au comble du bonheur s'il pouvait faire agréer sa main... Un mariage, avec une belle fortune en espérance, n'est jamais à dédaigner, même pour une actrice qui brille au premier rang... Si nous cherchions à arranger cette petite affaire? Clotilde se trouvera ainsi mise en demeure... Il faudra qu'elle se prononce.

16.

TOUS.

Oui!... oui!... C'est cela!...

MADAME DE ROSEMONT.

Si elle refuse Rigobert sans se donner à Saint-Léon, c'est que les bruits dont vient de nous faire part le marquis sont fondés, et je vous promets d'en savoir quelque chose.

LA COMTESSE.

Très-bien, ma chère amie... Voilà de quoi nous occuper pendant quelques jours... Le temps est si long, si ennuyeux, à ces maudites eaux!... En vérité, si on ne pouvait y nouer quelques intrigues, ce serait à mourir!...

MADAME DE ROSEMONT.

Tâchons d'abord de ménager une entrevue au jeune provincial... Je me charge d'enlever, au moins pour quelques heures, le beau chevalier de Saint-Léon.

TOUS.

Très-bien!...

UNE DAME

Quel bonheur!... Le salon va prendre un peu d'animation.

LE MARQUIS.

Cela vaudra mieux, je l'espère, mesdames, que les prescriptions maussades de la médecine... Vos nerfs ne pourront manquer de s'en trouver à merveille... Ah! j'aperçois un de nos héros... Le sentimental Rigobert s'avance... Attention! et du sérieux...

II

LES PRÉCÉDENTS, RIGOBERT.

LA COMTESSE.

Venez donc, M. Rigobert... Nous nous occupons justement de vous...

RIGOBERT.

Je vous rends grâce, madame la comtesse, d'être la première à m'en donner avis.

LA COMTESSE.

Nous agitions la grave question de votre bonheur...

RIGOBERT.

Savez-vous donc, madame, ce qu'il faudrait pour le réaliser, et, en l'admettant, le pourriez-vous?

LA COMTESSE.

Pourquoi pas, jeune incrédule ?

RIGOBERT.

Hélas! madame, quelle que soit votre bienveillance, ce n'est pas de vous que dépend mon bonheur !...

LA COMTESSE.

Nous savons cela; mais qui vous dit que nous ne pourrions rien sur la personne qui le tient entre ses mains... Ah! vous êtes amoureux et vous vous figurez que personne ne doit s'en apercevoir !

RIGOBERT.

Amoureux!... moi! madame?

MADAME DE ROSEMONT.

Sans doute... Quel mal y a-t-il à cela?... Quand
l'amour est pur, honnête, désintéressé, n'est-il pas la
preuve de la noblesse du cœur?

RIGOBERT.

Mais je n'ai fait mes confidences à personne, mesdames, pas même à moi... Je vous assure que je vois
moins clair que vous en tout ceci...

LE MARQUIS.

Allons, mon jeune ami, ne dissimulez pas avec nous
qui vous aimons... Nous savons que vous êtes fou de la
célèbre artiste qui nous est arrivée de Paris depuis
quelques jours... Vous voudriez en vain cacher le
trouble qu'elle a jeté en vous... Il éclate à chaque instant dans vos paroles, dans vos actes.

RIGOBERT.

Je comprends que vous voulez tirer des conséquences
de ma juste admiration pour mademoiselle Clotilde...
Je m'y prêterai volontiers... Oui, j'en conviens, je n'ai
rien vu d'aussi gracieux, d'aussi spirituel... C'est une
des femmes qui me paraissent le mieux réunir toutes
les perfections de leur sexe... Mais est-ce à dire pour
cela que j'ose élever les yeux jusqu'à elle?... Vous
me traiteriez de fat, si j'avais la hardiesse de vous
l'avouer...

*LA COMTESSE.

Du tout, M. Rigobert... Votre position vous donne
parfaitement le droit d'être amoureux et accueilli dans
votre amour.

RIGOBERT.

C'est me flatter, madame... Heureusement, je ne me
fais pas illusion...

LA COMTESSE.

Voulez-vous savoir ce que nous concertions lorsque
vous êtes arrivé ?

RIGOBERT.

Voyons, madame, dénoncez-moi le complot.

LA COMTESSE.

Nous disions, en parlant de mademoiselle Clotilde :
Voilà une jeune femme à qui sa beauté portera malheur, si elle ne rencontre sur son chemin un digne et
brave jeune homme qui lui donne son nom et sa protection... Mille oisifs plus ou moins entreprenants s'atta-
cheront à ses pas, s'acharneront après elle jusqu'à ce
qu'elle succombe... Alors, le bel ange fermera ses ailes,
perdra son adorable pureté... Cette riche et poétique
nature qui devait faire exception dans le monde dramatique, roulera, comme tant d'autres, dans de vulgaires et décevantes intrigues !... Cette idée nous faisait mal, monsieur Rigobert...

RIGOBERT.

Je le conçois, madame la comtesse... Toutes les
âmes délicates et généreuses doivent sentir ainsi... Ah !

vous n'êtes pas les premiers qui ayez fait ces tristes
réflexions... Elles m'ont assailli bien des fois depuis
quelques jours !

LA COMTESSE.

Nous en sommes persuadés, monsieur Rigobert..
Mais ce n'est pas tout de s'apitoyer sur autrui... La
vraie charité consiste à soulager efficacement ou à prévenir le mal qui le menace... C'est surtout à cela que
nous songions en devisant sur l'avenir de la charmante
Clotilde.

RIGOBERT.

Et vous aviez trouvé quelque moyen?

MADAME DE ROSEMONT.

Certainement... Nous trouvons toujours, nous, quand
nous prenons la peine de chercher.

RIGOBERT.

Puis-je savoir?...

LA COMTESSE.

Allons donc, mon jeune ami, encore de la dissimulation?... Vous n'avez pas aujourd'hui votre obligeante
bonne volonté d'habitude...

RIGOBERT.

Eh bien, vous, madame la comtesse, dont la bienveillance ne s'altère jamais, aidez-moi à deviner...

LA COMTESSE.

Très-volontiers... Cela va vous fournir l'occasion de
préparer votre contenance... En pensant à ce qui pour-

rait assurer le bonheur de Clotilde, notre esprit se
fixait sur vous... Voilà le mari qu'il lui faudrait, di-
sions-nous... D'un cœur élevé, d'une âme tranquille,
M. Rigobert rétablirait la sérénité dans cette existence languissante... Bons, intelligents, sages, l'un
et l'autre, ils ne pourraient manquer d'être heureux !

RIGOBERT.

Hélas! madame, vous aviez peut-être raison en ce
qui me concerne; mais c'est assurément une autre imagination, un autre esprit que les miens que voudrait
cette adorable femme.

MADAME DE ROSEMONT.

Décidément, mon jeune ami, vous avez une modestie... orgueilleuse... Nous savons bien ce que nous
avons remarqué, nous... Votre timidité, votre parfaite convenance plaisent beaucoup à Clotilde... Vingt
fois déjà elle nous a fait votre éloge et nous a confessé
tout le charme qu'elle trouve à votre conversation...
En supposant d'ailleurs que vous ne fussiez pas le plus
poétique des hommes à ses yeux, est-ce que l'on regarde à cela quand il s'agit d'un mari ?... Mais il ne se
ferait pas un seul mariage, si les femmes se montraient
si difficiles !...

LA COMTESSE.

Et puis, qu'avez-vous à craindre, si nous nous chargeons de tout et si vous ne paraissez point ?..

RIGOBERT.

Rien... C'est vrai...

LA COMETSSE.

Laissez-nous donc faire alors, et ne vous inquiétez pas...

RIGOBERT.

Ah! quelle reconnaissance je vous aurai, si vous pouvez disposer mademoiselle Clotilde en ma faveur!... Car, je ne saurais vous le cacher plus longtemps, je l'aime comme un insensé... Je ferais tout pour obtenir un de ses sourires!... Vivre près d'elle serait pour moi le comble du bonheur!... La seule idée qu'elle va retourner bientôt dans le vaste tourbillon de la capitale et que je vais retomber dans la solitude, me serre le cœur!

MADAME DE ROSEMONT.

Nous arrangerons tout cela, soyez-en sûr, M. Rigobert... Mais il faut travailler aussi vous-même à préparer les choses... Il faut que vous vous dégagiez de cet embarras qui paralyse votre esprit quand il s'agit de votre amour... Il faut que vous vous montriez plus libre, plus hardi, plus aimable; que vous disposiez enfin la jeune personne à croire que nous ne la tromperons pas, quand nous lui apprendrons que vous l'aimez passionnément...

RIGOBERT.

Tout cela est bien difficile, mesdames... Pourtant, je tâcherai de vous obéir... Je ferai effort sur moi-même...

LA COMTESSE.

A la bonne heure!... Suivez nos conseils en tout point, vous vous en trouverez bien.

MADAME DE ROSEMONT.

Et d'abord, nous allons vous ménager une entrevue
ici même, dès que l'objet de votre flamme va venir,
comme on dit en style d'opéra comique... Prenez votre courage à deux mains et songez que vous allez engager la partie...

RIGOBERT.

Comment! vous voulez, madame, que seul pour la
première fois avec Clotilde, j'entame brusquement le
chapitre de mon amour?... Et si-elle se fâche ou se
moque de moi?...

MADAME DE ROSEMONT.

Une femme ne se fâche jamais, monsieur, quand on
sait lui tourner un compliment avec adresse... Elle ne
se moque non plus jamais d'un homme qui lui fait une
proposition honorable... Trembler devant la personne
que l'on dit aimer, c'est se reconnaître des intentions
déshonnêtes... Voulez-vous que je vous en suppose ?...

RIGOBERT.

Ah! Dieu! madame, pouvez vous bien me faire cette
question !...

MADAME DE ROSEMONT.

Allez alors sans crainte.

LE MARQUIS.

M. Rigobert n'aura pas à se déplacer... Voici précisément notre charmante artiste avec son cavalier.

17

RIGOBERT, *à part.*

Maudit fat! va... Il ne la quitte pas plus que son
ombre!...

III

LES PRÉCÉDENTS, CLOTILDE, SAINT-LÉON.
Salutations d'usage.

LA COMTESSE *à Clotilde.*

Vous paraissez souffrante, ma chère enfant... Vous
ne sortez pas assez... C'est surtout beaucoup de dis-
traction qu'il vous faudrait... Notre docteur nous l'a
dit encore ce matin...

CLOTILDE.

Mon Dieu, madame la comtesse, je ne sais pas ce
qu'il me faudrait, et je crains bien que monsieur l'ins-
pecteur ne le sache guère mieux que moi...

LA COMTESSE.

S'il m'était permis de vous faire un reproche, je
vous dirais que vous nous fuyez beaucoup trop...

CLOTILDE.

Hélas! madame, serait-il convenable de vous imposer mon humeur maussade et fâcheuse?

LA COMTESSE.

Vous voulez des compliments, coquette?

CLOTILDE.

Oh! non je me rends justice, je n'en mérite point...

LA COMTESSE.

Si... Vous êtes une gracieuse femme... Seulement, prenez garde, si vous vous abandonnez à cette mélancolie
que vous caressez imprudemment... elle vous jouera
quelque mauvais tour...

CLOTILDE.

Hélas ! madame, je n'ai presque plus rien à redouter...

LA COMTESSE.

Ne semblerait-il pas, en vérité, que vous êtes la
plus malheureuse des créatures !...

SAINT-LÉON.

C'est là ce que je répète sans cesse à madame...

CLOTILDE.

Oui, sans comprendre que nous portons en nous notre bonheur ou notre malheur, et que nous ne pouvons rien ni contre nos sentiments, ni contre nos
idées.

LE MARQUIS.

Mais c'est de la haute philosophie que vous faites là,
madame...

CLOTILDE.

Pourquoi pas, monsieur le marquis ?... Est-il si extraordinaire de voir délirer les malades ?....

LE MARQUIS.

Ce n'est pas cela, que je veux dire, madame... C'était
un compliment que j'entendais vous adresser.

CLOTILDE.

Quand nous dépendons presque entièrement de notre organisation et des circonstances extérieures, quand
nous subissons presque toujours de plus ou moins tristes nécessités, comment voulez-vous que nous n'ayions
pas parfois des imaginations rêveuses, fantasques, souf-
frantes, incurables?...

LE MARQUIS.

Je veux tout ce qui peut exister, madame ; mais cela
ne m'empêche pas de préférer la santé à la maladie...

SAINT-LÉON.

Tandis que madame tient à se passionner pour la
maladie contre la santé...

CLOTILDE.

Vous dites des enfantillages, mon ami... Je n'ignore
pas les inconvénients, même les dangers de mon état
moral ; mais puis-je le changer, quand les causes qui
l'ont produit subsistent indépendamment de ma volonté, et que tout l'aggrave?...

LA COMTESSE.

Si vous n'êtes pas la plus forte, ma chère enfant,
c'est une raison de plus pour ne pas dédaigner notre secours... Le mal que l'on parvient à oublier, souvent est
à moitié guéri... Et, quoi de plus facile à mettre en

oubli que les affections morales, quand on veut s'y prêter un peu ?...

CLOTILDE.

Tout cela dépend de la nature de ces affections et des caractères, madame la comtesse.

LA COMTESSE.

Vous êtes une petite entêtée... Si vous continuez sur ce pied, nous vous guérirons de force, et malgré vous...

SAINT-LÉON.

J'ai eu bien souvent envie d'employer cette méthode...

CLOTILDE.

De grâce, mesdames, parlons d'autre chose... C'est trop longtemps vous occuper d'une pauvre folle qui n'a rien fait pour justifier tant d'intérêt...

RIGOBERT, *avec exaltation.*

Mais vous n'avez point à vous inquiéter d'un tel soin, madame... Les Dieux, en vous créant la plus belle et la plus accomplie des femmes, ont voulu vous en éviter la peine !

LA COMTESSE, *à Rigobert.*

Doucement, mon jeune ami... vous allez beaucoup trop vite.

CLOTILDE.

Les Dieux ne se sont pas tant mêlés de ma destinée

que vous croyez, monsieur Rigobert... J'ai plus à me
plaindre de leur indifférence qu'à me louer de leurs
bienfaits...'Mais,'encore une fois, n'avons-nous rien de
mieux à dire que tout ceci?...

LA COMTESSE.

Puisque vous le voulez, nous n'insisterons pas...
Avez-vous eu occasion, ma chère enfant, de rencontrer
au salon notre nouveau commensal, M. Georges de
Luceval?

LE MARQUIS.

C'est un jeune homme de grand mérite.

MADAME DE ROSEMONT.

C'est un bien charmant cavalier!...

CLOTILDE.

En effet, j'ai vu M. de Luceval et causé avec lui...
C'est un esprit remarquable, un homme d'une éducation malheureusement trop rare... Je l'ai, du reste, rencontré souvent à Paris.

LE 'MARQUIS.

Il ira loin par ses talents et son caractère...

MADAME DE ROSEMONT.

On voit que celui-là n'a pas dépensé ses heures et
perdu son temps à faire la cour aux belles...

LA COMTESSE.

C'est vrai... Sa conversation, son maintien respirent

une distinction, une gravité qui annoncent un homme
d'avenir... Heureuses les femmes qui peuvent faire
éclore l'amour en de tels cœurs !...

RIGOBERT, *à part.*

Voilà· une singulière façon de me mettre en relief
aux yeux de la jeune artiste !... (*Haut.*) Vous allez
peut-être attribuer mon opinion sur M. de Luceval à
l'envie, mais il ne m'enthousiasme pas le moins du
monde... Je le trouve froid, hautain... Je suis sûr
que cet homme n'a que de l'ambition et point de
cœur.

CLOTILDE.

Voulez-vous qu'il prenne des airs langoureux ou
vainqueurs avec toutes les femmes, comme les sots qui
ne se sentent appelés à rien de mieux ?...

RIGOBERT.

Non, madame... mais il y a des charmes auxquels
nul ne devrait avoir le droit de refuser son admiration...

CLOTILDE.

Vous êtes donc sûr qu'il n'en a jamais rencontré ?

RIGOBERT.

Ma foi, il me fait bien l'effet d'avoir toujours vécu en
égoïste...

CLOTILDE.

Je crains qu'il y ait au moins de la précipitation dans
votre jugement, M. Rigobert.

MADAME DE ROSEMONT, à *Rigobert.*

Vous vous fourvoyez, mon pauvre monsieur... La
jalousie est une mauvaise recommandation... Elle rend
ridicule et haïssable...

RIGOBERT, *à madame de Rosemont.*

Eh ! je le sens bien... mais où diable allez-vous aussi
vous ébahir sur les qualités de ce monsieur ?... Croyez-
vous que je peux l'entendre louer ainsi de sang-froid ?

MADAME DE ROSEMONT, à *Rigobert.*

Quand on veut toucher le cœur d'une jolie femme,
il faut se montrer plus généreux, plus grand que ses
rivaux.

RIGOBERT, *à madame de Rosemont.*

Comment voulez-vous que je réussisse à me faire
passer pour supérieur à un homme d'esprit, déjà en
réputation comme avocat, moi qui ne suis que le fils
d'un marchand et qui n'ai jamais quitté ma province !
(*Haut.*) Du reste, je ne juge pas M. Georges de Luceval... Je me borne à exprimer l'impression qu'il m'a
faite...

SAINT-LÉON.

Et vous en avez le droit, monsieur... Mon opinion ne
serait pas conforme à la vôtre, que je vous soutiendrais
encore... Je ne sache rien de suspect comme ces admi-
rations qui ne reposent que sur des on-dit ou sur des
apparences... Je n'admets, pour mon compte, que les
réputations bien et duement éprouvées.

LA COMTESSE.

Vous devez en admettre bien peu, monsieur.

SAINT-LÉON.

Cela est vrai, madame, mais ce n'est point ma faute...

CLOTILDE.

Nous pouvons d'autant mieux abandonner la question, ce me semble, que M. George de Luceval paraît peu se soucier lui-même des sympathies ou des antipathies qu'il soulève... Je ne crois pas qu'un homme vraiment supérieur attache beaucoup d'importance à cela.

SAINT-LÉON.

Vous tenez décidément, madame, à nous le donner pour un génie.

CLOTILDE.

Du tout, monsieur, j'use seulement de cette liberté que vous avez revendiquée pour M. Rigobert et pour vous-même.

MADAME DE ROSEMONT.

N'allons-nous pas nous quereller pour ce monsieur que nous ne connaissons pas?... J'avoue que la chose ne me paraîtrait guère plus amusante que sage... Nous avons mieux à faire... Je propose une promenade avant de rentrer au salon... M. de Saint-Léon, votre bras, s'il vous plaît?... Nous terminerons, chemin faisant, cette

17.

grave discussion... Venez-vous, mesdames et messieurs?...

TOUS, *se levant excepté Clotilde.*

Allons!...

CLOTILDE.

Pour moi, je vous prie de m'excuser... Je me sens souffrante...

SAINT-LÉON, *à madame de Rosemont.*

Pardonnez-moi, madame, mais je ne puis, vous le comprenez, abandonner notre chère malade...

CLOTILDE.

Je n'accepte pas, mon ami, le sacrifice que vous me voulez faire... Je resterai ici à vous attendre.

MADAME DE ROSEMONT.

Ma belle enfant, nous ne souffrirons pas cela. . Ce serait livrer trop beau jeu à vos rêveries... Nous allons vous laisser un cavalier sûr, un tête-à-tête incapable de vous compromettre... (*A Rigobert.*) Vous entendez qu'il s'agit de vous, M. de Rigobert?...

RIGOBERT, *à mi-voix.*

Oh! merci, madame, je vais réparer mes sottises.

MADAME DE ROSEMONT, *de même.*

Je l'espère...

CLOTILDE.

Mais non,... mais non, je ne retiendrai pas M. Rigobert... Je serais désolée de le priver du plaisir de vous accompagner.

RIGOBERT.

Moi, madame, je serai au comble du bonheur de vous faire compagnie quelques instants.

MADAME DE ROSEMONT.

C'est entendu... Nous sommes de retour dans une petite demi-heure... Venez, M. de Saint-Léon.

Saint-Léon s'exécute d'assez mauvaise grâce.

IV

CLOTILDE, RIGOBERT.

CLOTILDE

Voyez donc quel ennui pour vous, monsieur Rigobert, de flanquer une pauvre malade d'une si chagrine humeur que la mienne...

RIGOBERT.

Dites plutôt, madame, que le hasard me comble de ses faveurs!... Devais-je m'attendre, moi, simple et sans galanterie, à être agréé par vous, quand vous pouviez choisir un cavalier mille fois plus aimable?...

CLOTILDE.

Qui donc, M. Rigobert?

RIGOBERT.

Mais... tout le monde... M. le marquis... M. de Saint-Léon, n'importe qui...

CLOTILDE.

Vous croyez ces messieurs beaucoup plus aimables
que vous?...

RIGOBERT.

Comment ne le seraient-ils pas, formés aux manières
élégantes de la meilleure société?...

CLOTILDE.

Vous pensez que cela suffit pour donner de l'esprit,
du cœur?

RIGOBERT.

Mais cela suffit toujours au moins à savoir se présenter, se faire accueillir... Ce qui le prouve, c'est que les
femmes n'accordent leurs plus doux sourires qu'aux
hommes du monde...

CLOTILDE.

Êtes-vous sûr que toutes jugent de même à cet
égard?

RIGOBERT.

S'il en était autrement, le succès n'irait pas toujours
aux élégants... On verrait parfois des hommes intelligents, bons, sérieux, être préférés, tandis que...

CLOTILDE.

Et vous ne comprenez pas ce qui fait la fortune des
papillons du monde élégant?

RIGOBERT.

Si fait... C'est la légèreté des femmes...

CLOTILDE.

C'est, au contraire, la profondeur, la sûreté de leur jugement...

RIGOBERT.

Ah! par exemple, je ne m'en serais jamais douté...

CLOTILDE.

C'est que vous ne connaissez pas le cœur humain...

RIGOBERT.

J'ignore tant de choses...

CLOTILDE.

Savez-vous ce qui fait la valeur d'un plaisir?

RIGOBERT.

C'est sa vivacité.

CLOTILDE.

Erreur... Ce sont l'opinion et l'envie... Quand il est convenu qu'un homme bien habillé, stylé à dire des riens, est une chose agréable, tout le monde veut s'en passer la fantaisie... Chacune de nous, à peu d'exceptions près, sait parfaitement à quoi s'en tenir sur ces meubles ambulants de nos réunions ; mais il faut attirer, captiver l'attention, se faire distinguer comme la plus belle, la plus séduisante, la plus recherchée... Il faut surtout vaincre, humilier ses rivales...

RIGOBERT.

Comment! tout cela n'est qu'une affaire d'amour-propre?

CLOTILDE.

Pas davantage... Nous n'obéissons qu'à une vanité de coquetterie... C'est bien flatteur pour ces messieurs, n'est-il pas vrai ?

RIGOBERT.

Mais votre orgueil ne serait-il pas mieux satisfait d'obtenir les hommages d'hommes de valeur?

CLOTILDE.

C'est possible... mais ceux-là sont occupés d'idées trop sérieuses pour se plier longtemps au petit manége de la galanterie... L'homme qui pense est un fort mauvais amoureux...

RIGOBERT.

Vous êtes bien décourageante, madame...

CLOTILDE.

Aimeriez-vous mieux me trouver sotte ou fausse?...

RIGOBERT.

Oh! non... malgré la mort que vous jetez dans mon cœur, je vous admire toujours comme la plus noble des femmes...

CLOTILDE.

Je vous jette la mort dans l'âme, dites-vous?... Aviez-vous donc des prétentions au rôle de nos inutiles?... Je me féliciterais de vous arrêter sur cette pente...

RIGOBERT.

Non, madame, non, ce n'était pas cette gloire que

j'ambitionnais... mais je me berçais de l'espoir de faire agréer le plus loyal, le plus dévoué des amours à une femme que j'adore...

CLOTILDE.

Eh! bien, qui vous en empêche?...

RIGOBERT.

Vous-même, madame?...

CLOTILDE.

Moi?... Comment cela?

RIGOBERT.

Par votre implacable scepticisme.

CLOTILDE.

Expliquez-vous... je ne saisis pas...

RIGOBERT.

Ne venez-vous pas de dire que vous considérez les hommes sérieux comme de mauvais amoureux et que vous dédaignez les galants de profession?

CLOTILDE.

Eh bien?

RIGOBERT.

Eh! bien, cela me prouve que vous ne voulez ni des uns ni des autres...

CLOTILDE.

Pas tout à fait... Mais enfin qu'a de commun ma manière de voir là-dessus et votre amour?...

RIGOBERT.

Vous ne devinez pas?...

CLOTILDE.

Non...

RIGOBERT.

Vous n'avez rien remarqué de ma part?

CLOTILDE.

Absolument rien...

RIGOBERT.

Vous n'avez rien lu dans mes yeux?

CLOTILDE.

Pas la moindre indiscrétion, je vous assure.

RIGOBERT.

Ah! ce n'eût pas été une indiscrétion. de votre part...

CLOTILDE.

Je vous demande pardon... vos sentiments secrets ne me regardent pas...

RIGOBERT.

Cruelle!... Apprenez donc (*A part en apercevant Georges*). Allons bon!... voilà l'autre!...

Georges se présente brusquement et interrompt Rigobert.

V

LES PRÉCÉDENTS, GEORGES DE LUCEVAL.

GEORGES, *saluant.*

Je croyais vous trouver en plus nombreuse compagnié, madame, et je n'arrivais qu'à mon corps défendant...

CLOTILDE.

Pourquoi donc, monsieur?... Le monde vous ferait-il peur?

GEORGES.

Presque... je vous l'avoue...

CLOTILDE.

Comment! un homme accoutumé à parler en public, redouterait d'insignifiantes conversations?

GEORGES.

Extrêmement, madame...

CLOTILDE.

Après cela, vous avez peut-être raison, monsieur... Les propos que l'on échange dans le monde sont si fades ou si odieux, que l'on se trouve toujours bien de s'y soustraire...

GEORGES.

D'abord... Ensuite, lorsqu'il y est réellement question de quelque chose, les idées que l'on émet sont, en

général, si vulgaires!... les vues un peu hardies si mal
reçues!...

CLOTILDE.

Vos remarques sont malheureusement bien vraies,
monsiéur... Cependant il se rencontre encore quelques
personnes avec qui l'on péut causer...

GEORGES.

Oui, avec les penseurs ou les artistes, mais point
assurément avec les gens du monde, qui viennent toujours à bout d'abrutir ceux qui ont la faiblesse de
s'abandonner à eux...

CLOTILDE.

Vous aimez donc les artistes, monsieur?

GEORGES.

Beaucoup, madame.

CLOTILDE.

C'est pourtant encore un monde bien léger.

GEORGES.

On l'est aujourd'hui dans toutes les classes, madame...
Au moins, les artistes ont pour eux l'esprit, la grâce,
tandis que les autres...

CLOTILDE.

Ils ont aussi bien des mauvaises passions!...

GEORGES.

Vous voulez dire bien des aspirations poétiques
contrariées, refoulées...

CLOTILDE.

Je vois, monsieur, qu'ils ont en vous un ardent défenseur...

GEORGES.

Je m'en fais honneur, madame, car eux seuls me réconcilient avec l'humanité.

CLOTILDE.

Seriez-vous déjà misanthrope?

GEORGES.

Oui, madame, je le confesse, surtout quand je considère l'homme individuellement... Les circonstances altèrent tellement ses qualités natives!...

CLOTILDE.

Nous sommes donc alors, en général, plus à plaindre qu'à blâmer?

GEORGES.

Sans aucun doute... Mais la difformité, quelle qu'en soit la cause, est toujours la difformité.

CLOTILDE.

· Et vous trouvez sincèrement les artistes moins déformés, moins contrefaits que les autres?...

GEORGES.

Sincèrement... sans galanterie...

CLOTILDE.

Vous les fréquentez, à Paris?

GEORGES.

Avec infiniment de plaisir.

CLOTILDE.

Vous devez connaître alors beaucoup de mes amis.

GEORGES.

Oui, madame. C'est ce qui fait que je vous connais beaucoup moi-même, sans vous avoir beaucoup parlé jusqu'à présent...

CLOTILDE.

Ah! vraiment!... Vous devez avoir bien des préventions sur mon compte.

GEORGES.

Vous ne sauriez vous en plaindre sans injustice, madame...

CLOTILDE.

Eh bien! puisque vous me connaissez si parfaitement, voyons, quelle opinion vous faites-vous de mon caractère?

GEORGES.

Vous me posez là, madame, la plus embarrassante, la plus dangereuse de toutes les questions... Tout le monde l'a faite à ses amis, jamais personne n'y a eu réponse sérieuse.

CLOTILDE.

Voilà une belle occasion de vous distinguer... profitez-en!... Faites exception à la fourberie ou à la faiblesse générale...

GEORGES.

Après tout, madame, comme les confidences de vos
amis ne sauraient alarmer que votre modestie, je ne
vois pas de raison pour vous les cacher... Voulez-vous
faire quelques pas de promenade, je vous dirai tout ce
que j'ai appris, même plus, tout ce que j'ai deviné.

CLOTILDE.

Rusé!... vous savez bien que ce sont là de ces pro-
positions auxquelles la moins curieuse des femmes
ne résiste pas...

Elle se lève pour s'éloigner avec Georges.

GEORGES.

Pardon mille fois, M. Rigobert... Nous revenons
dans quelques minutes... Nous nous retrouverons au
salon...

Ils s'éloignent en causant.

VI

RIGOBERT seul.

Il est joli le tête-à-tête que m'a ménagé madame de
Rosemont!... Et puis, elle viendra dire que c'est par
maladresse que je n'en ai pas profité!... Que pourrait
la plus grande habileté du monde contre tous ces hasards
qui se jettent à la traverse de mon amour?... Est-ce que
je peux empêcher ce fat de Saint-Léon de suivre partout Clotilde?... Est-ce que je peux davantage éloigner
ce jeune pédant qu'elle accueille avec tant de plaisir
à première vue?... Qu'ai-je pour lutter, moi?... Mon

amour, mon dévouement, qu'elle ignore, et qui d'ailleurs, les connût-elle, ne lui inspireraient probablement que du dédain?... Décidément, je n'ai pas de chance!... Voilà déjà au moins six passions que j'ébauche sans pouvoir en mener une à bonne fin... Je suis pourtant sincère et désintéressé!... Si je courais après une dot, je pourrais me consoler de mes échecs; mais ne demander que le placement d'un cœur aimant, quand on jouit des avantages que je possède, et ne point en venir à bout, c'est dépitant... Qu'ont-ils donc de plus que moi ces hommes que l'on recherche, que l'on adore?... En vérité, je ne le vois pas... Faut-il, pour réussir auprès des femmes, devenir menteur, parjure, mauvais sujet?... Faut-il les traiter en esclaves, les mépriser, les faire mourir de chagrin?... Mon Dieu, mais tout cela est facile, il n'y a qu'à se dépraver, devenir féroce... Pourquoi n'emploierais-tu pas ces moyens, Rigobert, mon ami? Tu as tout à y gagner, rien à y perdre... Bah! c'en est fait!... j'abandonne ma province où nos bégueules de femmes ne savent pas me comprendre... C'est à Paris que j'irai m'établir... Là au moins elles ont de l'esprit, point de préjugés ridicules... Moi aussi je m'attacherai aux pas des belles... Il faudra bien qu'il s'en trouve une moins aveugle, moins opiniâtre que les autres... C'est dit... Nous verrons, M. de Saint-Léon, si vous conserverez le monopole!

VII

LE PRÉCÉDENT, SAINT-LÉON.

SAINT-LÉON.

Vous m'appelez, mon jeune ami?

RIGOBERT.

Moi?... Du tout, je me parle à moi-même...

SAINT-LÉON.

Tout haut?

RIGOBERT.

C'est ainsi que je fais quand je veux mieux m'entendre...

SAINT-LÉON.

La méthode est ingénieuse... J'avais cru distinguer mon nom.

RIGOBERT.

Il y a tant de mots qui finissent comme lui...

SAINT-LÉON.

Tout le monde vous a donc abandonné?... C'est une bonne fortune cela pour un homme qui a tant de choses à se dire...

RIGOBERT.

Aussi, je ne m'en plains pas...

SAINT-LÉON.

Mlle Clotilde se serait-elle trouvée indisposée ?

RIGOBERT.

Pas le moins du monde, au contraire...

SAINT-LÉON.

Comment! au contraire...

RIGOBERT.

Je ne l'ai jamais vue mieux portante.

SAINT-LÉON.

A quels signes en avez-vous jugé ?

RIGOBERT.

A des signes bien clairs... Elle a fait la conversation avec une verve, un entrain extraordinaires?

SAINT-LÉON.

Cela a dû vous rendre fort heureux, mon jeune ami.

RIGOBERT.

Très-médiocrement...

SAINT-LÉON.

Peste!... Vous êtes difficile!...

RIGOBERT.

Pas plus que vous, je le parierais...

SAINT-LÉON.

Vous n'étiez donc point seuls?...

RIGOBERT.

Moi, si, à peu près... Elle, non...

SAINT-LÉON.

Vous vous faites bien obscur, M. Rigobert.

RIGOBERT.

C'est assez naturel... Je suis éclipsé.

SAINT-LÉON.

Fat!... On n'éclipse que ce qui brille!

RIGOBERT.

Prenez garde à votre tour!...

SAINT-LÉON.

Voyons... plaisanterie à part, qu'y a-t-il?... Un importun entreprenant est venu troubler votre tête-à-tête, n'est-ce pas?

RIGOBERT.

Précisément.

SAINT-LÉON.

Et il a renversé vos espérances?

RIGOBERT.

Comme vous dites, et celles de bien d'autres...

SAINT-LÉON.

Quant à cela, il vous serait difficile de le savoir...

18

RIGOBERT.

Pourquoi donc?

SAINT-LÉON.

Mais parce que vous n'avez point à répondre pour eux...

RIGOBERT.

Je puis au moins répondre d'elle... Or, je crains bien, à la manière dont elle a accueilli M. Georges de Luceval, que les prétendants les mieux prévenus en leur faveur ne soient exactement dans ma situation...

SAINT-LÉON.

C'est M. Georges qui est venu vous déranger?

RIGOBERT.

Lui-même.

SAINT-LÉON.

Et Clotilde a semblé le voir avec plaisir?...

RIGOBERT.

Elle a causé avec lui avec un esprit, une liberté, un entraînement qui prouvaient qu'elle se sentait en parfaite sympathie...

SAINT-LÉON.

Ensuite?...

RIGOBERT.

Ensuite, sous prétexte d'entendre certaines confidences sur elle-même, qu'il avait à lui faire, elle s'es allée promener avec M. Georges de Luceval, me plantant là sans façon !

SAINT-LÉON.

Clotilde se promène, dites-vous, avec M. de Luceval?...
A cette heure?...

RIGOBERT.

C'est comme j'ai l'honneur de vous le dire... *(A part)*
La chose ne paraît pas le flatter.

SAINT-LÉON.

C'est impossible!... Ils doivent être rentrés au salon...

RIGOBERT.

Mais non, je vous l'affirme... quelque dépit que vous
en ayez... *(A part)* Il n'est plus en train de plaisanter !...

SAINT-LÉON, *à part.*

Comment! Clotilde se compromettre ainsi!... Il y a
quelque chose que ce niais me cache... *(Haut)* Et vous
ne les avez pas accompagnés!...

RIGOBERT.

Ils ont eu le soin de me faire comprendre que je les
eusse gênés...

SAINT-LÉON.

Ah!... c'est de la franchise et de... l'indépendance...
De quel côté se sont-ils dirigés?...

RIGOBERT, *à part.*

Nous y voilà!... Tu voudrais les rejoindre... Attends,

je vais te rendre le service de te mettre sur leurs traces... (*Haut*) Ils sont allés par là... (*Il montre le côté opposé*). Ils se promènent sans doute sentimentalement sous les ombrages de la fontaine.

SAINT-LÉON.

Je vais m'en assurer... Il ne serait pas prudent à Clotilde de respirer un air humide.

RIGOBERT, *à part.*

Et les parfums de l'amour de Georges... (*Haut*) Vous ferez bien de les ramener, M. de Saint-Léon... Il faut veiller à la santé de ses amis, quand ils n'y songent pas eux-mêmes.

Saint-Léon s'éloigne.

VIII

RIGOBERT seul.

Va, va, mon bonhomme... Je puis rire de toi à mon tour... C'est toujours une consolation... Mais ils ne reviennent pas. . Il paraît que les confidences se prolongent... Et l'autre nigaud qui se flatte d'aller les troubler... J'entends des pas... Ce sont nos amoureux sans doute...Retirons-nous... qu'ils ne soupçonnent pas le dépit qu'ils m'ont causé... Allons composer notre visage au salon...

Il s'éloigne.

IX

CLOTILDE, GEORGES DE LUCEVAL.

Il fait nuit, mais la lune éclaire.

GEORGES.

Je ne m'écartais donc pas de la vérité dans mes pressentiments sur votre compte?...

CLOTILDE.

Non, Monsieur, j'en conviens... Je suis à peu près telle que vous l'avez supposé...

GEORGES.

Vous devinant une âme tendre, rêveuse, mais d'une dignité délicate, comment ne vous aurais-je pas voué un culte secret dans mon cœur?... De pareils sentiments sont si rares, même chez les femmes!...

CLOTILDE.

N'est-il pas heureux qu'elles soient, en général, placées à un point de vue plus vulgaire?

GEORGES.

Peut-être, Madame... Cependant, quelles suprêmes jouissances éprouvent les consciences nobles dans l'accomplissement des plus rudes devoirs!...

CLOTILDE.

Comptez-vous aussi les douleurs qu'elles endurent dans cette lutte sans éclat, sans gloire qui s'accomplit en elles?...

18.

GEORGES.

Faites-vous donc dépendre la gloire de l'opinion ignorante, brutale, du grand nombre.

CLOTILDE.

Non, sans doute... Mais notre faible nature humaine a besoin d'être soutenue, encouragée, applaudie dans le bien. L'âme isolée a ses frayeurs, ses abattements, comme l'esprit qui sort des voies connues pour se lancer dans l'infini...

GEORGES.

Ces appuis, ces encouragements manquent-ils donc absolument aux grandes vertus?... Et alors qu'il en serait ainsi, ne puiseraient-elles pas en elles-mêmes la force de s'en passer?...

CLOTILDE.

Non, monsieur, non, l'observation religieuse du devoir n'est pas toujours reconnue, appréciée... J'oserai même dire qu'elle ne l'est presque jamais... Comme le vice est toujours plus avantageux que la vertu, on veut d'ordinaire trouver à celle-ci des motifs intéressés, et si l'on peut y réussir, on la nie ou on la taxe au moins d'hypocrisie..... Quel refuge reste alors au pauvre être qui s'est obstiné au bien?...

GEORGES.

Mais vous êtes désolante, madame...

CLOTILDE.

Cela doit-être, car je suis désolée.

GEORGES.

Comment! à votre âge, ornée de tous les dons de la beauté, de la grâce, du talent, vous en êtes-là?...

CLOTILDE.

Pensez-vous que ce soit par plaisir... ou par folie?...

GEORGES.

Je soupçonne qu'il y a peut-être quelque exagération mélancolique...

CLOTILDE.

Vous voilà comme les autres... vous ne me comprenez pas!

GEORGES.

Voyons, raisonnablement, tout est-il compromis, perdu?...

CLOTILDE.

Vous raisonnez exactement comme celui qui dirait au malheureux qui tombe d'inanition: « Pourquoi les forces t'abandonnent-elles, mon ami?... Si tu n'as pas mangé depuis hier, ne peux-tu pas trouver demain à faire un bon repas?... »

GEORGES.

Permettez-moi de vous faire observer, madame, que votre situation est moins pressante.

CLOTILDE.

Mourir d'une douleur morale ou d'une douleur physique, c'est toujours mourir!...

GEORGES.

J'aurais beaucoup de choses à vous répondre, si j'avais le droit de pénétrer dans l'intimité de votre cœur...

CLOTILDE.

Prenez-le, monsieur... Pour sauver un malade en danger, tout est permis...

GEORGES:

Vous ne vous fâcherez pas de mes réflexions?

CLOTILDE.

Je vous le promets.

GEORGES.

Votre cœur aimant s'éteint dans la consomption, n'est-il pas vrai?...

CLOTILDE.

Oui, je vous l'avoue, la vie de sentiment se retire de moi, faute d'aliment.

GEORGES.

Et cependant quelle femme a jamais été mieux placée que vous pour être comblée de toutes les affections?...

CLOTILDE.

Ah! vous ne savez pas quel milieu est le nôtre!...

GEORGES.

Si, je sais que, brillantes et en vue, vous êtes en butte

aux séductions de tous les riches vaniteux ou blasés...
Est-ce une raison pour ne pas sortir de ce cercle et
chercher ailleurs un cœur qui vous comprenne et vous
aime véritablement?...

CLOTILDE.

Hélas! le pouvons-nous?.... Ne passons-nous pas
pour appartenir, corps et âme, à tous les inutiles qui
bourdonnent autour de nous ?... Quel homme réfléchi
voudra croire à la pureté d'une seule d'entre nous, ou
affronter les dangers de notre position ?...

GEORGES.

Il y a, croyez-le, des esprits assez fermes pour s'élever au-dessus des préjugés vulgaires... Il y en a d'assez
bons pour admettre beaucoup d'honorables exceptions
dans votre monde.

CLOTILDE.

Peut-être, monsieur, mais ils se présentent toujours
trop tard et quand il n'est plus temps... Nous sommes
inévitablement, dès l'entrée de notre carrière, circonve-
nues, compromises d'une façon quelconque... Sommes-
nous crédules, exubérantes de passion, d'amour,
ambitieuses, jalouses de notre art, nous succombons
presque forcément sous l'influence de ceux qui favo-
risent nos succès... Sommes-nous fortes contre toutes
les tentations, nous conservons-nous sages par hasard,
on ne le croit pas, car il y a sans cesse près de nous
quelqu'un qui semble démentir notre vertu... Ah! monsieur, ces fleurs qui nous parent cachent souvent bien
des souffrances, bien des larmes!...

GEORGES.

Assurément... Mais aussi quand l'une d'entre vous parvient à faire éclater son honneur à tous les yeux, quel triomphe pour elle !... Quel juste orgueil pour l'homme qu'elle a choisi !...

CLOTILDE.

Nullement... Le monde qui admire et célèbre les vertus faciles des grandes dames, ne fait point attention aux nôtres, malgré les terribles luttes qu'elles nous coûtent... Ils semblerait qu'elles ne sont, de notre part, qu'une habile hypocrisie...

GEORGES.

Qu'importe ! si ce monde injuste ne peut que les suspecter sans les détruire ?... N'est-ce pas assez pour l'honnête femme et pour l'homme dont elle fait le bonheur ?

CLOTILDE.

En le supposant, ce n'est point assez pour le milieu corrompu dans lequel nous vivons... Ici, ce n'est pas la sagesse que l'on encense, mais le vice, qui rapporte et qui élève... Briller, écraser ses rivales de son luxe, de sa puissance, voilà la suprême habileté !... Quelles que soient les causes de la fortune, de l'influence, on s'incline devant elles pour en recueillir les aumônes ou l'héritage... Au contraire, la vertu est honnie, méprisée comme principe de ruine, tout au moins de médiocrité, ou comme insolente sottise !...

GEORGES.

En un mot, votre carrière d'artiste est un abîme de

honte ou un martyre sans récompense et sans couronne!

Vous l'avez dit!

GEORGES.

Mais cette situation est horrible, insupportable!...

CLOTILDE.

Aussi, vous voyez ce qu'elle amène!

GEORGES.

Pauvre femme!... Pauvre victime!...

CLOTILDE.

Oh! plaignez-moi... Nulle ne le mérite davantage...

GEORGES.

Vous plaindre?... Je veux faire mieux, je veux vous
consoler, vous rappeler à la vie, vous sauver!...

CLOTILDE.

Je doute qu'il soit encore temps!

GEORGES.

Oui, il en est temps encore, si vous avez pour moi
la pitié que j'ai pour vous, si vous ne vous abandonnez
pas vous-même...

CLOTILDE.

Que voulez-vous dire?

GEORGES.

Que votre situation me touche jusqu'au vif de l'âme,

que j'ignore quel lien mystérieux existe entre nous,
mais que je ne me consolerais jamais si vous succom-
biez au chagrin.

CLOTILDE.

Noble cœur !

GEORGES.

Non, ce n'est pas de la pitié... Ce n'est point votre
malheur qui m'attendrit... C'est un sentiment instinc-
tif inconnu qui me révèle que votre existence et votre
bonheur sont indispensables à mon bonheur et à mon
existence... Vous vivrez et vous vivrez heureuse ou je
mourrai moi-même...

CLOTILDE.

Que dites-vous, Georges ?

GEORGES.

Ce que j'éprouve, ce qui est vrai...

CLOTILDE.

Non, mon ami, non, ne détournez pas, à cause de
moi, votre attention des choses qui doivent l'occuper
tout entière...

GEORGES.

Il n'existe plus rien à mes yeux que vous, Clotilde.

CLOTILDE.

Vous vous faites illusion, mon ami... Votre sensibilité a été surprise et vous croyez votre générosité
engagée.

GEORGES.

Vous me traitez en jeune homme, Clotilde... Vous
m'attristez...

CLOTILDE.

Non, mon ami, je vous parle raison, parce que je
vous sais capable de l'entendre...

GEORGES.

La raison, Clotilde, est ce qui s'accorde avec nos
affections, avec notre destinée, avec notre bonheur,
non ce qui les contrarie...

CLOTILDE.

On voit que vous êtes avocat, Georges.

GEORGES.

Tout cœur droit plaide en faveur de la nature,
Clotilde.

CLOTILDE.

Enfin, où voulez-vous en venir, mon ami ?

GEORGES.

A vous sauver, à me conserver moi-même, je vous
l'ai dit.

CLOTILDE.

Je ne consentirai jamais à compromettre votre avenir pour moi, Georges...

GEORGES.

Vous n'aimez donc rien, Clotilde?... Le désenchantement, la douleur ont donc pétrifié votre cœur ?...

19

CLOTILDE.

Oh ! mon Dieu !... C'est lui qui peut tenir un tel langage...

GEORGES.

Quoi !... un homme loyal se rencontre sur la route où est abattue, languissante, votre pauvre âme... Il la relève, la réchauffe, la rappelle à la vie, lui offre son aide, un éternel dévouement, et cette âme ingrate le repousse ?... Vous me confondez donc avec la foule des libertins égoïstes ?...

CLOTILDE.

Oh ! non, je vous le jure... Vous êtes à mes yeux le plus digne, le plus noble des hommes... Je crois à vos paroles, comme à celles des saints livres... Mais, que voulez-vous ?... Je ne puis accepter le sacrifice que vous voulez me faire... Un jour viendrait où vous le regretteriez... Ce serait me donner le dernier coup...

GEORGES.

Je le comprends, Clotilde... C'est un autre amour que le mien que vous aviez rêvé...

CLOTILDE.

O mon Dieu ! Vous lisez dans mon cœur !...

GEORGES.

Pourquoi faut-il que cette fatale conversation ait eu lieu !... J'aurais étouffé peut-être pour toujours l'invincible penchant qui m'attirait vers vous...

CLOTILDE.

Vous songiez à moi, Georges ?...

GEORGES.

Eh bien ! oui, je vous l'avouerai, malgré la ferme
résolution que j'avais prise de vous le cacher toujours... Oui, depuis le moment où je vous ai vue, ma
pensée n'a pu se détacher de vous, votre image chérie
m'a poursuivi partout...

CLOTILDE.

Est-il possible, grand Dieu ?...

GEORGES.

Pourquoi vous le dirais-je, si ce n'était pas ?

CLOTILDE.

Et rien pourtant n'a trahi ce qui se passait en vous.

GEORGES.

En effet, car je cherchais à fuir ma propre passion...

CLOTILDE.

Vous craigniez de m'aimer ?

GEORGES.

Oh ! non, mon cœur vous appartenait sans regret,
pour la vie... mais de graves considérations me faisaient un devoir de vous le laisser ignorer...

CLOTILDE.

Je comprends... votre destinée est enchaînée ailleurs...

GEORGES.

Non, Clotilde, je suis libre de tout engagement.. de tout préjugé...

CLOTILDE.

Quels puissants motifs pouvaient alors vous imposer une si étrange réserve ?

GEORGES.

Hélas ! à quoi bon le dire, si mon amour vous trouve indifférente ?

CLOTILDE.

Mais qui vous dit cela, cruel ?

GEORGES.

O bonheur !... serait-il vrai ? (*Clotilde reste confuse.*) Clotilde ! ma chère Clotilde ! de grâce, répondez-moi, m'aimeriez-vous un peu pour tout l'amour que je vous porte ?... Parlez, Clotilde, parlez, je vous en conjure... Ne me laissez pas plus longtemps dans l'incertitude !...

CLOTILDE.

Oui, Georges, je vous aime, et depuis longtemps...

GEORGES.

O mon Dieu ! je puis mourir maintenant... J'ai atteint la suprême félicité !...

CLOTILDE..

Oui, mon ami, depuis longtemps, en cherchant à tromper ma propre conscience... Ah! si vous m'avez aimée de votre côté, je suis bien sûre que c'est à l'énergie de mon amour que je le dois... A force de vous idolâtrer, mon âme a réveillé, échauffé la vôtre... L'amour profond, passionné se féconde dans son objet.

GEORGES.

Chère âme!... Pure, divine poésie!... Rayon céleste!... tu viens d'ouvrir, d'éclairer dans mon cœur, tout un monde d'harmonies!...

CLOTILDE.

Vous avez raison, mon ami... aimer sans être aimé, c'est mourir... Mais être payé de retour, c'est participer de la vie des anges, sentir réellement Dieu en soi!...

GEORGES.

Et moi qui m'obstinais à fuir un tel bonheur!

CLOTILDE.

Dieu n'a pas voulu que vous le pussiez plus longtemps, Georges... Il nous a poussés l'un vers l'autre dans ces splendides solitudes où tout est vrai, pur, brillant... Là, nos cœurs mis en présence, se sont pénétrés, réfléchis comme l'éther du ciel et l'eau limpide des lacs...

GEORGES.

Ah! je sens mon âme se dilater dans cette atmosphère d'amour! mes facultés s'agrandissent, Clotilde, pour me permettre de vous aimer d'une puissance surhumaine!... Oui, mon adoration sera infinie, éternelle, car vous êtes plus qu'une femme, plus qu'un ange!...

CLOTILDE.

Mon Georges bien aimé!... Je suis heureuse!...

GEORGES.

Ah! mon adorée Clotilde! toute ma vie ne sera qu'une extase!...

CLOTILDE.

Je mourrais, si vous cessiez de m'aimer, Georges!

GEORGES.

Ne crains pas cela, chère âme... La mort même ne saurait briser nos liens.

CLOTILDE.

O ravissement!

GEORGES.

Bonheur suprême !
Long silence pendant lequel, se tenant par la main, ils se contemplent.

CLOTILDE.

Il est tard, mon ami... L'air est frais... J'ai besoin

d'emporter mon émotion dans le silence de la nuit!...

GEORGES.

Vous avez raison, ma Clotilde... Je suis un fou de vous exposer ainsi au froid du soir... J'agis comme si mon amour n'avait pas devant lui l'éternité!...

Ils se retirent, tous deux se tenant par le bras.

FIN DE LA PREMIÈRE PARTIE

LE
MONDE DRAMATIQUE

DEUXIÈME PARTIE

UN SALON CHEZ CLOTILDE

12.

UN SALON CHEZ CLOTILDE

I

ANDRÉA seule. Elle brode.

·Ma pauvre Clotilde, si dédaigneuse des hommages, s
ferme dans sa sagesse, si austère dans ses mœurs, s'est
enfin laissée surprendre par le petit Dieu malin... For-
mez donc de belles résolutions!... Ah! il faut convenir
que la femme est un être singulièrement fragile... Nous
faisons les fières, les superbes, tant que notre cœur
n'est point atteint... Puis, dès qu'il l'est, nous devenons
faibles et lâches à faire pitié!... En vérité, quand je
songe à cela, je déteste mon sexe... Bonne et tendre
Clotilde! comme il faut qu'elle l'aime, son Georges,
pour lui avoir tout donné, jusqu'à cet honneur auquel
elle tenait tant!... Ah! puisse-t-elle n'avoir jamais à
s'en repentir!... Car c'est une grande imprudence, de
la part d'une artiste, d'aimer sérieusement un homme
sans influence et sans fortune... Et dire qu'elle a sacrifié
à cette passion les offres les plus brillantes... Petite
folle, va, tu mériterais bien, si tu n'étais la meilleure
des créatures, de payer cher une pareille étourderie!...
Elle eût amené Saint-Léon à l'épouser, au moins, si
elle avait voulu s'en donner la peine... Mais non!

Elle n'avait pas d'amour pour lui, elle n'en voulait à aucun prix!... C'est un aimable et beau cavalier pourtant que Saint-Léon... Grand, magnifique comme un prince, il ne marchande pas avec ses passions... Une femme qui lui plaît, qui l'écoute, ne rêve pas un désir, qu'il ne soit satisfait aussitôt... J'en sais quelque chose, bien qu'il ne se soit rabattu sur moi que par dépit... Et puis, quelle autorité par ses libéralités et ses relations!... C'est à un point que j'arriverai à un talent de premier ordre, à une immense réputation, s'il se le met un jour en tête... Ah! Clotilde, Clotilde, jusqu'où ne serais-tu pas montée avec un tel protecteur!.. Mais je l'entends, la voici.

II

LA PRÉCÉDENTE, CLOTILDE.

CLOTILDE.

Bonjour, ma chère amie... Tu viens passer la journée avec moi?...

ANDRÉA.

Oui, ma bonne... Cela ne te dérange pas?...

CLOTILDE.

Du tout... N'es-tu pas ici chez toi?

ANDRÈA.

Je connais ton amitié... Mais tu pourrais avoir à sortir.

CLOTILDE.

Pourquoi faire?... pour m'ennuyer?... Tu ne sais donc pas que je ne bouge plus.

ANDRÉA.

En effet, tu deviens bien casanière...

CLOTILDE.

C'est que le bonheur est dans ma maison, Andréa, et que j'ai peur de la quitter...

ANDRÉA.

Tu es donc réellement heureuse?...

CLOTILDE.

Au-delà de toute expression, ma chère... Cette existence de tendresse, d'amour, à laquelle aspirait si puissamment mon cœur, a dépassé ce que je rêvais de plus doux... Figure-toi que ma vie est une extase continuelle... Il est si bon, si digne !... Il a tant d'esprit !...

ANDRÉA.

En sorte que tu n'as aucun regret?...

CLOTILDE.

Des regrets, Andréa?... d'avoir rencontré mon ange consolateur? de m'être unie à lui !... Des regrets, d'avoir pu prouver à cette chère âme qu'aucun sacrifice ne me coûtait, quand il s'agissait d'elle ! que le plus grand était le plus facile !... Mais, c'est-à-dire, mon amie, que je remercie Dieu chaque jour de ma félicité !...

ANDRÉA.

Bonne Clotilde! puisses-tu jouir toujours du même
bonheur!...

CLOTILDE.

Pourquoi non, Andréa?... Georges ne m'aimera-t-il
pas toujours comme je l'aimerai moi-même?... Notre
amour n'est-il pas au-dessus des amours de la terre?...
Les sentiments les plus purs, les plus nobles n'y ont-ils
pas présidé?... Toutes les considérations vulgaires
d'intérêt, de vanité, n'y ont-elles pas été étrangères?...
En un mot, est-ce une de ces unions qui puissent se
rompre ou même s'affaiblir?...

ANDRÉA.

Je veux le croire, Clotilde... mais les évènements
dérangent bien souvent nos espérances!...

CLOTILDE.

Que veux-tu que puissent contre nous les évènements!... Notre amour, c'est, pour nous, tout ce qui
existe... Qui pourrait nous toucher, qui pourrait éveiller
notre sensibilité physique, obtenir un intérêt moral,
agiter, troubler nos esprits?... Est-ce que nous appartenons encore à votre monde, nous, pour nous inquiéter
de ce qui s'y passe et peut y survenir?... Tu ne sais donc
pas ce qu'est la passion, Andréa?...

ANDRÉA.

Si... Je sais qu'elle rend indifférent à tout ce qui
n'est pas elle.

CLOTILDE.

Heureuse indifférence ! puisqu'elle nous soustrait aux misères de la réalité !...

ANDRÉA.

Jusqu'à ce que celles-ci nous arrachent à leur tour aux illusions de nos rêves !...

CLOTILDE.

Tu es prosaïque, ma chère Andréa...

ANDRÉA.

Je crois à ta poésie, Clotilde... Je crois au bonheur, comme toi... Seulement, je doute un peu de son éternité ici-bas...

CLOTILDE.

Que m'importe qu'il ne soit pas éternel, si nous mourons avant lui !...

ANDRÉA.

C'est précisément là la question... Du reste, ma bonne amie, tu es heureuse dans le présent, c'est le principal... Conserve tes espérances et faisons des vœux pour que l'avenir les justifie...

CLOTILDE.

Il en sera ainsi, je le sens, Andréa.

ANDRÉA.

Dis-moi, Clotilde, il y a longtemps que je veux te demander quelque chose...

CLOTILDE.

Et tu as pu attendre jusqu'à présent?

ANDRÉA.

Cela m'a été difficile...

CLOTILDE.

Parle donc vite, alors...

ANDRÉA.

Tu sais que M. de Saint-Léon a cherché à se consoler de tes rigueurs en m'offrant ses hommages?

CLOTILDE.

Le remède n'était pas mal imaginé et a dû réussir...

ANDRÉA.

Ce n'est pas là ce que j'ai à te demander...

CLOTILDE.

Je pense, en effet, que tu es suffisamment fixée là-dessus...

ANDRÉA.

Ce que je voudrais savoir, c'est la mine que te fait M. de Saint-Léon depuis ta liaison avec Georges.

CLOTILDE.

Mais il me traite exactement comme par le passé, avec une courtoisie, une convenance parfaites.

ANDRÉA.

Bien vrai?...

CLOTILDE.

Je t'assure... On ne dirait jamais que je lui ai préféré un rival...

ANDRÉA.

Tu trouves cela naturel?...

CLOTILDE.

Pas précisément... Mais on ne saurait nier que c'est
de fort bon goût...

ANDRÉA.

C'est effectivement se conduire en homme d'esprit...
Et tu ne lui supposes pas d'arrière-pensée?...

CLOTILDE.

Je t'avoue que je ne songe même pas à m'arrêter à
cette idée... Pourquoi me préoccuperais-je des sentiments actuels de M. de Saint-Léon, quand je n'ai
jamais accueilli ni encouragé son amour?...

ANDRÉA.

Sans doute... mais tu sais... les femmes ne sont
jamais absolument indifférentes aux sentiments qu'elles
inspirent...

CLOTILDE.

Les coquettes, c'est possible... Je ne suis pas atteinte
de cette infirmité là...

ANDRÉA.

Tu crois être sûre, enfin, que son cœur est entièrement dégagé de toi ?...

CLOTILDE.

L'estime que j'ai pour lui me fait un devoir de l'espérer.

ANDRÉA.

Je voudrais bien partager tes convictions.

CLOTILDE.

Écoute, ma chère amie, suspecte, si tu veux, M. de
Saint-Léon, tu en as peut-être le droit; mais, sois
sans inquiétude à mon égard, je ne te l'enlèverai
pas !...

ANDRÉA.

Au fait, tu as raison... Je mettrai de côté tout amour-
propre... Quand je sentirai qu'il pensera à toi, je me
figurerai qu'il est vœuf et qu'il rêve aux perfections de
sa défunte... On est rarement assez fou pour être jaloux
des morts...

CLOTILDE.

C'est cela, Andréa... De cette façon nous demeure-
rons bonnes amies...

ANDRÉA.

A moins que tu ne m'en veuilles d'avoir un haut et
puissant protecteur qui me fera peut-être éclipser bien
des gloires...

CLOTILDE.

S'il en était ainsi, pourrais-je m'en prendre à d'autres qu'à moi-même?...

ANDRÉA.

Allons, tu es la plus raisonnable, la plus charmante des amies...

CLOTILDE.

Je suis heureuse, Andréa... Le bonheur rend la justice et la bonté faciles...

ANDRÉA.

Tiens, laisse-moi t'embrasser... Tu me ravis...

Au moment où elles s'embrassent, Rigobert, qui vient d'être annoncé, entre.

III

LES PRÉCÉDENTES, RIGOBERT.

RIGOBERT, (saluant.)

Sommes-nous le premier janvier, ou est-ce la fête de l'une de vous, mesdames ?

CLOTILDE, lui tendant la main.

C'est la fête de notre amitié, M. Rigobert... Elle dure toute l'année...

ANDRÉA.

Nous sommes sûres ainsi de ne pas l'oublier.

RIGOBERT, *s'avançant près de Clotilde.*

Permettez-vous que je vous la souhaite chaque jour bonne et heureuse?

CLOTILDE.

Chaque jour... ce serait abuser de votre politesse... Une fois l'an nous suffira...

RIGOBERT.

Souscrivons toujours pour aujourd'hui, sauf à nous représenter demain.

Il embrasse Clotilde.

ANDRÉA.

Il se fait intrigant, ce Rigobert...

RIGOBERT.

A votre tour, belle dame.

ANDREA.

Et n'y revenez plus...

RIGOBERT, *embrassant Andréa.*

Si fait... l'année prochaine à pareil jour... Je me rappellerai la date.

CLOTILDE.

Franchement, ce ne sera pas de l'importunité.

RIGOBERT.

N'est-ce pas, ange adorable?...

ANDRÉA.

On est toujours adorable pour vous, quand on vous
soutient ou vous tolère...

RIGOBERT.

Qui devrait me témoigner plus de bienveillance que
vous, méchante?

ANDRÉA.

Vous savez bien que cela n'est pas possible.

RIGOBERT.

Je sais que vous le dites...

ANDRÉA.

Eh bien! cela ne suffit-il pas?...

RIGOBERT.

Au contraire, cela ne fait qu'irriter ma passion!..

CLOTILDE.

Comment! votre passion?... Vous m'effrayez, mon
ami...

RIGOBERT.

Ce n'est pourtant pas le sentiment de la peur que je
voudrais vous inspirer...

ANDRÉA.

Tu ne sais donc pas, Clotilde, qu'il s'est rejeté sur
moi en désespoir de cause !

CLOTILDE.

Tu plaisantes...

ANDRÉA.

Malheureusement non...

RIGOBERT.

Voyez donc le grand malheur d'être idolâtrée par un jeune homme sentimental et tendre?...

CLOTILDE.

Rigobert est un ami sûr... S'il nous aime trop, ce n'est pas une raison pour le torturer...

RIGOBERT.

Voilà un ange de femme!... Ah! si M. Georges ne s'était pas trouvé là!... Mais je ne lui en veux pas à lui... Je reconnais qu'il vaut mieux que moi...

ANDRÉA.

C'est bien heureux!...

RIGOBERT.

Je n'en dis pas autant de votre Saint-Léon... Voilà, suivant moi, un insupportable monsieur!...

ANDRÉA.

Et fort à plaindre de ne pas vous plaire!...

RIGOBERT.

Ce n'est pas qu'à moi qu'il n'a pas plu!

CLOTILDE.

Chut !... chut... chut !... n'allons pas plus loin, mes
amis !... N'introduisons point dans ce débat des personnes qui ne doivent pas y figurer...

IV

LES PRÉCÉDENTS, GEORGES.

GEORGES, *sortant de son cabinet.*

Vous êtes bien animée, ma chère Andréa... Je vous
entends élever la voix depuis quelques instants...
(*Tendant la main à Rigobert.*) Serait-ce notre ami
Rigobert qui cause votre courroux?

ANDRÉA.

Justement, M. Georges.

CLOTILDE.

Ils plaisantent, mon ami...

GEORGES.

On ne s'en douterait pas, ma chère Clotilde...

ANDRÉA.

Croiriez-vous, M. Georges, que Monsieur me relance
pour m'étourdir de son amour ?...

GEORGES.

Eh bien ! qu'y a-t-il là de si terrible ?

ANDRÉA.

Il y a que je ne veux point de cela, que de pareilles poursuites m'importunent, que j'entends qu'elles cessent !

GEORGES.

Là, là, ma toute belle !... Vous vous enflammez trop vite... Vous avez un moyen bien simple de mettre un terme aux sollicitations de Rigobert, c'est d'y céder... De cette manière, les rôles seront renversés...

ANDRÉA.

Le conseil est joli !...

GEORGES.

Il est sage, du moins...

ANDRÉA.

Permettez-moi de penser autrement...

GEORGES.

Rigobert est un brave jeune homme...

ANDRÉA.

Il est fort ennuyeux !

RIGOBERT.

C'est bien plus ennuyeux de ne rencontrer que des insensibles...

CLOTILDE.

Cela vient de ce que vous vous adressez mal, mon ami...

RIGOBERT.

Voulez-vous que je m'adresse à des femmes que je
n'aime pas?

CLOTILDE.

Non... Mais il faudrait au moins en trouver dont le
cœur fût libre...

RIGOBERT.

Bah !... c'est là une défaite !...

ANDRÉA.

Il n'y a d'autre défaite que la vôtre, mon cher...

CLOTILDE.

Andréa, sois généreuse pour un vaincu !...

ANDRÉA.

Pourquoi me poursuit-il, aussi ?...

CLOTILDE.

Parce qu'il lui faut des amours impossibles...

ANDRÉA.

Il n'avait alors qu'à s'en tenir à toi !

CLOTILDE.

Tu veux donc qu'il aime sans espérance ?...

RIGOBERT.

Peut-on pousser plus loin la cruauté? Mais c'est une
tigresse cette femme...

20

ANDRÉA.

Puisque je me tue de lui dire qu'il perd son temps,
ses peines...

CLOTILDE.

Dès que tu l'as prévenu, ta conscience est en repos !...

ANDRÉA.

Oui... Mais je ne veux pas qu'il me compromette...
Et puis, je déteste avoir des hommes après moi...

RIGOBERT.

Vous n'êtes pas si farouche avec M, de Saint-Léon !

ANDRÉA.

Je fais comme je veux... Cela ne regarde personne...

RIGOBERT.

C'est bien !... Je me bornerai à soupirer tout bas...
Nous verrons si votre M. de St-Léon vous rendra aussi
heureuse que je l'aurais pu faire...

ANDRÉA.

Mais il devient prétentieux par-dessus le marché !...

CLOTILDE.

Allons, Andréa, sois indulgente... Après tout, il a de
l'aisance...

ANDRÉA.

Beaucoup trop dans ses propos et dans ses entreprises... Pas assez sous d'autres rapports...

GEORGES.

Vous êtes donc bien... ambitieuse, Andréa ?

ANDRÉA.

Non... Mais je ne ferai jamais la sottise de prendre
un homme qui ne pourrait ni me protéger au théâtre,
ni m'en retirer, au besoin...

GEORGES.

En effet, ce n'est pas là qu'une simple ambition...
Elles y sont toutes...

CLOTILDE.

Mes amis, laissons cette discussion..... Chacun comprend et arrange sa vie comme il l'entend...

ANDRÉA.

Tu as raison, Clotilde... Parlons d'autre chose, cela
vaudra mieux...

GEORGES.

Où trouverons-nous un sujet plus digne de nos mé-
ditations ?... Pour moi, il me semble que j'aurai beaucoup à profiter de l'expérience de notre amie... Ce
sera toujours cela de gagné, si je ne puis l'attendrir
en faveur de ce bon Rigobert... Vous dites donc,
Andréa, que vous ne comprenez pas de milieu entre

briller quand même, au théâtre, ou s'en retirer pour
vivre dans le luxe ?...

ANDRÉA.

Sans doute... Est-ce que cela vous paraît bien extravagant ?...

GEORGES.

Non, certes... C'est, au contraire, extrêmement
positif...

ANDRÉA.

Alors, vous n'insistez plus pour votre protégé ?...

GEORGES.

Pas avant d'avoir un peu approfondi cette façon de
voir...

CLOTILDE.

A quoi bon, mon ami ?... Ne tourmentez pas ainsi
Andréa.. L'hospitalité qu'elle reçoit en ce moment de
nous, vous en ôte le droit...

GEORGES.

Je suis bien convaincu, ma chère Clotilde, qu'Andréa
sera enchantée de contribuer en quelque chose à mon
instruction...

RIGOBERT.

Ne craignez pas d'ailleurs, Madame, que ces théories
de Mademoiselle me fassent rougir de mon humble
condition actuelle... Je n'ai jamais aspiré à faire le
grand seigneur...

CLOTILDE.

Que vous êtes taquins, Messieurs... Cela portera
malheur à vos amours propres, prenez-y garde...

GEORGES.

Nul homme n'a d'amour propre devant une jolie
femme... Andréa pourra nous humilier tant que bon lui
semblera... Nous ne nous défendrons pas là-dessus...
N'est-ce pas, Rigobert?

RIGOBERT.

La. traîtresse le sait bien !... Je crains seulement
qu'elle en abuse...

GEORGES.

Voyons, Andréa, raisonnons un peu votre thèse... Je
vous déclare tout d'abord qu'elle me paraît archi-
fausse...

ANDRÉA.

Cela doit être...

GEORGES.

Vous prétendez qu'une femme habile, dans votre
position, ne doit agréer les hommages que de celui qui
peut la protéger dans sa carrière ou l'en affranchir.

ANDRÉA.

J'ai cette audace...

GEORGES.

Mais une femme, si elle a du talent, ne se protège-t-
20

elle pas elle-même?... Si elle en manque, que signifient les plus puissantes protections?...

ANDRÉA,

Vous en êtes-là, mon pauvre M. Georges?...

GEORGES.

Oui, moi, j'ai cette candeur.

ANDRÉA.

Achevez vos beaux raisonnements, mon ami, que je
les démolisse d'un seul coup.

CLOTILDE.

Ce sera piquant de voir un avocat battu par une
comédienne.

GEORGES.

Si je plaidais en ce moment, il n'y aurait rien que
de très-naturel, car c'est par hasard que nous sou-
tenons la vérité au palais... Malheureusement, je parle
ici en homme désintéressé, convaincu... J'ai posé mon
premier point... Voici mon second: une artiste de
mérite qui aime son art y trouve le bien-être, souvent
la fortune; et, conséquemment, n'a pas besoin de celle
d'un amant... Votre théorie, ma chère Andréa, est
donc tout-à-fait défectueuse... Ce n'est pas à une artiste
qu'elle peut s'adresser, mais seulement à une... tête
folle.

ANDRÉA.

Vous pouvez être docte en droit, vous ne l'êtes guère
en matière de théâtre, mon cher...

GEORGES.

Voyons... démontrez...

ANDRÉA.

Vous croyez donc que le talent, au théâtre comme ailleurs, signifie quelque chose?..... Je vous fais mon compliment, vous êtes naïf.

GEORGES.

Quand il est reconnu, constaté...

ANDRÉA.

Par qui?...

GEORGES.

Par le public compétent!

ANDRÉA.

Mon ami, le public compétent est précisément celui qui juge mal... Quant à l'autre, il ne juge pas du tout... il suit.

GEORGES.

Je sais que c'est là le thème des incompris, des sacrifiés...

ANDRÉA.

Ils sont payés pour examiner de près et rechercher les causes!... L'encens, la flatterie ne leur troublent pas la vue.

GEORGES.

C'est possible... mais le dépit pourrait bien les rendre injustes.

ANDRÉA.

Tout est donc, selon vous, pour le mieux dans le
meilleur des mondes?

GEORGES.

Non, assurément... mais je n'admets pas que le
talent qui peut se produire, soit effacé par le charla-
tanisme de la médiocrité.

ANDRÉA.

Eh bien! vous êtes de bonne composition, mon
cher... Moi qui n'appartiens pas comme vous au bar-
reau, je connais de pitoyables avocats qui font fortune,
sont décorés, occupent de hautes situations...

GEORGES.

Oh! dans la politique tout est possible!

ANDRÉA.

Mais elle joue aussi le premier rôle au théâtre...
C'est là qu'elle se délasse de ses grandes intrigues,
quand elle ne s'y prépare pas...

GEORGES.

Vous faites de l'esprit, Andréa?... Vous allez me donner mauvaise opinion de votre cause...

ANDRÉA.

Ce sera un préjugé de plus, de croire qu'il faut être
grave, ennuyeux pour avoir raison... Esprit à part,
mon cher, puisque vous le voulez, sachez, une fois

pour toutes, que si le monde est affreux, c'est surtout parmi nous... On trouverait plutôt de la justice, de la charité dans l'âme d'une dévote que chez un comédien, s'il s'agit de sa vanité.

CLOTILDE.

Tu nous arranges bien, chère amie !

ANDRÉA.

Je peins d'après nature... Si le portrait n'est pas beau, c'est la faute du modèle...

GEORGES.

Ne serait-ce pas plutôt celle de votre œil ou de votre pinceau ?

ANDRÉA.

Mon intérêt serait de flatter mon ouvrage...

RIGOBERT.

Parler ainsi des artistes !... On voit bien que vous n'en avez pas l'imagination généreuse, enthousiaste !...

ANDRÉA.

N'allez-vous pas aussi faire le penseur, vous ?...

GEORGES

Tout cela, ma chère, n'est pas la démonstration que je vous ai demandée...

ANDRÉA.

Ah ! vous attendez toujours que je vous prouve

qu'une femme a tort, dans notre carrière, de s'embarrasser d'un homme, à moins qu'il ne puisse mettre à
son service un grand crédit ou une belle fortune?

GEORGES.

J'attends toujours, comme vous dites..., et je ne vois
rien venir...

ANDRÉA.

Ne vous impatientez pas, sœur Anne... Nous autres
artistes, mon cher ami, nous devons plaire à beaucoup
de monde... Notre présent, notre avenir, notre gloire
sont là...

GEORGES.

La grâce et le talent ne sont pas faits pour autre
chose...

ANDRÉA

Oui... mais pour que tout le monde puisse espérer
de se voir distinguer, de réussir dans ses séductions,
il faut que l'artiste soit libre ou retenue par des liens
si fragiles, que chacun se croie à même de les briser...

GEORGES.

Et sans ces deux conditions, point de salut pour le
mérite?

ANDRÉA.

Bien rarement!...

GEORGES, (*impressionné.*)

Vous calomniez le monde, Andréa.

CLOTILDE.

Tais-toi, folle!... Il ne t'appartient pas de nous donner ceci pour de l'histoire.

ANDRÉA.

Comme vous voudrez, mes amis... supposez que je vois les choses sous un trop vilain jour... Mais trouvez bon que je conforme ma conduite à ces perceptions... Vous entendez, M. Rigobert?

GEORGES, (à Rigobert.)

Mon pauvre ami, nous avons décidément perdu notre procès... Une femme qui raisonne et calcule ainsi ne se laissera jamais toucher par les seuls sentiments du cœur...

RIGOBERT.

Allons! mettons-nous de nouveau en quête d'une âme plus accessible!... Septième échec!... Pourvu que ce soit le dernier!... Pour vous prouver que je sais accepter les évènements avec philosophie, voulez-vous, mesdames, que je vous accompagne au bois!

CLOTILDE.

Vous auriez bien dû commencer par là, maudit amoureux!... Vous eussiez épargné à Georges et à Andréa bien des paroles inutiles... Venez-vous avec nous, mon ami?...

GEORGES.

Si vous le permettez, ma chère amie, je m'en dispenserai... Un travail urgent me réclame...

CLOTILDE.

A votre aise, mon ami... Nous ne serons d'ailleurs
pas longtemps.

V

GEORGES seul.

Elles sont très-dangereuses les théories d'Andréa...
C'est avec de pareilles idées qu'une femme se perd...
Heureusement je connais Clotilde... La noblesse de
ses sentiments, la sûreté de son esprit, lui feront
mépriser de semblables calculs... Elle ne regrettera pas,
je le sais, d'avoir préféré le bonheur tranquille, durable, au vain éclat d'une fortune illégitime et passa-
gère... Elle ne se laissera pas impressionner par ces
tristes sophismes qui font sacrifier l'avenir au présent...
Son amour me restera pur, désintéressé, malgré les
perfides discours et les mauvais exemples, car elle
comprend que nul ne saurait l'aimer comme je l'aime,
lui consacrer un plus solide dévouement... Chère Clotilde! que la vie est belle depuis que nous nous aimons!... Comme l'espoir et la force sont redescendus
dans mon cœur!... Comme je me sens maître de ma
destinée!... Va, ne crains pas, tu n'auras rien à envier
aux plus riches, aux plus heureuses... Cette félicité,
ce sera à la plus divine des passions que tu la devras,
non à une indigne ambition!... Cependant, d'ici là,
mon amour pour Clotilde peut-il bien compromettre
ses intérêts au théâtre?... Qui donc aurait le droit de
contrôler ses affections?... Son talent ne lui assure-t-il

pas la plus complète indépendance?... N'est-elle pas,
dans sa conduite, un modèle d'ordre, de régularité ?..
D'ailleurs, pour l'engager, lui demandera-t-on compte
de tout cela?... Non, non, ce sont là des considérations
mesquines auxquelles les corrompus, les envieux eux-
mêmes n'oseraient pas descendre... Cette pauvre Andréa
n'a certainement soulevé cette thèse qu'en vue d'excuser à l'avance les tristes nécessités que peut lui imposer
un jour son défaut de génie... Ah! je le conçois, quand
une femme n'apporte au théâtre que de la beauté, des
goûts de luxe, elle doit se préparer à subir bien des
hontes... Pauvre Andréa!...

VI

LES PRÉCÉDENTS, NESTOR, un domestique.

LE DOMESTIQUE.

Monsieur Nestor de Mauny.

GEORGES, *lui tendant la main.*

Ah! c'est toi, mon bon Nestor!... Tu arrives on ne
peut plus à propos... J'ai justement à te consulter sur
un point de droit extrêmement délicat.

NESTOR.

Moi, j'ai à t'entretenir de choses probablement plus
délicates encore.

GEORGES.

Tant mieux!... Je pourrai peut-être ainsi te payer
comptant ta consultation.

21

NESTOR.

Tu pourras, en effet, si tu le veux, me causer une grande joie.

GEORGES.

Comment! si je le veux?... Je ne suis donc plus ton ami?

NESTOR.

Si... le meilleur de ceux que je puis avoir, je n'en doute pas... Mais ce que je désirerais obtenir est si grave!...

GEORGES.

Diable!... S'agit-il d'un service d'argent? Si la somme est grosse, j'aurai la douleur de ne pouvoir la faire... Je n'en suis pas encore à mes grandes causes...

NESTOR.

Non, Georges, il ne s'agit point de cela, mais de quelque chose qui vaut mieux pour toi que tous les trésors de la terre.

GEORGES.

Tu veux parler de Clotilde?

NESTOR.

D'elle-même...

GEORGES.

Eh bien ! qu'y a-t-il, cher ami?

NESTOR.

Ta famille a tout appris et m'envoie vers toi...

GEORGES.

J'attendais cela depuis longtemps.

NESTOR.

Tu devines donc ce qu'elle-m'a chargé de te dire?...

GEORGES.

À peu près...

NESTOR.

Ta pauvre mère est dans la désolation... Ton père est furieux.

GEORGES.

Hélas! les préjugés sont si enracinés, même chez les plus sages!...

NESTOR.

Mais, mon ami, il n'y a pas que des préjugés engagés dans ta liaison avec Clotilde... Il y a tout ton avenir, le bonheur de tes vieux parents...

GEORGES.

Eh! sans doute, il y a mon avenir, puisque j'ai juré à Clotilde de l'aimer jusqu'à mon dernier soupir... Cela m'empêchera-t-il de devenir, à force de travail, un avocat de mérite, de faire ma fortune!... Cela empêchera-t-il davantage Clotilde d'être la meilleure et la plus digne des femmes?

NESTOR.

Tes parents ne peuvent pas considérer les choses sous ce point de vue, mon cher Georges.

GEORGES.

Il faut les y amener, mon ami, et je compte sur toi pour m'aider dans cette entreprise.

NESTOR.

Il faudrait commencer par me convaincre moi-même, mon bon Georges... Je t'avoucrai que je crois avec tes parents que tu fais une folie.

GEORGES.

Toi aussi, Nestor!... Tu en es là dans les questions de cœur?...

NESTOR.

Oui, mon ami, j'en suis à cette opinion absurde qui regarde comme peu sage, celui qui, pouvant assurer sa position, ne le fait pas, pour obéir à des passions qui doivent s'éteindre un jour et ne lui laisser que des regrets.

GEORGES.

Mais, je te le répète, cette position qui tient une si grande place dans le monde, je la ferai quand je voudrai... Je n'aurai pas besoin d'avoir recours, pour cela, à la dot d'une jeune fille que j'épouserais sans la connaître, sans l'aimer!...

NESTOR.

Tu le penses... sans réfléchir que ta situation avec Clotilde, y fera sans doute perpétuellement obstacle.

GEORGES.

Obstacle... de quelle manière?

NESTOR.

En diminuant la considération qu'exige ta profession...

GEORGES.

Ah! je serai moins honnête homme, j'aurai moins de talent, parce qu'une adorable femme m'aime et qu'elle m'a voué sa vie entière?

NESTOR.

Non, tu ne seras pas moins honorable aux yeux des gens sensés et indépendants... Mais combien y en a-t-il, eu égard à la masse de ceux qui se courbent sous les préjugés?... Et puis, les concurrents, les rivaux, les malveillants n'exploiteront-ils pas cette fausse situation pour te nuire par mille moyens?...

GEORGES.

Que pourront-ils dire, en somme?... Que je brave les usages, les préjugés, que je m'exclus d'un certain monde, que je renonce à quelque belle chance d'influence, de fortune?... Ils devraient m'en remercier, puisque c'est une éventualité de plus qu'ils y trouvent?...

NESTOR.

Ils diront tout cela sans doute et c'est déjà beaucoup, mais ils ne manqueront pas d'insinuer qu'un homme qui vit dans de pareilles conditions, est nécessairement toujours sur la pente du désordre, peut-être même du déshonneur!...

GEORGES.

Arrête! mon ami... Personne n'osera parler ainsi de

moi qui ai donné des preuves irrécusables de probité...
Si quelqu'un se le permettait, je saurais en faire bonne
justice !

NESTOR.

Pauvre fou !... En faire justice !... Comme si ces
bruits-là pouvaient jamais s'attribuer à quelqu'un !...

GEORGES.

Alors, que méritent-ils, sinon le mépris ?...

NESTOR.

D'accord... Le mal n'en est pas moins fait.

GEORGES.

Et quand je me serai condamné à un martyre éternel, les sots et les méchants m'en sauront-ils plus de
gré ?

NESTOR.

Tu n'auras rien à en redouter du moins.

GEORGES.

Je ne leur fais pas l'honneur de les craindre...

NESTOR.

Mais ta famille, malheureux !

GEORGES.

Elle ne tardera pas à revenir à des vues plus raisonnables... Je l'entourerai de tant de respect, de tendresse ; elle verra, dans Clotilde, une femme si accomplie, qu'elle sera bien forcée de rendre justice à ma
légitime passion.

NESTOR.

La carrière de cette femme te laisse donc sans inquiétude?...

GEORGES.

Absolument.

NESTOR

Comment! c'est toi, Georges, toi qui as vécu, toi qui
as l'expérience du monde, qui crois pouvoir compter
sur une femme de théâtre?

GEORGES.

Pourquoi pas, Nestor?

NESTOR.

En vérité, tu me confonds.

GEORGES.

Une femme de théâtre n'est donc pas une femme
comme une autre?

NESTOR.

Non, certes... Son point de départ, son éducation,
le milieu dans lequel elle vit, les séductions qui l'envi-
ronnent...

GEORGES, *l'interrompant.*

Ce sont là, mon ami, des préjugés du siècle passé...
Aujourd'hui que les comédiens sont, en général, ins-
truits, mêlés au monde, ils ne sont plus au-dessous
de la moralité commune... On en voit même, et cela
n'est pas rare, qui se distinguent par leurs vertus autant que par leurs talents.

NESTOR.

C'est possible... Je n'ai pas de parti pris à leur endroit... Il n'en est pas moins vrai que la plus sage des
actrices éveillera toujours des doutes. . Ses relations
obligées avec ses camarades, avec les auteurs, directeurs et journalistes, seront toujours plus ou moins
sujettes à suspicion... Comment fera-t-on croire aux
malicieux que cette familiarité, que ces rapports de
jeu, de passions, d'intérêts, d'ambition qui existent
entre eux ne donnent pas lieu souvent à des relations
plus intimes?... Les faits d'ailleurs sont là pour prouver que l'opinion n'est que trop fondée dans ses jugements...

GEORGES.

D'où il faut conclure qu'il ne saurait y avoir une
seule femme honnête au théâtre?...

NESTOR.

Eh! eh! cette perle existe peut-être; mais elle doit
être singulièrement rare... si rare que je n'aurais
jamais, pour mon compte, la présomption de croire
l'avoir trouvée...

GEORGES.

Eh bien! mon ami, je crois la posséder, moi, cette
perle.

NESTOR.

Tu dois être bien heureux! Dieu veuille que tes
illusions ne soient jamais détruites!...

GEORGES.

Un autre que toi me tiendrait un pareil langage,
Nestor, que je m'en offenserais.

NESTOR.

Tu connais trop mes intentions, mon cher ami, pour
voir autre chose que l'expression de mes craintes dans
mes paroles... Dussé-je me compromettre dans ton
affection, je t'avouerai qu'elles sont vives, sérieuses...
Il me paraît si difficile qu'une femme d'imagination,
surexcitée par le feu des passions de tout ce qui l'en-
toure, résiste à un homme d'esprit qui contribue à
sa gloire et à sa fortune, quand cet homme en est
réellement épris !... Une telle force tiendrait du prodige.

GEORGES.

Mon cher, il y a parmi les femmes des anges très-
capables de faire des miracles d'amour, de vertu.

NESTOR.

Heureuse confiance !

GEORGES.

Je te plains, mon ami... Tu n'as jamais aimé... Tu
n'as pas la religion de la femme, la plus consolante
après celle de Dieu!... Tu dois avoir de bien douloureux moments, mon pauvre Nestor!...

NESTOR.

Mais pour douter qu'une femme puisse se conserver
intacte au théâtre, je ne suis pas absolument sceptique...
J'ai ma dose de confiance, de crédulité comme un

21.

autre... Seulement, je ne fais point taire ma raison en face de l'évidence.

GEORGES.

L'évidence!... l'évidence!... Je ne connais pas de mot plus prétentieux, plus trompeur... Il semble que l'on a tout dit quand on l'a lâché avec emphase!... L'évidence! Quoi! il est évident qu'une comédienne ne peut pas avoir de sentiments élevés, se respecter comme une autre, aimer sérieusement quand elle a rencontré l'homme qui lui était destiné!... Quoi! elle trahira ses serments, ruinera son bonheur, s'avilira à ses propres yeux, jettera dans le désespoir le cœur qui l'adore, parce qu'un auteur lui aura confié un rôle à effet dans une pièce, parce qu'un journaliste l'aura louée à tort ou à raison, ou bien encore parce qu'un directeur l'aura engagée avec plus ou moins d'avantages!... En vérité, mon cher, c'est là de la folie... On comprend qu'il en puisse être ainsi pour les pauvres diablesses qui prennent le théâtre comme piedestal, comme spéculation... On ne saurait l'admettre quand il s'agit de véritables artistes, de ces natures d'élite, dont l'intelligence, le caractère sont à la hauteur d'une si noble profession.

NESTOR.

Allons, c'en est fait! je n'ébranlerai pas tes convictions... Tes chaînes se dénoueront peut-être; je vois qu'il est impossible de les rompre... Veux-tu au moins me permettre de t'adresser une dernière question?

GEORGES.

Parle...

NESTOR.

Puisque ton estime pour Clotilde égale ton amour, puisque tu as une foi absolue dans sa constance, dans la solidité de votre bonheur, pourquoi ne l'épouses-tu pas?... Enlevée au théâtre et ta femme, votre position serait au moins plus honorable.

GEORGES.

Mon ami, j'ai sur le mariage des opinions qui m'en ont toujours inspiré une grande horreur...

NESTOR.

C'est donc comme légiste au point de vue civil, car, au point de vue naturel, il me semble que...

GEORGES.

Tu veux ergoter, Nestor... Le moment n'est pas bien choisi, mon ami...

NESTOR.

Enfin, tu conserves ta liberté pour la tenir suspendue, comme une menace, sur la tête de Clotilde, n'est-ce pas ?... C'est de l'égoïsme cela, Georges,... ce n'est pas de l'amour.

GEORGES.

Non, ce n'est pas là mon motif... Il est plus intelligent, moins odieux...

NESTOR.

Voyons-le... Si je t'ai calomnié, je te ferai réparation.

GEORGES.

Le mariage, à mon avis, n'a pas seulement l'inconvénient d'être le tombeau de l'amour, comme on l'a dit; il a encore celui d'étouffer toute poésie, de lier les ailes du talent.

NESTOR.

Ce n'est pas l'acte civil ou religieux en lui-même qui peut produire cela, mon ami, mais bien la vie de ménage, le tête-à-tête sédatif.

GEORGES.

Sans doute... Mais pourquoi se conduit-on entre époux avec cette inintelligence, cette servilité?... Parce qu'on s'est fait de sottes promesses, selon l'usage, parce que l'on a mutuellement abdiqué sa liberté, parce que l'on s'est donné réciproquement des droits absurdes qui font du mariage un joug avilissant, insupportable...

NESTOR.

Eh! non, encore une fois... c'est tout simplement parce qu'on se rassasie l'un de l'autre.

GEORGES.

Et tu ne comprends pas que cette satiété, qui ne tarde jamais dans la vie conjugale, vient précisément de la communauté des intérêts, de la nécessité de constituer un chef, un maître, qui pense, veut, agit pour les deux ?

NESTOR.

Ce sont là des subtilités, Georges. Tout ce que tu

viens de signaler arrive aussi bien entre amants qu'entre époux.

GEORGES.

Il y aurait au moins alors un moyen d'y remédier. Ce serait un immense avantage sur l'état conjugal... Mais je nie formellement qu'il en soit ainsi..... Là où règne la liberté des sentiments, l'égalité des personnes en matière d'amour, la constance a toutes les chances possibles de durée... On peut avoir de la bienveillance, de l'attachement pour ce qui est dépendant; on n'aura jamais de passion... Or, qu'est-ce que l'amour sans passion?... un sentiment ridicule, grossier,. rien de plus...

NESTOR.

La famille serait quelque chose de beau, s'il n'y avait pas au milieu d'elle une volonté prépondérante qui y maintînt l'ordre, l'unité!

GEORGES.

Et, comme le vulgaire, c'est à l'homme que tu attribues ce rôle, n'est-ce pas?...

NESTOR.

A qui donc veux-tu le remettre? à la femme?

GEORGES.

Certainement!

NESTOR.

Deviens-tu fou?

GEORGES.

Pas le moins du monde... C'est toi qui n'as jamais sérieusement réfléchi à cette immense question de morale pratique...

NESTOR.

Oh! par exemple, voilà qui est superbe!... Comme l'habitude de plaider le pour et le contre, fausse le jugement de ces malheureux avocats!...

GEORGES.

Je vais châtier votre impertinance, monsieur le philosophe.

NESTOR.

Ce sera curieux, à l'occasion de ce sujet!...

GEORGES.

Oui, nous en rirons beaucoup... Savez-vous, monsieur le philosophe, quel est le grand moyen qu'emploie la nature pour en venir à ses lois?

NESTOR.

Parbleu! c'est la nécessité.

GEORGES.

Vous n'y êtes pas, c'est le charme... Tout ce qui est utile, indispensable aux créatures, leur procure une jouissance plus ou moins vive quand elles l'obtiennent... Le plaisir est l'éternel aimant du monde...

NESTOR.

C'est-là ce qu'enseignait le sensuel Epicure, si je ne me trompe...

GEORGES.

C'est là ce qu'a enseigné avant lui le grand livre de l'univers.

NESTOR.

Où veux-tu en venir?

GEORGES.

C'est bien simple.... Si l'homme, dans tous les besoins physiques et intellectuels, se soumet aux conditions qui peuvent le satisfaire, il doit évidemment en être de même pour les besoins affectifs...

NESTOR.

Eh bien?

GEORGES.

Si la femme que nous aimons est l'orient de notre existence morale, si c'est d'elle que nous recevons la vivification du cœur, c'est que le souverain ordonnateur des choses a voulu qu'elle nous entrainât...

NESTOR.

Ainsi, on a violé les lois de Dieu, à cet endroit, depuis que le monde est monde?

GEORGES.

Naturellement.

NESTOR.

Ah!... Alors les femmes sont reines et maîtresses?

GEORGES..

Sans contredit... soit directement, soit indirectement.

NESTOR.

S'il en est ainsi, de quoi te plains-tu ?...

GEORGES.

Qu'elles ne le soient pas toujours ostensiblement et soient, par là, forcées de ruser les trois quarts du temps pour y parvenir...

NESTOR.

Qu'importe ! si elles y réussissent.

GEORGES.

Cela importe beaucoup, car la ruse déprave ; la dépravation avilit ; l'avilissement détruit le charme de l'être, et le charme de la femme une fois perdu, la loi morale des sexes s'évanouit.

NESTOR.

Diable ! quelle analyse quintessenciée ?

GEORGES.

On n'est pas habitué à voir les choses de si près dans le monde, n'est-il pas vrai ?

NESTOR.

Peste ! ce n'est pas un mal...

GEORGES.

Oui, en professant que certaine infortune conjugale

est peu de chose si on la connaît, rien quand on l'ignore!...

NESTOR.

Ma foi! mon cher, la philosophie de la vie est un peu là..

GEORGES.

Dis plutôt le ridicule, la misère, la honte!..

NESTOR.

Oh! mais tu prends décidément les choses aux tragique...

GEORGES.

C'est une grande faiblesse, n'est-ce pas, de croire au bonheur, d'en rechercher les conditions?... Vous autres, vous voyez la sécurité de l'amour dans les chaînes ou sous les verroux... Moi, je la vois dans la liberté... Vous êtes tranquilles, quand vous êtes possesseurs et maîtres de par la loi... Je ne puis l'être, moi, que quand je tiens tout de la volonté de la femme que j'aime... Vous avez la plus haute estimé pour le cœur qui s'est livré par contrat, sans affection... Moi, c'est au cœur aimant et libéral que je réserve la mienne... Enfin, vous proclamez la moralité dans l'esclavage, quand je n'y trouve, moi, que l'immoralité, la source de toutes les turpitudes... Avec un point de vue si opposé, comment veux-tu que nous puissions jamais nous entendre?

NESTOR.

C'est effectivement impossible... Ainsi, malgré ton amour, malgré ta foi dans sa constance, malgré le sacrifice que tu veux lui faire de ta vie, tu n'épouseras pas Clotilde?...

GEORGES.

Je m'en garderai bien !... Toute la poésie de mon amour s'évanouirait aussitôt... Je deviendrais l'homme le plus vulgaire qu'il fût possible de voir...

NESTOR.

Pauvre Georges!... Ta raison est bien malade... Puisse-t-elle ne pas se guérir trop tard !

VII

LES PRÉCÉDENTS, CLOTILDE.
Nestor salue Clotilde qui lui répond avec une certaine froideur.

GEORGES.

Ma chère Clotilde, nous venons d'avoir, Nestor et moi, une bien grave discussion...

CLOTILDE.

Entre vous, Messieurs, elle ne pouvait manquer du plus haut intérêt.

GEORGES.

Croiriez-vous, chère Clotilde, qu'il est rempli de préjugés, ce bon Nestor ?

CLOTILDE.

Tout le monde, en fait d'opinions, n'est pas téméraire comme vous, mon ami.

NESTOR.

Je vois, Madame, que vous le connaissez bien et que vous lui rendez justice...

GÉOGES.

De qui donc l'attendrais-je, si ce n'est de Clotilde !

CLOTILDE.

Vous avez raison, mon ami... Mais, comment se fait-il que vous ne vous soyez pas trouvés d'accord aujourd'hui, vous qui d'ordinaire n'avez jamais qu'une seule et même opinion ?...

GEORGES.

Oh ! c'est qu'il s'agissait d'un point que nous n'avions pas encore abordé et que nous avons intérêt à voir chacun différemment...

NESTOR.

Dis, mon ami, qu'il n'y avait en cause qu'un intérêt, le tien...

CLOTILDE.

Alors, je puis savoir...

GEORGES.

Certainement, ma chère amie, je vous conterai cela...

NESTOR.

Je demande à être présent, Georges, car j'aurai au moins à défendre mes intentions...

CLOTILDE.

Ce dont il s'agit peut donc être interprété contre vous, Monsieur ?...

NESTOR.

Hélas! je ne vous le dissimule pas, Madame.

CLOTILDE.

Alors, il n'en sera question que lorsque vous le voudrez bien.

NESTOR.

Je vous rends grâce, Madame, de votre générosité...

GEORGES.

Hein! si tous les jugements étaient aussi impartiaux...

NESTOR.

La justice serait vénérée comme la plus sainte des institutions.

CLOTILDE.

Vous me flattez Monsieur... Je crains bien que vous ayez tort contre Georges et, qui plus est, tort avec conscience, ce qui est une circonstance aggravante.

NESTOR.

Vous en déciderez, Madame... En attendant, permettez-moi de prendre congé de vous... (*Il s'incline profondément, puis tendant la main à Georges*). Adieu, mon ami... Tu ne m'en veux pas?... Je crois en vérité, comme l'a remarqué Madame, que ma conscience me trahit...

GEORGES.

Ne crains rien, va... nous serons cléments...

· Nestor se retire en s'inclinant de nouveau devant Clotilde qui lui rend son salut.

VIII

CLOTILDE, GEORGES.

CLOTILDE.

Est-ce que ce n'est pas moi qui faisais le sujet de cette conversation sérieuse que vous avez eue avec votre ami, Georges ?

GEORGES.

Si, ma chère Clotilde.

CLOTILDE.

Il vous parlait de notre situation, n'est-ce pas ?

GEORGES.

En effet...

CLOTILDE.

Il vous blâmait sans doute ?...

GEORGES.

Ne vous alarmez pas, ma chère Clotilde... Tout ce qu'il m'a dit n'aurait pu qu'augmenter mon amour, s'il n'était rendu à son plus haut degré de passion !...

CLOTILDE.

Oh ! je suis sans inquiétude, mon bon Georges... Je
sais que rien ne saurait vous séparer de moi... Cependant, vous l'avouerai-je, votre intimité avec M. de
Mauny m'est désagréable... Il me semble que cet
homme jette du froid entre nous...

GEORGES.

Nul ne saurait exercer ce pouvoir, Clotilde... Néanmoins, si vous le désirez, je vous ferai, sans hésiter, le
sacrifice de Nestor...

CLOTILDE.

Je ne vous demande pas cela, Georges... Cependant...

GEORGES.

Ordonnez, Clotilde... Ne suis-je pas heureux de vous
obéir en toutes choses ?

CLOTILDE.

Je désirerais qu'il ne fût jamais question de moi
entre vous... Est-ce que cela vous contrarierait, mon
ami ?

GEORGES.

Un seul de vos désirs me contrarier !... Ne sont-ils
pas pour moi les plus douces lois ?...

CLOTILDE.

Je vais vous dire, du reste, pourquoi je vous demande
cela, Georges...

GEORGES.

Voyons, ma Clotilde...

CLOTILDE.

C'est que je vais vous quitter pour un peu de temps...

GEORGES.

Me quitter?...

CLOTILDE.

Hélas! oui... De misérables nécessités m'y obligent.

GEORGES.

Je comprends, Clotilde, vous n'êtes point en position de négliger vos intérêts...

CLOTILDE.

J'espérais toujours me refixer à Paris... mais, vous le savez, les affaires ne s'arrangent pas comme on veut... Je disposerai donc de quelques semaines pour faire une tournée fructueuse en province... Vous me pardonnerez cette absence, n'est-ce pas, mon ami?..

GEORGES.

Chère Clotilde!... c'est moi qui dois me faire pardonner ma pauvreté...

CLOTILDE.

Enfant!... Ne sommes nous pas assez riches de notre amour ?

GEORGES.

Hélas! cette richesse là ne peut pas nous dispenser d'une cruelle séparation, tandis que l'autre!...

CLOTILDE.

. Allons, mon Georges, est-ce moi qui devrais vous
donner du courage?... Résignons-nous, mon ami..·
Nous nous retrouverons bientôt...

GEORGES.

Je le sais, Clotilde... mais l'idée de votre absence
me désole comme le ferait la perte de la lumière... Il
me semble que mon âme sera plongée dans les ténèbres
dès que vous ne serez plus là...

CLOTILDE.

La mienne ne sera-t-elle pas aussi attristée, mon
Georges?

GEORGES.

Enfin, nous tâcherons d'abréger cette épreuve, surtout d'en empêcher le retour, n'est-ce pas, ma Clotilde.

CLOTILDE.

Oh! vous ne le désirez pas plus ardemment que
moi, Georges... Il faut que les circonstances soient
bien impérieuses pour que je consente à m'éloigner de
vous... Comme j'ai signé un traité pour Bordeaux et
que je dois me mettre en route demain soir, j'attends
plusieurs de mes amis qui veulent me faire aujourd'hui
leurs adieux... Cela ne vous déplaît pas, mon ami?...

GEORGES.

Je leur en saurai gré comme vous-même, ma chère
Clotilde... Mais il me semble que je les entends...

(*Il va à la porte*) Oui, ce sont eux et en nombre... A ce gracieux empressement, je reconnais de bons et sincères amis...

IX

LES PRÉCÉDENTS, ANDRÉA, RIGOBERT, Hommes de lettres, Artistes, Femmes à la mode.

CLOTILDE.

C'est bien aimable à vous, mes chers amis, de ne pas vous faire attendre...

UN HOMME DE LETTRES.

Quand il s'agit de vous voir, belle dame, on n'arrive jamais assez tôt.

UN ARTISTE.

Et l'on ne s'en va jamais assez tard.
Georges échange des poignées de main avec les invités.

CLOTILDE.

Vous êtes des flatteurs, messieurs... vous allez me forcer d'avancer l'heure du souper...

L'HOMME DE LETTRES.

Nous n'en n'aurons que plus d'entrain pour nos ovations...

CLOTILDE.

Ah! çà, mais vous allez me rendre confuse...

UN AUTRE HOMME DE LETTRES.

Vous êtes si peu habituée aux hommages !...

CLOTILDE.

Peut-être pas tant que vous croyez...

UN ARTISTE.

Il faut bien que vous nous passiez quelque chose aujourd'hui, Clotilde...

1er HOMME DE LETTRES.

Puisque nous allons vous perdre pour quelque temps...

CLOTILDE.

Oh ! mais j'espère bien que mon absence ne sera pas de longue durée... (*Jetant un coup d'œil à Georges.*) Tout le monde ne s'en arrangerait pas...

RIGOBERT.

Dites donc que personne ne la souffrirait !...

UN ARTISTE.

Comment se fait-il que vous ne soyez pas réengagée à Paris, Clotilde ?...

CLOTILDE.

Ah ! voilà !... Vous pensez que cela va comme l'on veut, vous...

RIGOBERT.

Sans doute... Avec votre talent, vous devriez dicter des lois...

CLOTILDE.

C'est un rôle qui n'appartient qu'aux sages ou aux tyrans, mon bon ami...

RIGOBERT.

Ces braves directeurs n'aiment donc plus l'argent?...

CLOTILDE.

Si fait, en général... Mais tout ne dépend pas d'eux...

ANDRÉA.

Il y a les questions d'influence... L'habileté maintenant consiste à en disposer.

PREMIER HOMME DE LETTRES.

En d'autres termes, ce sont les relations, les protections, les intrigues, non l'expérience, le talent qui font la situation.

ANDRÉA.

N'est-ce pas juste pour le théâtre, puisqu'il en est de même partout!...

GEORGES.

Mais c'est un abus odieux qu'il faut réformer au plus vite...

ANDRÉA.

Ah! vous voulez tout réformer, vous?...

GEORGES.

Certainement!... Tout ce qui est mauvais, inique, ridicule...

ANDRÉA.

Vous aurez fort à faire, mon cher...

GEORGES.

Tant mieux... La tâche sera plus attachante, plus glorieuse!...

PREMIER HOMME DE LETTRES.

Bravo! Georges... Tu as raison, mon ami... Il faut poursuivre sans relâche tous les redressements.

PLUSIEURS.

Oui! oui!... A bas les abus!... Vive la justice!...

ANDRÉA.

Eh bien! n'allez-vous pas faire une émeute?...

PREMIER HOMME DE LETTRES.

On en fait de moins bien motivées!

ANDRÉA.

A la bonne heure!... Mais je regretterais beaucoup en ce moment de voir renverser les casseroles et les plats...

UN ARTISTE.

Les plats, surtout!...

ANDRÉA.

Mon ami, votre calembour est pitoyable... Un homme qui en peut commettre de pareils est indigne de conserver la parole dans une grande assemblée...

UN AUTRE ARTISTE.

Andréa, vous avez manqué votre vocation, ma chère... Vous eussiez dû présider à perpétuité le club des femmes émancipées...

ANDRÉA.

Vous, vous êtes un mauvais plaisant... Vos épigrammes ne valent pas mieux que les calembours du camarade.

LE MÊME ARTISTE.

On fait ce qu'on peut, Andréa... Il n'est pas donné à tout le monde de réussir au-delà de ses mérites...

CLOTILDE.

Vous avez beau faire et beau dire, messieurs... Mon amie a bec et ongles et ne vous craint pas... Vous pourrez remporter des horions, vous ne remporterez que cela.

PREMIER HOMME DE LETTRES.

Nous ne nous plaindrons pas d'être marqués aux armes de Mademoiselle...

GEORGES.

Seulement, reste à savoir si ses égratignures nous inoculeront ses convictions.

RIGOBERT.

Je ne le pense pas.

ANDRÉA.

Vous, Rigobert, je vous récuse pour cause d'hostilité intéressée.

22.

PREMIER HOMME DE LETTRES.

Enfin, mes amis, ce sont là des paroles... Le plus modeste fait en prouvera toujours davantage... Laissez-moi attraper, à mon tour, le privilége de quelqu'une de nos premières scènes et je ferai voir à Andréa comment on honore le talent, tout en faisant sa fortune... Je vous garantis, si jamais je deviens directeur, que Clotilde n'ira en province que pendant ses congés... Je saurai en faire la gloire du théâtre et la providence de mon administration...

ANDRÉA.

C'est là, mon cher, dans tous les rangs de la société, le langage de ceux qui ne sont rien et aspirent à devenir quelque chose... Si vous arrivez à ce que vous voulez, vous serez probablement comme les autres, peut-être pis...

CLOTILDE.

Je crois à vos promesses, moi, mon ami... Je vous souhaite de bon cœur une excellente direction... Je suis bien sûre que vous vous en tirerez avec honneur et habileté!... (*Une femme de chambre vient annoncer à Clotilde qu'elle est servie*). Le souper nous attend, allons prendre des forces, puiser de la verve pour continuer la discussion... Vous en avez besoin pour lutter contre notre chère Andréa, messieurs... Ah! vous devez en convenir, elle a de l'esprit comme un démon, de l'audace comme un corsaire... Préparez-vous à la défense pour le moment du dessert.

Rigobert offre la main à Clotilde, Georges à Andréa, les autres cavaliers aux dames pour passer dans la salle à manger.

FIN DE LA DEUXIÈME PARTIE.

LE
MONDE DRAMATIQUE

TROISIÈME PARTIE

UN SALON CHEZ CLOTILDE

UN SALON CHEZ CLOTILDE

A Bordeaux.

I

MARIETTE, tenant une lettre et des fleurs.

Là, voici la lettre et le bouquet de Madame... Elle trouvera cela comme d'habitude sur son guéridon... Ce bon M. Georges! Quelle tendresse, quelle attention il a pour sa chère Clotilde!... « Mariette, m'a-t-il dit à notre départ, j'écrirai tous les jours à votre maîtresse... Je désire que les fleurs les plus belles, les plus fraîches que vous pourrez trouver, lui soient remises en même temps que son courrier... » Aussi, je n'y manque pas... Les ordres de Monsieur, le service de Madame, c'est sacré pour moi... C'est si touchant de soigner de jeunes maîtres aussi aimables que bons et généreux!... Ah! il y a bien peu de maisons comme celle-là aujourd'hui!...

II

CLOTILDE, MARIETTE.

CLOTILDE *entrant par la droite.*

Mes lettres sont-elles arrivées, Mariette?

MARIETTE, *lui remettant la lettre et le bouquet.*

Oui, madame... Vos fleurs aussi.

CLOTILDE.

Oh ! le joli bouquet... Mais où vas-tu les chercher, Mariette?

MARIETTE.

Madame sait bien qu'il pleut des fleurs partout où elle passe.

CLOTILDE.

Toi aussi tu fais de la flatterie ?... Décidément cela se gagne.

MARIETTE.

La mienne est au moins désintéressée, ma bonne maîtresse.

CLOTILDE.

Je te crois, Mariette... Tu es une brave fille... Dis-moi, tu sais que je joue ce soir et qu'il faut apprêter mes costumes ?

MARIETTE.

Oui, Madame... je vais m'en occuper.

Elle sort.

III

CLOTILDE seule.

Voyons ce que m'écrit mon Georges. (*Elle lit*).
« Il n'y a que peu de jours que vous êtes absente, ma
chère Clotilde, et déjà ma solitude m'est insupportable... Oh ! c'est maintenant que je vois qu'il me serait
mpossible de vivre sans vous !... Depuis que vous
n'êtes plus là, tout me manque... Je veux penser : mon
esprit s'y refuse ; je veux me réfugier dans le repos :
une agitation fiévreuse m'en empêche... Je veux m'inspirer de mon amour : son infinité m'anéantit... En un
mot, je n'existe plus que par une mystérieuse affinité
qui attire mon âme et la suspend à la vôtre... O ma
Clotilde, qu'un tel amour est quelque chose de puissant !... Cependant, dois-je vous le confesser ? un autre
sentiment m'anime encore, c'est celui de votre situation
morale au milieu des gens qui vous entourent... Là-bas,
vous triomphez !... Votre beauté, votre talent éblouis-
sent, enthousiasment !... Je vous aperçois, couverte de
fleurs, de bravos !... Les jeunes beaux ne manquent
pas de briller à vos représentations, d'appeler vos regards par leur luxe extravagant, de se présenter à
vous, sous prétexte de respectueux hommages à votre
seul génie !... O rage ! je ne puis rien contre tout
cela !... Fortune ! fortune aveugle, que n'as-tu répandu

tes faveurs sur moi!... Mon cœur ne serait pas déchiré
aujourd'hui par une séparation cruelle!... Ma Clotilde
serait heureuse et je serais moi-même au comble du
bonheur!... Faites au moins, ma belle et douce amie,
que mes esprits soient plus tranquilles... Écartez impitoyablement tous ces hommes de plaisir qui vous
recherchent et ne reculeront devant aucun moyen de
séduction pour vous compromettre, dans l'impossibilité
de vous subjuguer... Je vous en conjure, conservez-
moi religieusement ce parfum de réputation, de pureté,
qui fait mon orgueil!... » Pauvre Georges ! il s'inquiète et souffre..: Oh ! ne crains pas, ami, ton honneur
est à l'abri de toute atteinte... Si j'ai su repousser la
séduction quand j'étais seule et languissante, je n'y suc-
comberai pas, maintenant que j'aime, que j'ai pour
appui un brave cœur!... Bon et digne Georges! si ton
orgueil est dans mon honneur, ma suprême félicité,
à moi, est dans l'inviolable foi que je te garderai...

IV

LES PRÉCÉDENTS, UN JOURNALISTE, MARIETTE.

MARIETTE, *annonçant.*

Monsieur Démosthènes Bourdet.

DÉMOSTHÈNES, *s'inclinant.*

Permettez-moi, Madame, de déposer à vos pieds
l'hommage de ma bien sincère admiration.

CLOTILDE.

Vous êtes trop bienveillant, Monsieur... Si j'ai quel-

que mérite, il est loin de justifier une telle admiration
de votre part...

. DÉMOSTHÈNES.

Pardonnez-moi, Madame.. J'ai assez l'habitude du
théâtre pour savoir juger une artiste... Votre talent
est admirable... Vous vous êtes encore surpassée hier...
Aussi, quel succès!... Vous n'aurez pas à vous plaindre
de notre ville...

CLOTILDE.

De grâce, Monsieur ..

DÉMOSTHÈNES.

Eh! mon Dieu, suis-je donc le premier à vous le
dire?... Ne le savez-vous pas aussi bien que moi,
Madame!...

CLOTILDE.

Je vous en prie, Monsieur, traitez-moi plus en amie,
si vous voulez que j'aie quelque liberté avec vous...
A force de me trouver supérieure à la scène, vous finirez par me croire d'une nullité déplorable dans la conversation... J'en serais fort humiliée...

DÉMOSTHÈNES.

Ne craignez pas cela, Madame... Je sais que vous
êtes la même partout.

CLOTILDE.

Vous le savez... Vous le savez... Vous vous plaisez à
le dire, toujours par excès de bonté.

23

DÉMOSTHÈNES.

J'en suis sûr, s'il vous plaît... Mes amis de Paris m'ont parfaitement renseigné à cet égard.

CLOTILDE.

C'est que vos amis vous ressemblent, Monsieur... Ils sont trop indulgents.

DÉMOSTHÈNES.

Par exemple, ils ne m'avaient pas vanté votre modestie autant qu'elle le mérite.

CLOTILDE.

C'est qu'ils me connaissent mieux que vous, Monsieur. .

DÉMOSTHÈNES.

Je n'insisterai pas, Madame... Oserai-je vous demander si vous avez été satisfaite de l'article que je vous ai consacré?

CLOTILDE.

Je n'ai qu'un reproche à lui faire, Monsieur, c'est qu'il est; comme vos discours, infiniment trop élogieux.

DÉMOSTHÈNES.

Que voulez-vous, Madame, mes yeux ne sauraient vous voir qu'environnée de toutes les perfections.

CLOTILDE.

Nous allons donc recommencer nos hyperboles?

DÉMOSTHÈNES.

Je vois que vous voulez me condamner absolument
au silence.

CLOTILDE.

J'en serais désolée!

DÉMOSTHÈNES.

Laissez-moi donc, alors, Madame, vous dire combien
vous êtes belle, spirituelle, ornée de toutes les grâces!

CLOTILDE.

Mais, vous me l'avez déjà dit plusieurs fois, Monsieur...

DÉMOSTHÈNES.

Puis-je trouver autre chose, quand je suis en face de
vous et que vous m'imposez la plus ardente adoration?

CLOTILDE.

Comment? je vous fais violence à ce point, monsieur?

DÉMOSTHÈNES.

Eh bien! oui, c'est le mot, vous me faites violence...
C'est en vain que je cherche à combattre la passion que
vous avez allumée dans mon cœur... je ne puis y
réussir...

CLOTILDE.

La passion ne vient pas si vite, monsieur... Vous vous
égarez sans doute sur l'état de vos sentiments... J'ai pu
vous inspirer du goût, quelque sympathie pour ma
personne... mais une passion!...

DÉMOSTHÈNES.

Non, madame, non, je ne me méprends point... Vous
m'avez rendu fou !...

CLOTILDE.

Convenez au moins que je n'ai pas péché par intention... .

DÉMOSTHÈNES.

Le mal n'en est pas moins fait, hélas!

CLOTILDE.

Oh! soyez tranquille, monsieur... mon absence le
guérira... Vous reviendrez à la raison et nous ne con-
serverons l'un et l'autre qu'un bon et honorable souvenir d'amitié.

DÉMOSTHÈNES.

Oh! je le sens, les choses ne s'arrangeront pas
comme vous dites.

CLOTILDE.

Si, en y aidant un peu, soyez-en sûr. .

DÉMOSTHÈNES.

Il faudrait le pouvoir!...

CLOTILDE.

Vous le pourrez...

DÉMOSTHÈNES.

Ne vous en flattez pas... Mon existence est désormais enchaînée à la vôtre... C'en est fait, je quitte

ma carrière, je sacrifie mon avenir, pour vous suivre
partout...

CLOTILDE.

En effet, monsieur, vous êtes bien réellement fou...
Comment! vous ne me connaissez pas, vous ignorez si
e suis libre ou disposée à vous écouter, et vous déci-
dez en vous-même que je devrai subir votre amour?
Tout cela est une plaisanterie qui se trompe d'adresse
assurément... Vous vous croyez chez la soubrette de
votre troupe, non chez Clotilde, artiste en représentation....

DÉMOSTHÈNES.

Non, madame je ne me trompe point... C'est bien
Clotilde qui a bouleversé mon esprit... C'est bien Clotilde que j'aime de toutes les puissances de mon être...
Et c'est Clotilde que j'implore jusqu'à ce qu'elle ait pitié de moi.

CLOTILDE.

Sans vous inquiéter si mon cœur est engagé ou si je
pourrai vous aimer jamais!... Savez-vous, monsieur,
que votre passion est très-égoïste?

DÉMOSTHÈNES.

Elle ne serait point une passion sans cela, madame:

CLOTILDE.

Alors, supposez que j'en ai une de mon côté et trouvez bon que je congédie la vôtre.

DÉMOSTHÈNES.

Ainsi, madame, vous me repoussez?

CLOTILDE.

N'en ai-je pas le droit?

DÉMOSTHÈNES.

Ainsi, la reconnaissance pour le dévouement dont j'ai
fait preuve à l'égard de votre talent, de vos intérêts,
ne vous inspire pas plus de ménagement pour mon
amour?...

CLOTILDE.

Cette grande admiration que vous aviez pour moi
n'était donc pas si désintéressée que vous le préten-
diez?

DÉMOSTHÈNES.

Ainsi, ces éloges prodigués avec tant de bonheur ne
vous ont aucunement touchée?

CLOTILDE.

Beaucoup, au contraire; mais ils ne m'ont point
donné d'amour pour vous.

DÉMOSTHÈNES.

Ah! vous êtes une femme cruelle... ingrate!...

CLOTILDE.

Mon cher monsieur, si les artistes qui jouissent de
quelques avantages devaient payer, comme vous l'entendez, les louanges qu'elles reçoivent, elles n'y suffi-
raient pas... Contentez-vous donc de la gratitude du
cœur... et...

V

LES PRÉCÉDENTS, UN LION DE PROVINCE, MARIETTE.

MARIETTE, *annonçant.*

Monsieur le vicomte de Barluchon.

DÉMOSTHÈNES, *à part.*

Bon!... le plus musqué de nos dandys...

LE VICOMTE, *saluan!.*

Vous trouverez peut-être ma visite indiscrète, belle dame... Mais il ne passe pas une artiste distinguée dans notre ville, sans que je sollicite l'honneur de lui présenter mes hommages.

CLOTILDE.

C'est pour moi, monsieur, qu'est tout l'honneur... Je suis fière de recevoir un des plus beaux noms de la Gironde.

LE VICOMTE.

Mille grâces, belle dame... Mon nom n'est pas, en effet, sans quelque éclat dans nos contrées... (*Feignant seulement d'apercevoir Demosthènes.*) Ah! bonjour, cher... Nous faisons donc notre cour au talent?

DÉMOSTHÈNES.

Absolument comme vous, monsieur le vicomte.

LE VICOMTE.

Je le vois, mon cher... C'est encore là un des beaux
fruits de notre prétendue égalité!

DÉMOSTHÈNES.

Mon Dieu oui!... nous sommes tous égaux devant les
jolies femmes.

CLOTILDE.

Quand elles veulent bien y consentir.

LE VICOMTE.

Oh! très-bien, belle dame... très-bien!... Je vois
que vous n'appartenez pas au gâchis révolutionnaire...

CLOTILDE.

Les artistes n'ont pas d'opinion, monsieur le vicomte... Ou, s'ils en ont une, ils doivent tellement la
dissimuler, que c'est comme s'ils n'en avaient point.

LE VICOMTE.

Ceci n'est plus de la politique proprement dite, mais
plus particulièrement de la diplomatie.

CLOTILDE.

La diplomatie est la politique des femmes, monsieur
le vicomte.

LE VICOMTE.

Parfait, belle dame... Parfait!... on n'a pas plus
d'esprit!

CLOTILDE.

A force de nous bourrer la mémoire de celui des autres, il faut bien qu'il nous en reste quelque peu.

DÉMOSTHÈNES.

Vous n'avez pas besoin d'emprunter sous ce rapport, vous, madame.

LE VICOMTE.

Ni sous aucun, assurément.

CLOTILDE.

Vous me confusionnez, messieurs.

LE VICOMTE.

Le fait est que nous tombons dans des banalités assez fades.

CLOTILDE.

·Ce n'est pas ce que j'ai voulu dire, Monsieur le vicomte.

LE VICOMTE.

Oh! vous êtes trop aimable pour cela... Mais je sais nous rendre justice... Nos compliments sont bien vulgaires.

DÉMOSTHÈNES.

Monsieur le vicomte est donc obligé de reconnaître que l'égalité n'est pas si chimérique qu'il l'imagine.

LE VICOMTE.

Je suis bien forcé de m'y soumettre parfois, mon cher... tout en le déplorant.

23.

DÉMOSTHÈNES.

Vous avez tort, Monsieur le vicomte.

LE VICOMTE.

Je le pense comme vous... C'est une condescendance
dont je me corrigerai.

DÉMOSTHÈNES.

Vous y trouverez certainement un grand avantage.

LE VICOMTE.

Je n'en doute pas... Mais tout cela importe peu à
Madame, mon cher... Nous sommes venus, vous et moi,
pour lui tenir d'autres discours.

CLOTILDE.

Je vous écoute avec le plus vif intérêt, Messieurs.
J'assiste, si je ne me trompe, à un débat qui a préoc-
cupé les sociétés depuis qu'elles existent et qui les
passionnera longtemps encore.

LE VICOMTE.

De la profondeur!... Mais vous êtes une femme accomplie, belle dame.

DÉMOSTHÈNES.

Nous avons affaire à forte partie, je vous en réponds,
vicomte...

LE VICOMTE.

Ce n'est peut-être pas ce dont vous vous félicitez le
plus.

DÉMOSTHÈNES.

Ma foi, non... franchement.

LE VICOMTE.

On voit bien, mon cher, que vous n'êtes pas d'une race de conquérants... Pour moi, c'est différent... Les Barluchon ont toujours aimé les obstacles, la résistance... Cela leur rappelle les gloires de leur origine..

CLOTILDE.

Monsieur le vicomte me prendrait-il par hasard pour une forteresse?

LE VICOMTE.

Ah! charmant!... charmant!...

CLOTILDE.

Je vous préviens, Monsieur le vicomte, que la garnison ne se rendra pas...

LE VICOMTE.

Tant mieux... Nous n'aurons pas de conditions à lui faire.

DÉMOSTHÈNES.

Prenez garde d'être obligé d'en recevoir, vicomte...

LE VICOMTE.

C'est bon pour la roture ça, mon cher.

DÉMOSTHÈNES, à part.

Sot impertinent!...

CLOTILDE.

Je vous mettrai d'accord, messieurs, en proclamant
ma neutralité... Votre concurrence n'ayant plus d'objet,
sera bien forcée de cesser.

LE VICOMTE.

Je proteste, belle dame... je...

VI

LES PRÉCÉDENTS, DEUX AUTRES DANDYS, MARIETTE.

MARIETTE, *annonçant.*

MM. Bonnard et Périchon.

Bonnard et Périchon entrent et saluent.

LE VICOMTE, *à part.*

Il ne manquait plus que cela !...

DÉMOSTHÈNES.

C'est un véritable rendez-vous de chasse !

CLOTILDE.

Soyez les bien venus, messieurs... Je suis heureuse
de vous procurer le plaisir d'être en pays de connaissance...

PÉRICHON, *à part.*

Nous n'y tenons pas le moins du monde.

BONNARD.

Celui de vous voir et de vous approcher, madame, efface tous les autres, croyez-le.

LE VICOMTE.

Surtout celui de nous rencontrer ici, je le conçois, Bonnard.

BONNARD.

Monsieur de Barluchon voudrait-il, par hasard, qu'on le préférât à une jolie femme?...

LE VICOMTE.

Non, certes... surtout quand c'est pour cette jolie femme que l'on s'est dérangé...

BONNARD.

A la bonne heure, monsieur le vicomte voit judicieusement les choses.

CLOTILDE.

Les gens d'esprit se doivent bien cela entre eux.

LE VICOMTE.

N'est-il pas vrai, madame?... Aussi, suis-je sûr que nos bons amis Bonnard et Périchon ne me serviront pas avec moins de conscience.

BONNARD.

Je ne saisis pas, monsieur le vicomte...

LE VICOMTE.

C'est pourtant clair... Je veux dire que vous ne négli-

gerez certainement ni ma cave, ni mes intérêts financiers, parce que je vous aurai un peu gênés dans l'expansion de vos galants hommages à l'égard de madame.

PÉRICHON.

Mais nous sommes au contraire bien aises que vous
en soyez témoin, monsieur le vicomte.

LE VICOMTE.

Sincèrement, Périchon?

PÉRICHON.

Sincèrement...

LE VICOMTE.

Les personnes qui vous ont vu faire certaines em-
plettes m'avaient pourtant assuré que vous ne paraissiez
pas tenir à mettre tout le monde dans vos confidences...

BONNARD.

Il y a de si mauvaises langues en province!...

LE VICOMTE.

N'est-ce pas Bonnard!... Croirait-on que l'on voudrait vous faire passer pour le plus entreprenant séducteur de Bordeaux.

BONNARD.

En vérité?... Mais c'est original!...

LE VICOMTE.

Mon Dieu, oui... Il y a des gens qui m'ont affirmé
que vous aviez fait des folies pour la grande Aglaé.

BONNARD, *se pinçant les lèvres.*

Ces gens-là n'ont pas le sens commun...,

LE VICOMTE.

C'est ce que je pense avec vous... Aussi leur ai-je ri au nez, quand ils m'ont dit que vous étiez disposé à vous ruiner pour un autre...

BONNARD, *s'efforçant de rire.*

Ah! ah! ah! ah! la plaisanterie est bonne!...

LE VICOMTE.

Si elle ne l'était pas, nous n'en ririons point d'aussi bon cœur!

PÉRICHON.

Est-on sot, mon Dieu, en province... Où va-t-on chercher tout cela, je vous le demande?

LE VICOMTE.

Ne m'en parlez pas!... c'est absurde au dernier point...

DÉMOSTHÈNES.

J'en ai pourtant entendu bien d'autres, moi...

LE VICOMTE.

Oh! vous... c'est votre état...

CLOTILDE.

D'entendre des choses plus qu'absurdes?

LE VICOMTE.

Sans doute... Pourquoi voulez-vous que l'on soit journaliste?

CLOTILDE.

C'est juste!

DÉMOSTHÈNES.

Oui, M. le vicomte... un journaliste est exposé à entendre bien des sottises parce qu'il s'en dit beaucoup.

LE VICOMTE.

A qui le signalez-vous!

DÉMOSTHÈNES.

Je le sais... à des hommes d'expérience ..

CLOTILDE.

Vous êtes méchant, M. Démosthènes...

DÉMOSTHÈNES.

C'est mal, n'est-ce pas, avec de si bonnes âmes!...

PÉRICHON.

Enfin, qu'avez vous donc appris?

DÉMOSTHÈNES.

Quelque chose de très-drôle, je vous assure.

CLOTILDE.

Vous vous faites singulièrement prier pour le dire.

LE VICOMTE.

C'est qu'il en meurt d'envie.

DÉMOSTHÈNES.

Effectivement.

LE VICOMTE.

Alors, gardez-le!...

DÉMOSTHÈNES.

Non pas!

CLOTILDE.

Alors, parlez.

DÉMOSTHÈNES.

C'est ce que je vais faire... Figurez-vous, madame
et messieurs, qu'il y a à Bordeaux un personnage dont
la prétention ne recule devant rien...

LE VICOMTE.

Vous n'en trouvez qu'un de cette espèce?

DÉMOSTHÈNES.

Il y en a sans doute plusieurs... mais je ne m'occupe
que d'un en ce moment.

LE VICOMTE.

Eh bien! quel coup d'audace a-t-il osé, ce personnage?

DÉMOSTHÈNES.

Il prétend se faire aimer de toutes les femmes...

CLOTILDE.

L'imprudent !...

LE VICOMTE.

C'est là ce que vous appelez ne reculer devant rien ?

DÉMOSTHÈNES.

Il me semble que c'est d'une vanité passablement ridicule...

LE VICOMTE.

Il vous semble cela, mon cher, parce que vous n'entendez rien à la vie élégante.

CLOTILDE.

Monsieur le vicomte considère, paraît-il, l'amour comme un luxe ?

LE VICOMTE.

Exactement, belle dame.

CLOTILDE.

Il n'existe point alors sans richesses ?

LE VICOMTE.

Vous l'avez dit.

CLOTILDE.

Je vous fais compliment de votre expérience, M. le vicomte.

DÉMOSTHÈNES.

Laissez-moi achever mon histoire... Le personnage en question, qui est pourtant un homme d'esprit, s'ima-

ᵗ gine donc que nulle femme ne saurait lui résister...
Il suffit qu'une seule attire l'attention pour qu'il se
mette aussitôt en tête de l'amener à ses désirs...

LE VICOMTE.

Mais c'est un homme habile dont vous parlez-là,
mon cher...

DÉMOSTHÈNES.

Très-habile!... Il fait souvent accroire aux sots qu'il
a réussi, quand, en réalité, il en a été pour ses frais. .

LE VICOMTE.

Cet homme eût fait un diplomate!

CLOTILDE.

Il a l'esprit assez bas pour cela!

DÉMOSTHÈNES.

Dans le moment où je vous parle, il porte son coup
d'éclat..:

BONNARD ET PÉRICHON.

Ah!... voyons...

DÉMOSTHÈNES.

Vous êtes curieux de le connaître, messieurs ?

BONNARD ET PÉRICHON.

Assurément!...

CLOTILDE.

Et moi aussi, monsieur.

DÉMOSTHÈNES.

Vous avez raison, car chacun de vous va y trouver un dédommagement à de certaines impertinences qui ont pu l'atteindre parfois.

LE VICOMTE.

Vous nous faites bien attendre, mon cher.

DÉMOSTHÈNES.

Vous aussi, vicomte, vous êtes pressé?... Je ne l'aurais pas cru...

LE VICOMTE.

Je suis pressé de vous voir finir, mon cher.

DÉMOSTHÈNES.

Notre personnage a donc parié avec d'autres fous qu'il amènerait à l'aimer, ou au moins à lui céder, une célèbre comédienne de la scène parisienne.

BONNARD ET PÉRICHON.

Ah! bah!...

CLOTILDE.

Pourquoi pas, si ce monsieur est irrésistible?...

LE VICOMTE.

Qu'y aurait-il là, en effet, d'étonnant?

CLOTILDE.

Rien assurément... Nous sommes si faibles pour les mauvais sujets!

LE VICOMTE.

C'est connu, cela...

DÉMOSTHÈNES.

Vous croyez donc au succès de ce jeune fat, Madame ?

CLOTILDE.

Puisqu'il n'a pas rencontré de cruelles ?

DÉMOSTHÈNES.

C'est lui qui le dit...

CLOTILDE.

Vous assurez que beaucoup le croient.

DÉMOSTHÈNES.

Les niais...

CLOTILDE.

C'est presque tout le monde !

DÉMOSTHÈNES.

D'accord... Mais lui ?

CLOTILDE.

Il doit le croire plus fortement encore.

DÉMOSTHÈNES

C'est juste !... Je n'y pensais pas...

LE VICOMTE.

C'est là toute votre histoire, mon cher ?... Ce n'était
pas la peine de nous la tant vanter...

DÉMOSTHÈNES.

Elle ne vous satisfait pas, vicomte?

LE VICOMTE.

Ma foi ! non...

DÉMOSTHÈNES.

Vous êtes bien difficile !

LE VICOMTE.

Comme un homme blasé, cher...

DÉMOSTHÈNES.

Je gagerais que ces Messieurs le sont moins que vous...

BONNARD.

La chose est assez piquante, en effet ; mais il faudrait savoir le nom des masques...

PÉRICHON.

Oui, cela manque à votre récit...

DÉMOSTHÈNES.

Vous l'apprendrez bientôt... Rien ne reste longtemps caché... Demandez à M. le vicomte...

LE VICOMTE.

Certainement... Ce brave Bonnard pourra peut-être même bien apprendre aussi l'heureuse issue de l'aventure... Qui sait si elle ne lui vaudra pas d'importantes économies...

CLOTILDE, *à part.*

Impertinent!... (*Haut*) Tout s'arrangera dès lors pour le mieux.

DÉMOSTHÈNES.

Et nous applaudirons la comédie.

CLOTILDE.

En conservant le droit de siffler les auteurs...

DÉMOSTHÈNES.

Bien entendu!...

VII

LES PRÉCÉDENTS, SAINT-LÉON, MARIETTE.

MARIETTE, *annonçant.*

M. le chevalier de Saint-Léon.

CLOTILDE.

Vous ici, chevalier?

SAINT-LÉON, *saluant.*

Moi-même, Madame... Passant par Bordeaux pour me rendre en Espagne, je n'ai pas voulu sortir de France, sans vous présenter mes hommages...

CLOTILDE.

Je vous remercie, chevalier... Est-ce que vous repartez immédiatement?

SAINT-LÉON.

Non, Madame... Sachant que vous n'avez plus que peu de temps à demeurer ici, je n'aurais pas le courage de me priver de vos dernières soirées.

DÉMOSTHÈNES, *à part*.

Cela va te gêner, vicomte...

CLOTILDE.

C'est très-aimable à vous, chevalier... (*A part*). Pourvu que Georges n'apprenne pas qu'il est venu chez moi...

LE VICOMTE, *à part*.

C'est sans doute un ancien amant.

SAINT-LÉON.

Mais vous étiez peut-être en affaire, Madame?

CLOTILDE.

Nullement... Ces Messieurs ont bien voulu m'honorer, comme vous, de leur visite.

LE VICOMTE.

Nous ne sommes pas plus insensibles au talent que vous-même, Monsieur.

SAINT-LÉON.

Je vous en félicite, Messieurs... On ne s'occupe à Paris, dans le monde artistique que des triomphes que vous avez obtenus ici, Madame...

CLOTILDE.

Le public est si bon pour moi !...

DÉMOSTHÈNES.

Pas plus que vous ne le méritez, Madame.

LE VICOMTE.

La beauté unie au génie exerce un tel empire !

SAINT-LÉON.

La fashion de votre ville passe surtout pour être fort amateur de la première...

LE VICOMTE.

A juste titre, Monsieur... La galanterie chez nous est une aptitude de race...

SAINT-LÉON.

La Garonne les engendre toutes, Monsieur... comme le Nil fertilise l'Égypte.

LE VICOMTE.

Voilà pourquoi il ne faut pas nous en vouloir.

CLOTILDE.

Qui songe à cela, Monsieur...

LE VICOMTE.

Oh ! ce n'est pas vous, nous le savons, belle dame.

SAINT-LÉON.

Ni nous non plus, sans doute.

24

LE VICOMTE.

Cela serait au moins plus naturel.

SAINT-LÉON.

Certes!... Mais nous sommes si peu jaloux, si bons princes à Paris!...

LE VICOMTE.

Vous agissez en gens d'esprit... C'est le plus sage...

SAINT-LÉON, *à Clotilde*.

Il est amusant ce petit Monsieur... Est-ce qu'ils sont tous comme cela?...

CLOTILDE, *à Saint-Léon*.

A peu près...

SAINT-LÉON.

Je suis sûr, Madame, que si vous restiez encore quelque temps à Bordeaux, vous finiriez par oublier la capitale... Il y a ici une amabilité, une grâce, un bon goût qui se rencontrent bien rarement réunis ailleurs.

LE VICOMTE.

Aussi, nous espérons bien que Madame conservera de nous quelque souvenir.

CLOTILDE.

N'en doutez pas, monsieur.

VIII

LES PRÉCÉDENTS, GEORGES, MARIETTE.

MARIETTE, *annonçant.*

Madame ! madame ! M. Georges !

Georges entre et salue froidement.

CLOTILDE, *elle se jette dans ses bras.*

Vous ici, mon ami ?...

GEORGES.

Moi-même, chère Clotilde...

CLOTILDE.

Sans m'avoir prévenue ?

GEORGES.

Je n'en ai pas eu le temps...

Il jette un regard sur Saint-Léon.

LE VICOMTE, *à part.*

Pour le coup, c'est l'amant.

CLOTILDE.

Un mot est pourtant bien vite écrit.

GEORGES.

Aviez-vous donc besoin de préparation pour me recevoir, Clotilde ?

DÉMOSTHÈNES, *à part.*

Voilà le pari du vicomte flambé...

CLOTILDE.

Non, sans doute, mon ami... Mais vous savez, on aime toujours à être averti d'une si heureuse démarche...

BONNARD, *à Périchon.*

Il va y avoir une scène, allons-nous-en, Périchon.

GEORGES.

Excusez moi, Clotilde, si ma brusque apparition vous contrarie...

CLOTILDE.

Mais, pas le moins du monde... Elle me surprend... agréablement... voilà tout.

LE VICOMTE, *à part.*

L'amant actuel est jaloux de l'ancien, c'est sûr...

DÉMOSTHÈNES.

Pardonnez-nous, madame, notre importunité !... A ce soir pour vous applaudir...

Le vicomte, Bonnard et Périchon s'inclinent.

CLOTILDE.

Au revoir, messieurs...

Ils sortent.

XI

CLOTILDE, GEORGES, SAINT-LÉON.

CLOTILDE.

Votre présence me rend bien heureuse ; cependant, j'ai le pressentiment qu'elle m'apporte quelque chose de fâcheux.

GEORGES.

C'est votre conscience qui parle, Clotilde.

CLOTILDE.

Je ne vous comprends pas, mon ami.

GEORGES.

Du moins, vous ne le voulez point.

CLOTILDE.

Non, je vous assure... ma conscience n'a rien de mauvais à m'annoncer..

GEORGES.

Avez-vous reçu ma dernière lettre, Clotilde ?

CLOTILDE.

Oui, mon ami, la voici... Je l'ai lue avec attendrissement, comme toutes celles que vous m'envoyez, quand nous sommes éloignés l'un de l'autre.

GEORGES.

Vous êtes-vous bien rendu compte de ce qu'elle renferme ?

24.

CLOTILDE.

Je le crois, mon ami.

GEORGES.

Alors il ne vous convient pas de condescendre à mes prières...

CLOTILDE.

Pouquoi donc, mon bon Georges?

GEORGES.

Vous me le demandez!... Mais la présence de monsieur le dit assez, ce me semble.

CLOTILDE.

Monsieur de Saint-Léon quitte la France et n'a pas voulu traverser Bordeaux sans me dire un mot d'adieu... Y a-t-il là quelque mal?

GEORGES.

Je ne vous fais pas l'injure d'un reproche, Clotilde... Mais il y a de certaines réserves, dont une femmme ne doit jamais s'écarter, quand elle a sérieusement engagé son cœur... Monsieur, du reste, aurait dû le sentir...

SAINT-LÉON.

Je ne suppose pas, monsieur, qu'une visite de pure politesse, faite au milieu des amis de madame, soit de nature à la compromettre.

GEORGES.

C'est possible, monsieur, mais où vous ne voyez pas de mal, d'autres peuvent en voir...

CLOTILDE.

Vos ombrages m'étonnent, mon ami.

GEORGES.

Vous n'avez donc pas remarqué, madame, l'air moqueur, impertinent, des sots qui sortent d'ici?

CLOTILDE.

C'est là ce qui vous offusque?

GEORGES.

Oui, madame, cela m'offusque, car je voudrais que la femme que j'aime fût à l'abri des médisances des envieux, des malveillants.

CLOTILDE.

Que voulez vous qu'osent dire ces gens?

GEORGES.

Ils diront que vous êtes entourée d'adorateurs, que vous faites la coquette, que vous devez avoir des intrigues, que sais-je?...

CLOTILDE.

Puis-je, dois-je, dans ma situation, fermer ma porte aux personnes honorables qui se présentent?

GEORGES.

L'honorabilité n'a rien à faire avec la galanterie, madame!

SAINT-LÉON.

Vous êtes jaloux, M. de Luceval...

GEORGES.

Quand je le serais, monsieur, auriez-vous à m'en reprendre?

SAINT-LÉON.

Non, monsieur... J'aurais seulement à vous plaindre.

GEORGES.

Je n'ai nul besoin de votre pitié, monsieur... Et pour vous éviter de me l'accorder désormais, je désire que vous vous absteniez de paraître chez madame.

SAINT-LÉON.

Si madame l'ordonne, j'obéirai, monsieur...

GEORGES.

C'est moi qui l'exige, monsieur... à moins que madame en décide autrement... auquel cas, je saurai ce qu'il me reste à faire.

CLOTILDE.

Georges!... Mon ami!... Calmez-vous, je vous en conjure?...

GEORGES.

Je suis très-calme, madame.

SAINT-LÉON.

Je ne veux pas croire, M. de Luceval, que vous ayez l'intention de m'adresser une menace... Je n'en souffre de personne...

GEORGES.

Et moi, monsieur, je ne permets pas que l'on trouble

mon repos, que l'on porte atteinte à mon honneur...

SAINT-LÉON.

Vous n'avez point cela à redouter de ma part, monsieur... Il ne répugne nullement à ma dignité de vous déclarer que Madame est sacrée pour moi, qu'elle n'aura jamais à repousser une parole indigne d'elle... Tranquillisez donc votre juste susceptibilité... Ne voyez en moi ni un rival, ni un ennemi... A moins que vous n'ayez un parti pris de m'appeler en champ clos.

CLOTILDE.

Non, monsieur... Georges m'estime assez, je l'espère, pour n'avoir à demander de réparation à personne... Son cœur endolori par l'absence, a pu céder à un mouvement de vivacité ; mais la réflexion l'a déjà condamné, j'en suis sûre... N'est-ce pas, mon cher Georges?

GEORGES.

J'accepte votre déclaration, monsieur, comme celle d'un homme d'honneur... Elle sera fidèlement respectée, je le crois, car vous devez comprendre, comme moi, qu'aucunes relations ne sauraient exister entre nous.

SAINT-LÉON.

Oui, monsieur, je le comprends... Le hasard seul pourra nous faire rencontrer à l'avenir... Madame...

Il s'incline et sort.

X

CLOTILDE, GEORGES.

CLOTILDE.

Je vous ai affligé, mon bon Georges...

GEORGES.

Beaucoup, Clotilde.

CLOTILDE.

Oh ! soyez sûr, mon ami, que je suis innocente de
toute étourderie... J'aimerais mieux mourir que de
vous causer la moindre peine !...

GEORGES.

Vous êtes bonne, dévouée, je le sais, Clotilde... Mais
vous n'avez peut-être pas toute la circonspection nécessaire à votre profession d'artiste.

CLOTILDE.

Ai-je donc donné des encouragements à quelqu'un
autour de moi, ou seulement manqué de gravité?

GEORGES.

Je ne dis pas cela, car je crois à votre amour comme
au mien et j'ai la conscience d'être irréprochable à
vos yeux... Mais on a trop facilement accès auprès de
vous.

CLOTILDE.

Que dirait-on, mon ami, si je fermais ma porte à
tout le monde?

GEORGES.

Qu'importe ce que l'on dirait, si vous en obteniez le bonheur et la paix dans votre intérieur...

CLOTILDE.

Vous ne savez pas ce que sont les gens qui dirigent la mode et l'opinion en province !...

GEORGES.

Si... parfaitement.

CLOTILDE.

Et vous pensez qu'on peut impunément les braver?...

GEORGES.

Il n'est pas question de les braver, Clotilde... On peut les évincer sans impolitesse...

CLOTILDE.

Erreur, mon ami, pour ces gens-là, tous plus ou moins gonflés de vanité, le grand mérite de l'artiste est de les accueillir...

GEORGES.

Et de se laisser compromettre...

CLOTILDE.

Une femme n'est compromise que lorsqu'elle le veut bien, mon ami.

GEORGES.

Le meilleur moyen pour cela serait de ne les point recevoir...

CLOTILDE.

Alors, au lieu de leur bienveillance au théâtre, on
aurait leur froideur, peut-être leur hostilité !...

GEORGES.

Grand malheur !... se soustraire au charivari de
leurs cannes et de leurs grognements !...

CLOTILDE.

Oui... sans doute aussi aux sympathies du gros du
monde, du public de toute la salle !...

GEORGES.

Vous exagérez, ma chère amie !

CLOTILDE.

Non, malheureusement...

GEORGES.

Ces messieurs tiennent donc dans leurs mains le sort
de l'artiste, quels que soient son mérite, sa réputation ?

CLOTILDE.

Comme vous dites, surtout quand il s'agit d'une
femme jeune encore...

GEORGES.

Et quand il plaît à l'un d'eux de s'amouracher d'un
sujet qui lui résiste, pour peu que cet homme soit
assez influent pour entraîner les sots qui lui font cor-
tége, il porte un préjudice considérable à la malheureuse actrice ?

CLOTILDE.

Certainement.

GEORGES.

En un mot, le talent, l'expérience, la consécration de l'opinion ne sauraient imposer à ces odieuses coteries...

CLOTILDE.

Elles ne connaissent que leurs petites passions, alimentées de faux orgueil, d'oisiveté...

GEORGES.

Mais c'est infâme !

CLOTILDE.

J'ai, dans certaine ville, entendu siffler une charmante artiste, parce qu'elle avait évité d'amoureux guet-apens...

GEORGES.

Et la police ne met pas ordre à cela !

CLOTILDE.

Il n'y a pas de droit contre ce droit, m'avez-vous répété souvent... Au théâtre, celui d'outrager s'achète et s'exerce comme il lui plaît...

GEORGES.

Et vous ne voulez pas, Clotilde, que mon sang bouillonne, que ma conscience se révolte en présence de pareilles indignités ?...

25

CLOTILDE.

En existeront-elles moins ?

GEORGES.

Vous n'en serez toujours plus victime !

CLOTILDE.

Que ferez-vous donc ?

GEORGES.

Je vous supplierai de ne point quitter Paris.

CLOTILDE.

Et si je n'y ai pas d'engagement ?

GEORGES.

Oh ! quant à cela, vous pouvez être sans inquiétude...

CLOTILDE.

Il y a des difficultés, des ennuis partout, Georges !..

GEORGES.

C'est possible... mais partout on ne commet pas des infamies en plein soleil comme dans la province.

CLOTILDE.

Vous vous flattez d'un vain espoir, mon ami.

GEORGES.

Enfin, Clotilde, s'il faut vous le dire, je ne saurais me faire à l'idée que vous pouvez être à chaque instant, et loin de moi, entourée de cette foule d'imbéciles qui m'agacent... Je ne sais ce qui m'a retenu tout à l'heure, de jeter à la porte ceux que j'ai rencontrés ici...

CLOTILDE.

Je ne vous reconnais pas, Georges, vous autrefois si raisonnable, si confiant...

GEORGES.

Je ne suis pas jaloux, ma Clotilde... Je sais que vous êtes un ange de vertu... mais, je vous le répète, je ne supporterai jamais cette cour, ces assiduités que vous me dites inévitables pendant vos excursions.

CLOTILDE.

Croyez-vous donc qu'elles aient un danger ou pour vous ou pour moi ?

GEORGES.

Non, encore une fois... mais elles vous prennent des instants qui pourraient m'appartenir... Elles vous empêchent de songer à moi autant que vous le feriez peut-être... En un mot, elles me volent une partie de vos pensées et je ne fais que défendre mon bien en vous soustrayant à leurs obsessions...

CLOTILDE.

Enfant !... y a-t-il au monde quelque chose qui puisse me distraire de vous ? Le genre humain tout entier serait à mes pieds, qu'il ne détournerait pas un instant mon esprit de son cours... Au contraire, mon Georges, ces hommages que l'on m'adresse, c'est à vous que je les rapporte... « Je suis donc au moins digne de lui par la beauté, me dis-je, puisqu'on me recherche, que l'on m'accable d'adorations !... » Alors, je me sens tout heureuse !... Cette idée augmente ma confiance en ton amour !...

GEORGES.

Oui, tu sens ainsi, je le conçois, ma Clotilde... mais ces hommes peuvent se méprendre sur le sentiment qui les fait tolérer... Or, voilà ce que ma dignité ne me permet pas de souffrir... Promets-moi, ma Clotilde, que tu ne quitteras plus Paris, seule du moins...

CLOTILDE.

Allons, je m'y engage, vilain tyran... Vous savez bien que l'on fait toutes vos volontés !...

GEORGES.

Promets-moi encore, ma bonne Clotilde, que tu briseras avec les habitudes de camaraderie que tu as contractées... les familiarités qui règnent entre vous tous, artistes et auteurs, me blessent, me font mal...

CLOTILDE.

On dira que je fais la bégueule, on se moquera de moi... mais pour te plaire, mon cher jaloux, je me donnerai tous les ridicules, je me ferai, s'il le faut, mille ennemis... Es-tu content ?...

GEORGES.

Oh ! tu es un ange, ma Clotilde... Va, mon amour te dédommagera de tant de sacrifices...

CLOTILDE.

Je suis heureuse de te prouver combien je t'aime, Georges... Je n'ai pas besoin d'une autre récompense.

GEORGES.

Chère Clotilde !...

CLOTILDE.

Nous partirons demain, Georges...

GEORGES.

Tu consens à mettre immédiatement à exécution notre nouveau plan de conduite ?

CLOTILDE.

Certainement... cela te prouvera que je n'entends ni éluder, ni retarder.

GEORGES.

Tu es une femme adorable !

CLOTILDE.

Tu vois que je veux aussi être adorée...

GEORGES.

Oh! tu l'es comme jamais créature ne l'a été !...

XI

LES PRÉCÉDENTS, MARIETTE.

MARIETTE.

Madame n'oublie pas l'heure de sa représentation?

CLOTILDE.

Si, ma foi! Tu as bien fait de me la rappeler.

GEORGES.

Venez, ma Clotilde, le triomphe vous attend.

CLOTILDE.

Dites plutôt le supplice, mon ami, puisqu'il m'arrache à vos douces paroles...

GEORGES.

Je ne vous quitterai pas, ma Clotilde... Mon âme vous environnera de sa flamme, illuminera votre génie, votre beauté... Vous n'aurez jamais paru ni si sublime, ni si belle?..

CLOTILDE.

Allons, mon Georges, soumettons-nous à la nécessité... Que la soirée va me paraître longue !...

Elle prend le bras de Georges et ils sortent suivis de Mariette.

FIN DE LA TROISIÈME PARTIE

LE

MONDE DRAMATIQUE

QUATRIÈME PARTIE

UN SALON CHEZ CLOTILDE

UN SALON CHEZ CLOTILDE

I

ANDRÉA assise près d'un guéridon.

Je l'avais bien prévu que cette pauvre Clotilde se créerait, par son imprudent amour, mille embarras, mille chagrins !... Tout ce que je lui ai prédit se réalise à la lettre... Georges devient de plus en plus ombrageux, exigeant... En lui cédant par affection, elle ne fait que seconder elle-même le développement de cette fièvre qui le dévore... Aujourd'hui, il prie encore, demain il ordonnera... Un jour qui n'est pas éloigné, les sacrifices multipliés de la malheureuse femme ne lui suffiront plus... Il torturera cette âme angélique, ce noble cœur pour calmer ses angoisses, sans y parvenir... Et la victime souffrira sans se plaindre, sans se révolter, car elle l'aime éperdument, s'est donnée à lui sans retour... Bonne Clotilde !... mon amitié t'a avertie ; elle n'a pas été écoutée !... J'ai tout tenté pour te retenir sur la pente de ta passion ; tu étais lancée !... Mes conseils, mes supplications, mes gronderies n'ont pu ralentir un instant la rapidité de ta chute... Si encore c'était tout, je pourrais me rassurer sur l'avenir... Le temps vient à bout des douleurs !... La raison reprend

25.

son empire quand les passions s'apaisent, s'épuisent...
Mais il y a quelque chose de plus grave dans la position de Clotilde, c'est sa carrière que cette funeste
liaison compromet, perdra peut-être à jamais... Déjà
au sein de l'aisance, les soucis, les peines ont banni sa
sérénité... Que sera-ce quand la gêne viendra, et peut-
elle tarder, grâce à la jalousie ridicule de cet
homme ?... Qui voudra s'intéresser à l'artiste qui
semble dédaigner le monde, s'enferme dans sa retraite !... Personne... On croira faire un acte de justice en la punissant de ce que l'on nommera son
orgueil... Rien n'aura manqué à la pauvre martyre...
Après avoir tout immolé à son amour, elle verra cet
amour même la trahir, lui échapper comme le reste...
Ah! je frémis à cette idée... Quel contraste avec la
position que j'ai su me faire !... J'ai donné des espérances sans m'engager... Je me suis attaché d'utiles
influences sans aliéner ma liberté... J'ai su faire croire
à des préférences, même à de l'amour, sans froisser
aucune prétention... J'ai obtenu enfin l'appui, la faveur
de tous, sans livrer en échange plus que je n'ai voulu...
Aussi, je suis toute-puissante, souveraine !... On vole
au-devant de mes désirs... On me comble d'attentions,
de prévenances... On m'obéit en tout... Les plaisirs,
la fortune, la gloire me prodiguent leurs doux sourires,
non à cause de mes mérites, mais à cause de mon
savoir-faire... Quelle folie de méconnaître, de mépriser ce dieu du jour !... Ah! loin de tomber dans ce
maladroit athéisme, je n'ai pas assez d'actions de
grâces à lui rendre, assez d'encens à brûler sur son
autel !... Savoir-faire ! génie des incapables, protecteur des intrigants ! c'est toi seul que je veux invo-
quer, bénir !...

II

LA PRÉCÉDENTE, CLOTILDE.

CLOTILDE.

Après qui en as-tu, ma chère Andréa ? Es-tu dans le ravissement de l'extase, d'un saint accès de dévotion ?

ANDRÉA.

Tu as deviné, ma chère Clotilde... J'étais en communion avec mon Dieu.

CLOTILDE.

Je ne te connaissais pas encore cette nouvelle vertu.

ANDRÉA.

Eh ! ma chère, il se fait beaucoup de conversions de nos jours...

CLOTILDE.

Je le sais... Mais je ne croyais pas la tienne si prochaine...

ANDRÉA.

J'ai été touchée de la grâce !

CLOTILDE.

Comme nombre de grands pécheurs...

ANDRÉA.

Seulement, je n'ai pas été renversée sur le chemin de Damas... Je n'ai eu aucune apparition...

CLOTILDE.

Le miracle est tout intérieur...

ANDRÉA.

Justement!... Il a été le fruit de mes bonnes dispositions.

CLOTILDE.

De ton humilité, par exemple...

ANDRÉA.

Et de ma science dans les vérités de la foi...

CLOTILDE.

. Je te fais mon compliment, ma chère... Tu as mis le temps à profit depuis mon absence...

ANDRÉA.

Je t'en réponds !... J'ai furieusement travaillé...

CLOTILDE.

Je ne saurais t'en dire autant, moi !...

ANDRÉA.

Oh ! mais, toi, c'est différent... Tu n'habites plus depuis longtemps notre monde de perfectibilité... Tu as trouvé ton idéal !... Tu n'as pas besoin des consolations des faibles mortels!...

CLOTILDE.

C'est vrai, j'ai l'âme pleine de splendeur...

ANDRÉA.

Tandis que moi, il a bien fallu me faire une religion...

CLOTILDE.

Je t'approuve, Andréa... Rien n'est fortifiant comme les saintes croyances...

ANDRÉA.

Aussi, je me suis appliquée à rendre les miennes positives, incontestables...

CLOTILDE.

C'est une religion philosophique que tu t'es faite?...

ANDRÉA.

Très-philosophique.

CLOTILDE.

Ce n'est pas orthodoxe; mais la raison s'y trouve à l'aise...

ANDRÉA.

Tu sais, cela m'est indispensable, à moi.

CLOTILDE.

En un mot, pour te faire dévote, tu n'as pas renoncé à demeurer un esprit-fort.

ANDRÉA.

Bien au contraire !...

CLOTILDE.

Ta religion doit être piquante, ma chère Andréa...

ANDRÉA.

Figure-toi l'opposé de la tienne...

CLOTILDE.

Tu connais donc mes croyances !...

ANDRÉA.

Comme toi-même...

CLOTILDE.

Peut-être mieux!...

ANDRÉA.

Ce ne serait pas impossible... Ne crois-tu pas à l'amour, à sa sincérité, à son dévouement?...

CLOTILDE.

Comme à Dieu lui-même.

ANDRÉA.

Ne crois-tu pas au bien, à la justice, à la vertu?

CLOTILDE.

Comme à l'immortalité!

ANDRÉA.

Eh bien! moi, je ne crois à rien de tout cela...

CLOTILDE.

Tu blasphèmes, Andréa...

ANDRÉA.

J'émets une opinion, voilà tout...

CLOTILDE.

Une opinion aussi folle que toi.

ANDRÉA.

Tu penses...

CLOTILDE.

J'en suis sûre...

ANDRÉA.

Bah !... Raisonnons un peu...

CLOTILDE.

Tant qu'il te plaira...

ANDRÉA.

Cet amour auquel tu attribues de si merveilleuses propriétés, quelles sont ses œuvres ?...

CLOTILDE.

L'épuration des âmes, le bonheur de l'humanité...

ANDRÉA.

Fait-il ton bonheur, à toi, la meilleure des femmes ?...

CLOTILDE.

Certainement... C'est lui qui m'a ouvert la vie, qui m'a comblé des plus ineffables joies...

ANDRÉA.

Oui, c'est grâce à lui que tu es devenue esclave, que tu subis le joug le plus humiliant...

CLOTILDE.

Andréa, laissons ce chapitre... Je sais ce que tu vas me dire ; je ne veux pas l'entendre.

ANDRÉA.

Pauvre femme, tu es encore sous le charme... Quand il aura cessé, tu reconnaîtras que j'avais raison !...

CLOTILDE.

Assez, Andréa... Tes réflexions sur ce sujet me contrarient... Notre amour, à Georges et à moi, est un sanctuaire dans lequel je ne permets pas que l'on pénètre...

ANDRÉA.

A ton aise!... Ne soulevons pas le voile qui en dérobe l'entrée... Tu crois aussi au bien, à la justice, à la vertu... Où et quand les as-tu vus régner parmi les hommes?...

CLOTILDE.

Mon amie, ne pas croire au bien, c'est s'en déclarer incapable... Ta hardiesse dans l'expression d'opinions aussi extravagantes, est déjà une protestation contre elles...

ANDRÉA.

Tu subtilises... Mais réponds-moi nettement... Que t'a rapporté le respect de ta propre conscience?...

CLOTILDE.

Le contentement, l'estime de moi-même... N'est-ce point assez?...

ANDREA.

Si... pour qui n'a besoin de rien... Non, pour celui qui n'a point de fortune faite...

CLOTILDE.

C'est-à-dire qu'il faut tout subordonner à l'intérêt...

ANDRÉA.

L'expression est peut-être un peu forte ; c'est là ce
qui t'effarouche... Remplace-la par celle de *concilier* ;
tu verras aussitôt les choses sous un autre aspect.

CLOTILDE.

Tu es égoïste, sèche comme une formule de gram-
maire, mon amie... Le côté poétique de la vie t'échap-
pera toujours...

ANDRÉA.

Peut-être... Mais le côté positif, pratique?...

CLOTILDE.

Est-ce donc là ce qui répond aux plus hautes aspirations ?

ANDRÉA.

C'est au moins ce qui mène à l'indépendance, à la
paix...

CLOTILDE.

Mais je suis très-indépendante, ma chère...

ANDRÉA.

Jusqu'au *veto* de M. Georges...

CLOTILDE.

Tu sais bien que mon bonheur est de lui plaire en
tout...

ANDRÉA.

Je sais que tu t'abandonnes, sans réfléchir, à ton
fatal amour...

CLOTILDE.

Toi, ma chère, qui raisonnes beaucoup en es-tu plus heureuse?...

ANDRÉA.

Assurément...

CLOTILDE.

Parce que tu vis dans un grand luxe, que tu es environnée de courtisans?...

ANDRÉA.

C'est donc à dédaigner cela?

CLOTILDE.

Le cœur en est-il plus content?

ANDRÉA.

Sans doute, quand on a su faire son éducation...

CLOTILDE.

Quand on l'a mutilé, veux-tu dire...

ANDRÉA.

Est-on plus avancé, quand, pour voyager dans le pays des chimères, on néglige ses intérêts, sa fortune?

CLOTILDE.

Je ne connais qu'une fortune, Andréa... C'est l'amour de Georges... Cet amour m'élève au-dessus de toutes les richesses, de toutes les grandeurs...

ANDRÉA.

Jusqu'à ce qu'il te laisse tomber au fond de toutes les misères...

CLOTILDE.

Tu es décidément monomane, ma chère... La préoccupation du bien-être t'a tourné la tête.

ANDRÉA.

Et toi, celle de ta passion t'a fait oublier le monde et ses rapports.

CLOTILDE.

J'habite du moins une sphère supérieure à la tienne!...

ANDRÉA.

Les aéronautes ont cet avantage dans leurs pérégrinations... Seulement, ils sont exposés à choir dans le vide, à se rompre le cou...

CLOTILDE.

On ne tombe pas, tant que l'on a des ailes, Andréa...

ANDRÉA.

Mais les ailes tombent ou se ferment... Adieu le parachute!... Trop heureux alors l'amour, s'il rencontre quelque branche tenant au sol !...

CLOTILDE.

Il y a amour et amour...

ANDRÉA.

Fanatique !...

CLOTILDE.

Oui, ma chère, je saurais mourir pour mon Dieu... ma foi va jusque-là...

ANDRÉA.

Pauvre Clotilde!... Tu,arranges bien ton avenir!

CLOTILDE.

En vérité, Andréa, tu répètes constamment la même chose... Qu'a donc de commun, voyons, mon avenir au théâtre avec mon amour pour Georges?

ANDRÉA.

Tout...

CLOTILDE.

Es-tu jalouse de mon bonheur?...

ANDRÉA.

Moi?... Grand Dieu!... Tu n'as donc pas compris que je suis une femme de raison, non de sentiment?...

CLOTILDE.

Et tu voudrais que je fusse de même?

ANDRÉA.

Non... Je voudrais que tu visses plus clair dans tes intérêts...

CLOTILDE.

Je m'en occupe, Andréa.

ANDRÉA.

Le fais-tu comme il conviendrait?

CLOTILDE.

Comment cela?

ANDRÉA.'

Écoute-moi, Clotilde... Tu sais que je suis au courant de toutes les intrigues de coulisses...

CLOTILDE.

Eh bien?...

ANDRÉA.

Eh bien! tu auras beaucoup de peine à ressaisir ta
situation à Paris.

CLOTILDE.

Pourquoi donc?

ANDRÉA.

Parce que tu t'es isolée de plus en plus de notre
monde, que ta tenue actuelle donne prise à mille préventions...

CLOTILDE.

Je les dissiperai en me remontrant...

ANDRÉA.

Y parviendras-tu?...

CLOTILDE.

C'est la moindre des choses...

GEORGES.

J'en doute...

CLOTILDE.

De quoi ne doutes-tu pas, toi?...

ANDRÉA.

Ah! c'est qu'il faut absolument que tu fasses un engagement, et quand on a besoin !...

CLOTILDE.

Ne vas-tu pas me décourager à l'avance?...

ANDRÉA.

C'est que tu n'as plus la ressource de la province...

CLOTILDE.

C'est vrai...

ANDRÉA.

Et que Georges t'enlèvera toutes les chances de renouer de bonnes relations ici...

CLOTILDE.

Bah! tu vois tout en noir!... Je ne connais pas d'esprit plus inquiet, plus chagrin que le tien!

ANDRÉA.

C'est que je sais quelles sont les dispositions à ton égard...

CLOTILDE.

Tu les exagères à plaisir...

ANDRÉA.

Pas le moins du monde...

CLOTILDE.

Si... sois-en persuadée... Il n'est pas croyable que je rencontre la malveillance que tu supposes...

ANDRÉA.

Attends-toi toujours à une indifférence complète...

CLOTILDE.

Tu oublies que je compte toujours de bons amis parmi les directeurs, auteurs et journalistes.

ANDRÉA.

Ce sont précisément ceux qui t'en veulent le plus...

CLOTILDE.

Ah ! la chose est plaisante !...

ANDRÉA.

Elle est malheureusement vraie...

CLOTILDE.

Et le motif ?...

ANDRÉA.

Il est bien simple... c'est que tu n'es plus la même pour eux....

CLOTILDE.

C'est une erreur, Andréa.

ANDRÉA.

Alors, c'est ta maison qui a changé...

CLOTILDE.

Comment !... parce qu'ils ne se sont point assis à ma table depuis quelque temps ?... Allons, Andréa... tu calomnies mes amis, ma chère...

ANDRÉA.

Eh ! tu sembles les fuir !...

CLOTILDE.

Quoi!... ils auraient la petitesse...

ANDRÉA.

Ils se figurent que tu n'as plus pour eux la même con·
sidération...

CLOTILDE.

Je les désabuserai !...

ANDRÉA.

Tu auras raison... si tu le peux encore...

CLOTILDE.

Il le faudra bien...

III

LES PRÉCÉDENTES, RIGOBERT, MARIETTE.

MARIETTE.

Monsieur Rigobert.

CLOTILDE, *lui tendant la main.*

Bonjour, mon ami...

RIGOBERT.

Vous avez fait bon voyage, ma chère Clotilde ?

CLOTILDE.

Merci... Très-bon.

RIGOBERT.

Nous en avons eu, j'espère, de ces succès en province!...

ANDRÉA.

Autant qu'une femme de grand talent, qui ne doit plus y retourner...

RIGOBERT, à Andréa.

Il y a encore une méchanceté là-dessous, coquette?...

CLOTILDE.

Tu es insupportable, Andréa... Quand tu te mets à persécuter quelqu'un, tu n'en finis plus...

RIGOBERT.

Oh! c'est bien vrai, elle est sans cœur, sans entrailles...

ANDRÉA.

Vous en avez beaucoup, vous, pour parler des autres!...

RIGOBERT, portant la main à son ventre.

Je n'ai pas d'entrailles?...

ANDRÉA.

Qui vous parle de cela?... Je n'y ai pas seulement pris garde...

RIGOBERT.

C'est donc de cœur que je manque?

ANDRÉA.

Vous osez le demander?...

RIGOBERT.

Certainement que j'ose!... Vos grands yeux ne me font pas peur... Vous me les faites depuis assez de temps pour que j'aie pu m'y accoutumer...

ANDRÉA.

Tenez, vous mériteriez que je vous fisse mourir de honte...

RIGOBERT.

Parbleu!... vous m'avez assez fait souffrir... Vous pouvez m'achever, s'il vous plaît...

CLOTILDE.

Ah! çà, vous ne pouvez donc pas vous rencontrer sans vous quereller?... Je croyais tout fini entre vous...

ANDRÉA.

Moi aussi, je le croyais... du moins, je l'espérais...

CLOTILDE.

Il n'en est donc pas ainsi?...

ANDRÉA.

Ah! bien oui!... Est-ce qu'il n'y a pas de ces êtres dont il est impossible de se débarrasser?...

RIGOBERT, à part.

Une femme apprécier ainsi l'amour constant!...

CLOTILDE.

Vous êtes donc décidément incurable, mon pauvre Rigobert?

RIGOBERT.

Ne m'en parlez pas... Je me méprise comme le dernier des caniches...

ANDRÉA.

Le caniche est un animal fort estimable auprès de vous !...

RIGOBERT.

C'est possible... Je vous accorde tout ce que vous voudrez...

ANDRÉA.

Pour moi, je ne vous imiterai point... Je ne vous accorderai jamais rien...

CLOTILDE.

Enfin, voyons, Andréa, la passion de Rigobert est donc revenue sur l'eau ?...

ANDRÉA.

Si ce n'est pas honteux, dis, Clotilde ?...

RIGOBERT.

Elle n'ajoute pas, la coquette, que c'est elle qui l'y a ramenée...

ANDRÉA.

Taisez-vous, imposteur !...

RIGOBERT.

Comment !... Vous ne m'avez pas fait vos plus doux yeux, votre voix la plus caressante, quand il a été question que je pourrais hériter de mon oncle le millionnaire ?...

ANDRÉA.

Dam! je vous traitais comme un homme qui est sur
le point de devenir réalisable...

RIGOBERT.

C'était donc la fortune qui pouvait m'écheoir qui
me valait la considération que vous me témoigniez?...

ANDRÉA.

Sans aucun doute.

RIGOBERT.

Vous m'eussiez donc accepté pour époux, si j'étais
réellement devenu riche?

ANDRÉA.

Peut-être.

RIGOBERT.

Et sans m'aimer?

ANDRÉA.

Puisque vous vous en seriez accommodé.

RIGOBERT.

Laissez-moi croire au moins que l'amour fût venu. .

ANDRÉA.

Je ne m'en serais point souciée...

RIGOBERT.

Comme c'est aimable !

ANDRÉA.

Il faut que cela vous soit indifférent, puisque vous m'ennuyez tout de même...

RIGOBERT.

Les hommes sont si bêtes !...

ANDRÉA.

C'est bien vrai !

CLOTILDE, à *Rigobert*.

Franchement, mon ami, Andréa a raison de vous reprocher de manquer de dignité...

RIGOBERT.

En a-t-elle plus, elle, quand elle ose parler comme elle fait ?...

CLOTILDE.

Non... C'est précisément pour cela que vous eussiez dù ne plus l'entretenir de votre amour...

RIGOBERT.

Si vous saviez combien la syrène est dangereuse !

CLOTILDE.

Il fallait, comme les compagnons d'Ulysse, vous capitonner contre ses enchantements.

RIGOBERT.

Eh ! mon Dieu, les hommes ont toujours la faiblesse de se croire forts... C'est là ce qui les perd !

ANDRÉA.

C'est-à-dire, que vous avez tous la vanité de vous croire irrésistibles et que cela vous rend ridicules, détestables.

RIGOBERT.

Vous n'eussiez pas pensé de même des beaux écus de l'oncle...

ANDRÉA.

Non, certes... pour deux raisons... La première, c'est qu'ils ne m'eussent pas étourdie, comme vous, d'un sempiternel rabâchage... La seconde, c'est que je ne leur eusse pas laissé le temps de devenir monotones...

CLOTILDE.

Quelle folle tu fais, Andréa... Vraiment, quelqu'un qui ne te connaîtrait pas, te prendrait pour une femme d'une cupidité impitoyable...

ANDRÉA.

Mais c'est que tout est là, ma chère... Quiconque ne sait pas désirer, ou s'apitoie trop, est toujours dupe en ce bas monde.

CLOTILDE.

Quelquefois, mon amie... Mais que l'on est heureux quand on n'éprouve que les ardeurs de la charité, du dévouement!...

ANDRÉA.

Te fais-tu décidément mystique?

CLOTILDE.

C'est ton matérialisme qui provoque cette réaction !...

RIGOBERT.

Vous avez raison, Clotilde... mieux vaut tomber dans cet excès que dans l'autre... C'est moins dangereux, quoi qu'en dise Andréa.

ANDRÉA.

Je vous conseille de trancher les questions de cet ordre, vous qui n'avez jamais pu sortir de vos spéculations bourgeoises !

RIGOBERT.

Votre majesté se trompe, puisque j'ai osé aspirer à sa main...

ANDRÉA.

C'était un accès de délire ambitieux.

RIGOBERT.

En effet, je ne pouvais plus avoir mon bon sens...

CLOTILDE.

N'allez-vous pas recommencer ?...

ANDRÉA.

Alors fais-le taire, car je ne peux pas répondre de mes nerfs, dès qu'il m'adresse la parole.

RIGOBERT.

Dire que j'ai la lâcheté de ne pas fuir, quand j'aperçois cette femme-là !...

CLOTILDE.

Rigobert, soyez le plus sage... Cédez-lui sur ce sujet, et passons à un autre... D'ailleurs, j'entends Georges; vous savez qu'il est peu partisan des théories d'Andréa...

ANDRÉA.

Je le crois bien! Il a ses motifs...

RIGOBERT.

Qui valent mieux que les vôtres.

IV

LES PRÉCÉDENTS, GEORGES.

GEORGES, *un peu pâle.*

Bonjour, mes amis... Comment allez-vous?... Bonjour, ma bonne Clotilde...

ANDRÉA.

Parfaitement, et vous-même, M. Georges?

Rigobert serre la main à Georges.

CLOTILDE.

Vous paraissez fatigué, mon ami?...

GEORGES.

Je suis horriblement contrarié, ma chère Clotilde ..

CLOTILDE.

Ah! mon Dieu!... Que vous est-il arrivé!...

GEORGES.

J'ai perdu cet important procès que je viens de plaider...

CLOTILDE.

Est-ce possible!... Une affaire que vous regardiez comme certaine!...

GEORGES.

Helas! oui... Les juges ont décidé contre nous...

RIGOBERT.

Ce n'est que cela?... Ce sont vos clients qui doivent être vexés... Qu'est-ce que cela peut vous faire, à vous, si vous avez plaidé avec votre talent habituel?...

GEORGES.

Cela me fait beaucoup...

RIGOBERT.

Parce que vous épousez chaudement la cause des gens qui vous confient leurs intérêts... Mais après?...

GEORGES.

Après?... Ils ne me les confieront plus...

RIGOBERT.

Diable! si un avocat perdait sa clientèle pour avoir perdu un procès, il n'y en aurait pas un en exercice...

GEORGES.

Vous avez raison... Mais c'est que je les perds tous depuis quelque temps...

RIGOBERT.

Cela n'a rien d'étonnant... Il y a de mauvaises veines...

GEORGES.

Jamais je n'ai eu de plus belles affaires !...

RIGOBERT.

Vous n'étiez pas aujourd'hui en bonne disposition...

GEORGES.

Jamais je n'avais apporté plus de soin à l'étude d'une cause, obtenu un plus franc succès d'audience...

RIGOBERT.

Dam !... c'est... c'est... que le diable s'en mêle...

ANDRÉA.

Voilà une fameuse raison !...

GEORGES.

Tâchez de nous en donner une meilleure, ma chère Andréa...

ANDRÉA.

Il ne faudrait peut-être pas chercher longtemps...

GEORGES.

Ma foi, dussiez-vous y employer des mois, vous me rendriez un grand service en la trouvant... Car, je commence à y perdre mon latin...

ANDRÉA.

J'y songerai, jeune Cicéron...

GEORGES.

Je vous serai vraiment fort obligé, belle sorcière...

RIGOBERT.

Vous ne risquez rien de vous armer de patience, mon cher Georges.

ANDRÉA.

Conseillez-lui plutôt de se disposer à entendre là-dessus les vérités que j'ai à lui apprendre, mauvais plaisant!...

GEORGES.

La découverte sera donc prochaine et... terrible !...

ANDRÉA.

Terrible... pas précisément... Prochaine, peu agréable, peut-être bien...

GEORGES.

Vous me trouverez prêt, Andréa.

CLOTILDE, *à Georges*.

Vous ne voyez pas, mon ami, qu'Andréa veut tout simplement vous distraire?...

ANDRÉA.

Mais non... mais non... Je parle très-sérieusement, comme toujours... surtout quand j'ai l'air de rire...

CLOTILDE.

Veux-tu te taire, originale... Rigobert va te prendre pour un démon...

RIGOBERT.

C'est fait depuis longtemps !...

ANDRÉA.

Cela ne m'étonne pas... Les êtres primitifs ont tant de superstitions !...

GEORGES, *observant Clotilde.*

Mais vous, ma chère Clotilde... vous avez aussi quelque chose... Je vous ai trouvée pensive, embarrassée, lorsque je suis entré.

CLOTILDE.

Ce sont vos contrariétés qui m'affligent, mon ami...

GEORGES.

Vous ne remarquez pas, ma chère Clotilde, que je viens de vous dire que j'avais été frappé de votre air en arrivant... Vous ne connaissiez pas encore la perte de mon procès...

CLOTILDE.

Peut-être votre pâleur m'avait-elle impressionnée, mon ami...

GEORGES.

Au point de vous rendre toute soucieuse instantanément?... Cela est peu vraisemblable...

CLOTILDE.

Alors, mon ami, je ne sais pas... C'est votre disposition d'esprit qui se sera réflétée sur mon visage...

'GEORGES.

Ce n'est pas la première fois que je vous surprends dans cette attitude rêveuse, préoccupée, ma bonne Clotilde... Qu'avez-vous?... Nos amis ne sont pas de trop ici...

CLOTILDE.

Je n'ai rien, je vous le répète, Georges... Si je suis parfois moins gaie qu'à l'ordinaire, c'est sans doute à mon état de santé qu'il faut l'attribuer...

RIGOBERT.

Les femmes sont si nerveuses !...

ANDRÉA.

Et tant de choses leur portent sur les nerfs !...

GEORGES.

L'existence de Clotilde est assez calme pour qu'il soit difficile d'admettre qu'elle rencontre la cause de son trouble actuel dans des circonstances extérieures.

CLOTILDE.

Certainement, mon ami... Ce doit être tout névralgique, comme disent les médecins...

GEORGES

Pour se dispenser de chercher plus loin !...

ANDRÉA.

Les médecins !... En voilà encore de fameux causalistes !...

27

CLOTILDE.

Bon, vas-tu aussi les prendre à partie?...

ANDRÉA.

Non... j'aurais trop à dire...

GEORGES.

Andréa, pour cela, je suis de votre avis...

ANDRÉA.

La médecine !... Il y a des gens qui croient à la médecine !... Mais elle n'est qu'une science de mots, l'art de nommer, de classer des effets !... Trouvez-moi donc un médecin qui vous dise clairement la cause de votre mal ?...

RIGOBERT.

Peste ! quelle femme !... Ni les secrets de la nature, ni ceux des consciences ne lui échappent !... Elle démasque les faux savants, lit dans la pensée des magistrats, comme nous apercevons la lune, nous autres...

ANDRÉA.

Moquez-vous bien !... Cela n'empêche pas mon seul instinct de femme de m'en apprendre plus long que tous vos grands docteurs.

RIGOBERT.

C'est plus fort que le somnambulisme, cela, belle Andréa !

ANDRÉA.

Fameuse merveille que votre somnambulisme !... C'est la science des endormis, mon cher... Tandis que moi, je vois les yeux ouverts...

GEORGES.

J'ai bonne envie de mettre votre savoir à contribution, Andréa...

ANDRÉA.

Ne vous gênez pas, mon ami... Si je puis vous répondre, je le ferai avec plaisir...

GEORGES.

Est-il vrai que Clotilde n'ait rien?...

ANDRÉA.

Eh! Eh!...

CLOTILDE.

Andréa, tu vas dire quelque sottise...

GEORGES.

Tant mieux!... Nous en rirons !...

ANDRÉA.

Voyez-vous cela !...

CLOTILDE.

Je m'oppose à la consultation de la sibylle...

ANDRÉA.

Pour parler à ma place?...

CLOTILDE.

Du tout!... Parce que je ne veux pas de tes conjectures compromettantes.

ANDRÉA.

Tu n'en as presque plus besoin, maintenant!...

CLOTILDE.

Raison de plus pour te taire!...

ANDRÉA,

Si je t'obéis, ce sera bien pis que si je parle!

CLOTILDE.

Ah!...

ANDRÉA

Sans doute, puisque ce sera la preuve qu'il y aura quelque chose de très-grave.

CLOTILDE.

Mais tu es infernale!

ANDRÉA.

Il faut bien que je justifie l'opinion que vous avez de moi!...

GEORGES.

Le fait est, Clotilde, qu'Andréa vous a prise dans le filet de son adresse...

CLOTILDE.

Oh! vous, mon ami, vous voulez la faire causer.

ANDRÉA.

Il a peut-être raison.

GEORGES.

Vous avez donc à m'apprendre des choses intéressantes ?

ANDRÉA.

Vous ne l'avez pas encore compris?...

GEORGES.

Allez, nous vous écoutons...

ANDRÉA.

Je puis parler tout haut?

GEORGES.

Pourquoi non?...

ANDRÉA.

C'est que Clotilde va réclamer...

GEORGES.

Ce sera son droit, si vos affirmations ne sont pas justes...

ANDRÉA.

Vous voulez dire si elles le sont trop.

CLOTILDE.

Va donc, maudite bavarde, je ne ferai même pas attention à tes billevesées.

ANDRÉA.

Tu te vantes, en ce moment.

GEORGES.

Nous attendons !...

ANDRÉA.

Vous avez remarqué, avez-vous dit, Georges, que Clotilde est parfois rêveuse...

GEORGES.

Eh bien ?...

ANDRÉA.

Vous n'en avez pas deviné la cause?

GEORGES.

Non...

ANDRÉA.

Pas plus que celle qui vous fait perdre vos procès?...

GEORGES.

Pas davantage...

ANDRÉA.

C'était cependant plus facile encore...

GEORGES.

C'est possible... Mon peu de sagacité tient sans doute au défaut d'habitude... Je connais des gens très-sots qui devinent tous les rébus...

ANDRÉA.

Vous voulez que je vous aide, moi qui suis de ces sots-là.

GEORGES.

Je ne demande pas mieux...

ANDRÉA.

Clotilde est inquiète, mon cher...

GEORGES.

Parbleu ! je m'en doute bien !...

RIGOBERT.

A la bonne heure !... Voilà un tour de force !...

ANDRÉA (*haussant les épaules*).

Et Rigobert va vous dire pourquoi...

RIGOBERT.

Moi?... Je ne tire pas la bonne aventure...

ANDRÉA.

Vous êtes alors moins fort que moi...

GEORGES.

Achevez, Andréa...

ANDRÉA.

Clotilde est inquiète... non pas parce qu'elle a perdu son procès, elle, mais parce qu'elle craint de le perdre ·

GEORGES.

Son procès?...

· CLOTILDE.

Les oracles parlent toujours par métaphore ou d'une manière ambiguë.

RIGOBERT.

Dans l'intérêt de ceux qui les consultent.

ANDRÉA.

Il le faut bien pour ménager la faiblesse des pauvres mortels et sauvegarder la responsabilité des Dieux...

GEORGES.

Expliquez-vous, Andréa !...

ANDRÉA.

Vous n'êtes donc pas plus habile à saisir les méta-
phores qu'à pénétrer les rébus?...

GEORGES.

Il paraît...

ANDRÉA.

Je vais vous mettre les points sur les i...

RIGOBERT.

Il n'y aura plus moyen de confondre... '

ANDRÉA.

Chacun de nous ici-bas, a, vous le savez, sa destinée
à faire... C'est un procès à gagner devant la société...
Souvent, la cause se présente bien d'abord, puis finit
mal...

GEORGES.

Comme toutes les miennes depuis quelque temps...

ANDRÉA. .

Absolument...

GEORGES.

Poursuivez, Andréa.

ANDRÉA.

Encore?... Ce n'est pas assez clair?...

GEORGES.

Mais non, je vous assure...

ANDRÉA.

Vous abusez, mon cher...

CLOTILDE.

Mon Dieu ! que vous êtes ennuyeux, avec votre esprit !...

ANDRÉA.

Tu es bien dégoûtée, ma chère amie...

GEORGES.

Enfin, Clotilde est préoccupée de l'avenir ?... Hélas ! qui ne l'est pas ?... Vous voyez que je ne me trompais point, Clotilde...

CLOTILDE.

Mais, mon cher Georges, cet état n'a rien d'extraordinaire...

ANDRÉA.

Pour toi, depuis quelque temps, c'est vrai...

GEORGES.

Depuis quelque temps ?

CLOTILDE.

C'est Andréa qui le dit....

ANDRÉA.

Parce qu'Andréa sait ce qui se passe et a le courage de s'avouer la réalité pour les autres comme pour elle-même...

GEORGES.

Que voulez-vous dire, Andréa ?.. Tout cela, je l'avoue, a lieu de me surprendre...

27.

ANDRÉA.

Vous ne voyez les choses, vous autres hommes, que lorsqu'elles vous crèvent les yeux !

GEORGES.

Mais, encore une fois, qu'y a-t-il?... Parlez donc, puisque vous avez commencé!...

CLOTILDE.

Je savais bien, Andréa, que tes plaisanteries finiraient par tourner de cette manière...

GEORGES.

Des plaisanteries?... quand il s'agit de votre repos, de votre santé, de votre bonheur?... N'espérez pas me donner le change, Clotilde? Vous souffriez et vous me le cachiez...

CLOTILDE.

Je vous jure, mon ami...

ANDRÉA.

Ne l'écoutez pas, Georges... Elle vous trompe, ou plutôt se trompe elle-même...

GEORGES.

Allons, ma Clotilde, soyez confiante...

CLOTILDE.

Vous savez tout maintenant, mon ami... De légères et fugitives inquiétudes sont les seules causes qui obscurcissent parfois mon front...

GEORGES.

Pourquoi ne pas m'en faire part quand elles vous
obsèdent, Clotilde... Peut-être réussirais-je à les dis-
siper...

ANDRÉA.

C'est qu'il y a une petite difficulté...

GEORGES.

Laquelle?...

ANDRÉA.

Vous comprendrez cela, vous qui êtes légiste... C'est
que l'on ne peut être juge dans sa propre cause...

GEORGES.

Suis-je donc l'auteur des tourments de Clotilde?

CLOTILDE.

Ne le supposez pas, mon ami.

ANDRÉA.

Eh bien! oui... Elle n'ose pas vous le dire, mais cela
est réel... Toutes les conséquences de votre position
fausse, sont autant d'entraves à la carrière de Clotilde... et elle désespère de les surmonter...

CLOTILDE.

Que dit-elle, grand Dieu!... Ne la croyez pas, mon
ami, je vous en conjure !...

ANDRÉA.

Georges, je me suis conduite en amie dévouée...
Maintenant, la voie vous est ouverte, explorez-la at-

tentivement, vous rencontrerez l'explication de bien
des mystères... Adieu, Clotilde... Tu me remercieras
un jour du devoir que je viens d'accomplir... En attendant, compte toujours sur mon amitié... Allons,
Rigobert, je vous accepte pour cavalier jusque chez
moi... Venez...

Clotilde et Georges restent étourdis du coup que vient de frapper Andréa. Rigobert offre son bras à celle-ci et ils sortent.

V

CLOTILDE, GEORGES.

GEORGES, *après un long silence.*

Il est donc vrai, Clotilde, que vous regardez notre
amour comme un malheur et que vous le regrettez?...

CLOTILDE.

Pouvez-vous bien le croire, Georges?

GEORGES.

Les déclarations de votre amie sont assez explicites...

CLOTILDE.

Mon amie est une folle, Georges...

GEORGES.

Il paraît qu'elle est du moins dans vos confidences...

CLOTILDE.

Encore une fois, Andréa est une folle... Tout ce
qu'elle vient de dire n'a pas d'autre source que son
imagination.

GEORGES.

Ne le puiserait-elle pas plutôt dans ses relations avec les gens de théâtre?...

CLOTILDE.

Non, mon ami, non... Andréa, vous le savez, juge les choses à son point de vue... Elle est convaincue que j'expose mon avenir d'artiste... Comme s'il pouvait y avoir d'autre avenir pour moi que notre amour!...

GEORGES.

Vous dissimulez avec moi, Clotilde... Je le comprends maintenant... Andréa vient de m'ouvrir les yeux...

CLOTILDE.

Ah! mon Dieu!... Mais vous ne me croyez donc plus, Georges?...

GEORGES.

Oui, vous souffrez à cause de moi, sans oser vous l'avouer à vous-même...

CLOTILDE.

Je souffre à cause de toi, dis-tu?... Mais tu es ma joie, mon espérance, mon bonheur!... Sans ton amour, je ne vivrais pas!...

GEORGES.

Oh! je sais que vous m'aimez, Clotilde... Malheureusement, je sais aussi aujourd'hui ce que vous coûte cet amour...

CLOTILDE.

Deviens-tu fou à ton tour, Georges?...

GEORGES.

Je le voudrais! La réalité serait moins poignante!...

CLOTILDE.

Georges!... mon Georges!... écoute-moi... Je te jure
sur tout ce qu'il y a de plus sacré que toi seul occupe
mon cœur et mon esprit...

GEORGES.

Je le crois, Clotilde... mais tu as besoin de ton art...
et...

CLOTILDE.

Mon art?.... Serais-je à sa hauteur sans toi,
Georges?...

GEORGES.

Qu'importe que tu y excelles, si tu ne peux l'exercer?...

CLOTILDE.

Qui donc m'en empêche ?

GEORGÉS.

Mon Dieu! la position que je t'ai faite peut-être...

CLOTILDE.

Vous ne m'aimez donc plus, Georges, que vous pouvez raisonner ainsi?...

GEORGES.

Oh! je vous adore plus que jamais, ma Clotilde...
Mais enfin, il faut bien se rendre à l'évidence...

CLOTILDE.

A l'évidence?... Et laquelle, Georges?...

GEORGES,

L'impossibilité de refaire un engagement convenable
à Paris...

CLOTILDE.

Qui vous dit, Georges, qu'il ne s'en présente pas, ou
que je m'y sois employée sérieusement?

GEORGES.

Vous voulez encore me tromper, Clotilde...

CLOTILDE.

Et vous, monsieur, vous avez une arrière-pensée en
me tenant un pareil langage.

GEORGES.

Moi? ma Clotilde!... Vous ne le croyez pas.

CLOTILDE.

Pourquoi alors doutez-vous de ma parole?... Avez-
vous surpris un seul indice des sentiments, des regrets
que vous me supposez?...

GEORGES.

Vous êtes si adorablement bonne!...

CLOTILDE.

Avez - vous entendu sortir un murmure de mes
lèvres ?

GEORGES.

Vous êtes si délicate, si digne dans votre résigna-
tion !

CLOTILDE.

Avez-vous lu un seul instant de doute, d'abattement
sur mon front ?...

GEORGES.

Vous êtes si ingénieuse, si forte contre les émotions
qni peuvent m'alarmer !...

CLOTILDE.

Non, mon ami, je ne me suis point composé un
visage pour vous dérober des douleurs que vous m'auriez occasionnées... Je n'ai eu qu'une idée depuis que
je vous aime, c'est d'épurer le culte de mon amour
pour le rendre plus digne de vous... Ne me faites pas
l'injure de croire que j'ai souillé, d'un grossier alliage,
ce précieux sentiment.

GEORGES.

Hélas ! ma Clotilde, quelque dédain que nous ayons
de nos intérêts, nous sommes bien forcés de nous y
arrêter un peu...

CLOTILDE.

Jamais, je vous le répète, Georges, cette question
ne s'est heurtée à mon amour... Elle l'eût avili à mes
yeux...

GEORGES.

Noble femme !... Quelle hauteur d'âme !...

CLOTILDE.

Etes-vous rassuré, mon ami !...

GEORGES.

Sur votre affection... oui, ma Clotilde... pas entièrement encore sur les difficultés que peut vous susciter
notre liaison.

CLOTILDE.

Enfant !... qui peut se laisser impressionner par les
extravagances de cette folle d'Andréa !...

GEORGES.

Le monde est si intolérant, si méchant, ma Clotilde !...

CLOTILDE.

Que voulez-vous que le monde ait à démêler avec
nous ?...

GEORGES.

Hum ! Ce ne serait pas la première fois qu'il s'abais-
serait à persécuter de pauvres diables obscurs et inof-
fensifs !...

VI

LES PRÉCÉDENTS, MARIETTE.

MARIETTE.

Voici une lettre pour madame.

CLOTILDE.

Donne, Mariette... Voyons ce que c'est... (*Elle ouvre la lettre et va à la signature.*) Le directeur de la Comédie Française!... Serait-ce une proposition?... Vous seriez bien attrapés, vous et Andréa!...

GEORGES.

J'en conviens, ma chère amie.

CLOTILDE, *lisant.*

« Madame, si vous voulez prendre la peine de passer à mon cabinet, j'ai à vous entretenir d'une affaire qui vous intéresse. »

Eh bien! Georges, que devient tout cet échafaudage de chimères, d'appréhensions?...

GEORGES.

Je serai heureux si nous nous sommes trompés, Clotilde, bien heureux, je vous le jure...

CLOTILDE.

Pour que vous jouissiez le plus tôt possible de ce bonheur, mon Georges, je vais courir à la direction du théâtre... (*Elle sonne.*)

GEORGES.

Vous ferez bien, ma chère amie... Ce sont des affaires qu'il ne faut pas laisser refroidir.

VII

LES PRÉCÉDENTS, MARIETTE.

CLOTILDE.

Vite, Mariette, mon chapeau, mon schall, une voiture... (*A Georges*) Vous voyez bien, mon ami, que la fortune ne veut pas encore nous trahir... Il y a longtemps que j'aurais reparu sur la scène, si j'avais voulu me donner un peu de peine, allez...

Elle met son chapeau et son schall.

GEORGES.

Tant mieux!... tant mieux! ma Clotilde!... Vous méritez tous les genres de succès... Il ne serait pas juste que nous eussions aussi mauvaise chance l'un que l'autre...

CLOTILDE.

Patientez, mon bel avocat... vos talents seront aussi appréciés avant peu... Vous aurez tant de causes, d'affaires, qu'il ne vous restera plus de temps pour moi...

GEORGES.

Oh! ne craignez pas, ma chère Clotilde... L'ambition, la gloire ne vous feront jamais tort d'un seul instant.

CLOTILDE.

Nous verrons cela, monsieur... Je vais toujours traiter avec mon futur directeur, en attendant que je traite avec le comité pour mon sociétariat...

GEORGES.

Allez, ma Clotilde... bonne réussite...

Elle approche son front des lèvres de Georges et sort.

VIII

GEORGES seul.

Oui, bonne réussite !... Je ne sais pourquoi, mais je
n'y crois pas... On ne vient point aujourd'hui, par ce
temps d'intrigues, de turpitudes, au devant des gens
quels qu'ils soient... Ou si l'on est forcé de s'en servir,
est-ce bien pour les mettre à leur place?... Pauvre Clotilde ! qui sait si cette démarche dont tu te réjouis ne
te ménage pas quelque désappointement!... D'ailleurs,
en es-tu dupe toi-même?... Je ne puis le penser... C'est
en vain que tu as cherché à me rassurer par les plus
ingénieuses protestations... Tu es inquiète, ennuyée...
Tu souffres, ma noble amie, et tout cela à cause de moi!...
Oh ! tes angoisses ne sont pas plus vives, plus profondes
que les miennes, ma Clotilde!... Si tu savais ce que
j'endure dans l'impuissance où je me trouve de t'é-
pargner toutes ces misères !... Mais quoi! le pourrais-
je, en supposant que la fortune voulût me sourire?...
Clotilde n'est-elle pas trop fière pour jamais rien
accepter d'un amant!... Consentirait-elle à renoncer
à son art qui la passionne, lui assure l'indépendance,
pour vivre de mon travail?... Non, elle ne le ferait pas,
j'en ai la certitude... Il faut donc alors qu'elle reste
dans cette carrière qui l'expose à mille impertinences,
à toutes sortes de dangers... dans cette carrière que
je hais pour les tortures qu'elle me fait subir!... Ah!
que la vie est une amère chose!... Détachée de toute

affection, elle est égoïste, étouffante... Dominée par
l'amour, elle devient un insupportable tourment... Il
n'est pas une seule inquiétude, une seule peine, une
seule douleur, que l'amour, même le plus heureux, ne
recèle... Craindre de ne plus être aimé, de se voir
dérober une pensée, un instant d'attention, un regard,
un sourire, n'est-ce pas avoir le cœur percé de mille
traits brûlants?... Triste destinée des sentiments
humains!... Il y aurait peut-être un moyen de tout
concilier, de faire taire les plus délicates susceptibilités
de Clotilde, de tranquilliser les ombrages de ma
jalousie... ce serait le mariage... Une fois nos intérêts
confondus, il faudrait bien que Clotilde renonçât au
théâtre, donnât ainsi la paix à mon esprit... Quelle
joie alors de nous appartenir tout entiers, de vivre
absolument l'un pour l'autre!... Avec quelle ardeur je
travaillerais pour créer à ma femme une existence digne d'elle!... Avec quel orgueil je la produirais dans
ce monde auquel je suis contraint aujourd'hui de la
cacher!... Avec quel bonheur enfin, je l'entourerais de
toutes les félicités d'une position honorable!... Eh
bien! oui, mais tout cela n'est pas possible!... La
fatalité qui pèse sur moi semble vouloir m'interdire
un pareil état... Je sens grandir mon talent sans pouvoir maîtriser ma mauvaise fortune... Je ne puis même
pas revenir sur mes anciennes déterminations, relativement au mariage... Autrefois, je le proscrivais par
préjugé; aujourd'hui, il se venge par l'insuffisance de
ma position... Que me reste-t-il donc à faire, si vraiment, comme l'a dit Andréa, je suis un obstacle aux
intérêts de Clotilde? Ce que j'ai à faire?... Ah! je n'ose
y songer, car la force me manquerait pour l'accomplir!..
Moi! me séparer de ma Clotilde, la quitter, la fuir, lui

laisser croire à un ingrat abandon!... Jamais!... Pauvre
chère âme!... il ne faudrait plus que ce coup pour achever de la briser!... Cependant si de basses intrigues s'obs-
tinent à la repousser de la scène, ai-je le droit, après
avoir reçu son cœur, de lui ravir encore la gloire,
l'avenir!... Faut-il que j'absorbe, que j'immole ses
affections au profit de mon égoïsme?... N'est-ce pas moi
plutôt qui dois me sacrifier?... Ne puis-je pas prétexter
un voyage, une absence pour lui rendre sa liberté, la
faveur de· ces influences jalouses qui la poursuivent
parce qu'elle m'appartient?... N'aurai-je pas ainsi
rempli un devoir de conscience, réparé, en partie, le
tort de ma funeste passion?... Sans doute!... mais le
pourrai-je?... Ah! je le sens, cette séparation serait
plus cruelle que mille morts... M'arracher de tes bras,
ma Clotilde!... Te mentir comme un misérable!... Te
renier comme un traître!... T'abandonner comme un
lâche!.., T'exposer au mépris des hommes sans cœur
et sans pitié!... Oh! ce serait infâme!... Je ne des-
cendrai pas à une si noire action!... Que faire, mon
Dieu ! que faire?...

Il s'assied près d'une table. Entre Nestor.

I X

LE PRÉCÉDENT, NESTOR.

NESTOR.

Georges?

GEORGES, *se retournant*.

C'est toi, Nestor.

NESTOR.

Qu'as-tu mon ami?

GEORGES.

Ah! je suis bien malheureux!...

NESTOR.

Tu es malheureux, et tu ne viens pas à moi, Georges?

GEORGES, *se levant.*

Pardonne - moi, Nestor... Si tu savais combien je souffre!...

NESTOR.

C'est dans ces moments que l'on doit se souvenir de ses amis, Georges.

GEORGES.

C'est vrai... mais que peux-tu pour me soulager, mon pauvre Nestor?...

NESTOR.

Peut-être beaucoup... Au moins faut-il que je sache ce que tu as...

GEORGES,

Mon bonheur est empoisonné, mon ami...

NESTOR.

Clotilde t'aurait-elle trahi?...

GEORGES.

Oh! tu la calomnies!...

NESTOR.

Ne t'aimerait-elle plus autant ?...

GEORGES.

Oh! non... Son amour est toujours le même... pur, désintéressé...

NESTOR.

Alors, je ne comprends pas ton désespoir.

GEORGES.

Tu vas le comprendre, mon ami.

NESTOR.

Voyons, Georges.

GEORGES.

Mon ami, je suis une entrave au développement de la carrière de Clotilde... Notre mutuelle passion a compromis ses relations, ses intérêts de la façon la plus sérieuse.

NESTOR.

Je le crois sans peine... Le sent-elle ?

GEORGES.

Son angélique bonté cherche à me le dissimuler, mais je l'ai surprise maintes fois dans une certaine préoccupation, et son amie Andréa m'a d'ailleurs tout révélé.

NESTOR.

C'est là une des conséquences de votre fausse situation, mon cher...

GEORGES.

Dis plutôt qu'une implacable fatalité s'acharne contre moi...

NESTOR.

Je ne vois pas cela... La même chose arriverait à tout le monde...

GEORGES.

Mais qu'importe donc que Clotilde m'aime, ne vive que pour moi?... N'est-elle pas libre?...

NESTOR.

Si fait... parfaitement... comme ceux qui disposent des engagements, le sont de ne pas songer à elle.

GEORGES.

Son talent ne devrait-il pas commander l'attention?...

NESTOR.

Peut-être... au point de vue de l'art... Au point de vue individuel et administratif, que signifie le talent?...

GEORGES.

Comment ce qu'il signifie?

NESTOR.

Oui... Je te défie de me le dire...

GEORGES.

Mais, mon ami, c'est un blasphème que tu profères-là...

28

NESTOR.

Toujours au point de vue de l'art, c'est possible...
Dans les affaires, ce mot est inconnu...

GEORGES.

Mais l'art n'est point une affaire, Nestor.

NESTOR.

Erreur!... C'en est une très-difficile; très-scabreuse.

GEORGES.

Le mérite ou la médiocrité sont donc indifférents, au
théâtre?

NESTOR.

Non, tant s'en faut.

GEORGES.

Eh bien! alors...

NESTOR.

Eh bien! la médiocrité doit naturellement l'emporter
sur le mérite...

GEORGES.

Tu plaisantes, Nestor... Je te croyais plus de cœur
que cela.

NESTOR.

Je ne plaisante pas du tout, mon cher...

GEORGES.

Allons donc!... Tu me traites alors comme un
fou...

NESTOR.

Pas davantage !...

GEORGES.

C'est alors que toi-même as perdu la raison...

NESTOR.

Tu vas en juger... Est-il vrai que l'intrigue mène plus que jamais le monde ?

GEORGES.

C'est notoire...

NESTOR.

Est-il vrai que le mérite est toujours un sujet d'ombrage pour la médiocrité ?

GEORGES.

C'est naturel...

NESTOR.

Est-il vrai que cette dernière est infiniment plus commune que le talent ?

GEORGES.

Tout cela est manifeste.

NESTOR.

Est-il aussi évident que la médiocrité est plus malléable et peut se donner à de plus douces conditions que le mérite réel, constaté ?

GEORGES.

Sans contredit...

NESTOR.

Il est donc parfaitement logique que l'intrigue fasse
la fortune de la médiocrité et la ruine du talent.

GEORGES.

Eh bien! en l'admettant, qu'est-ce que cela prouverait à l'égard de Clotilde?... •

NESTOR.

Qu'elle a d'abord, le désavantage de la position.

GEORGES.

Tu penses donc que notre amour n'est pour rien dans
les embarras qu'elle rencontre?...

NESTOR.

Je ne dis pas cela!...

GEORGES.

Comment! tu partages l'opinion d'Andréa?

NESTOR.

Entièrement...

GEORGES.

Et tes motifs?...

NESTOR.

Sont très-faciles à déduire... Clotilde, telle qu'elle
est, doit nécessairement enflammer beaucoup d'imaginations, et les soupirants doivent d'autant plus s'exalter,
qu'elle est sage, d'une incorruptible vertu... L'amour
spirituel et pur se borne à souffrir, quand il est mal-

heureux... L'amour charnel, brutal se révolte contre
la résistance, brise, s'il peut, l'idole qu'il avait commencé par encenser... Comprends-tu maintenant combien la fidélité de Clotilde aux serments qu'elle t'a faits,
doit lui attirer d'ennemis, contribuer à grossir les griefs
des jaloux, des envieux?...

GEORGES.

Oui... oui, Nestor, je comprends !... Insensé !...
J'espérais que tu parviendrais à me voiler cette cruelle
vérité... Mais non, tout le monde me la jette au visage,
et moi-même, c'est elle que je rencontre partout, dès
que mon esprit a l'imprudence de creuser ce terrain
maudit...

NESTOR.

Aimerais-tu mieux prolonger un rêve dont le réveil
deviendrait plus affreux en s'éloignant?...

GEORGES.

Eh bien! oui, dût-il me tuer, je voudrais reculer ce
réveil!

NESTOR.

Et Clotilde, mon ami?... Si elle t'aime vraiment autant que tu le crois, ne serait-ce pas l'exposer à une
secousse trop violente?...

GEORGES.

Supposes-tu donc que l'amour de Clotilde ait besoin
du temps pour grandir?...

NESTOR.

Nos affections, mon ami, ont leurs racines comme

28.

les plantes... Plus elles vieillissent, plus elles enva-
hissent notre cœur qui est leur sol...

GEORGES.

Ah ! mon cher Nestor, le feu de notre mutuelle passion a porté notre amour jusqu'aux dernières fibres de
notre être... Nous l'arracher, serait tarir aussitôt notre
vie dans sa source même !...

NESTOR.

Il n'est pas question de cela, mon cher Georges...
Tu aimes Clotilde... tu feras ce qu'il faudra pour son
bonheur et pour le tien... En attendant, laisse-moi te
dire dans quel but j'étais venu te voir... Nos amis se
sont occupés de toi auprès des ministres... Leurs démarches sont sur le point d'obtenir un plein succès;
mais il est nécessaire que nous nous entendions...
Veux-tu te rendre avec moi chez d'Harcourt qui te sert
en cette occasion avec beaucoup de zèle?...

GEORGES.

Je n'ai guère la tête à moi en ce moment, mon pauvre
ami...

NESTOR.

Tu feras au moins acte de présence...

GEORGES.

Tout cela m'est bien indifférent, je t'assure.

NESTOR.

Ne dois-tu pas cependant désirer sortir d'une manière quelconque de cette impasse?...

GEORGES.

Que m'importe ! si je ne peux sauver mon amour!...

NESTOR.

Tes chances seront-elles meilleures en t'abandon-
nant au hasard?...

GEORGES.

Décide donc ce qu'il faut faire!...

NESTOR.

Allons nous réunir à nos amis qui nous attendent...
Peut-être se présentera-t-il une issue de ce côté...

GEORGES.

Allons!... Puissé-je, à mon retour, trouver au moins
Clotilde dans la satisfaction d'avoir vu couronner ses
justes espérances!...

Ils sortent tous deux.

FIN DE LA QUATRIÈME PARTIE

LE

MONDE DRAMATIQUE

CINQUIÈME PARTIE

UN SALON CHEZ CLOTILDE

UN SALON CHEZ CLOTILDE

I

ANDRÉA, RIGOBERT. Ils sont assis.

ANDRÉA.

Eh bien! avais-je raison de blâmer Clotilde de tout sacrifier à son amour pour Georges!

RIGOBERT.

Qu'est-ce que cela prouve ?

ANDRÉA.

Cela prouve que j'y voyais plus clair que vous tous...

RIGOBERT.

Oh ! pour des prétentions, vous n'en manquez pas...

ANDRÉA.

Convenez qu'elles sont bien cruellement justifiées cette fois...

RIGOBERT.

Je ne conviendrai de rien du tout!

ANDRÉA.

Vous êtes si entêté, de si mauvaise foi !...

RIGOBERT.

Andréa, faisons trêve, je vous en prie, à ces récriminations qui sont moins opportunes que jamais en ce moment...

ANDRÉA.

Pourquoi êtes-vous impertinent envers moi, s'il vous plaît ?

RIGOBERT.

Parce que vous êtes outrecuidante comme à votre ordinaire...

ANDRÉA.

Vous êtes un vaniteux !...

RIGOBERT.

Et vous une coquette...

ANDRÉA.

C'est mon dédain qui vous fait crever de dépit !. .

RIGOBERT.

C'est mon indifférence qui fait que vous le prenez sur ce ton !...

ANDRÉA.

Votre indifférence ?... Vantard !... Il ne me faudrait qu'une minute pour vous rendre aussi plat que par le passé...

RIGOBERT.

Essayez !...

ANDRÉA.

Je m'en garderai bien !... Je suis trop aise que vous me laissiez la paix !...

RIGOBERT.

Dites donc que vous enragez qu'une de vos victimes vous échappe...

ANDRÉA.

Des victimes comme vous ne flattent pas assez mon orgueil, mon cher...

RIGOBERT.

Les coquettes s'accommodent de tout, belle dame... Vous tolérez, j'en suis bien sûr, des hommages qui ne valent pas les miens...

ANDRÉA.

Quel fat !... Dire que ce serait trop heureux de ramper à mes pieds...

RIGOBERT

La façon dont je vous parle devrait vous avertir du contraire...

ANDRÉA.

Ça fait le poltron révolté, Dieu me pardonne !...

RIGOBERT.

Ça fait le cœur redevenu libre et fier de son affranchissement...

29

ANDRÉA.

Elle ira loin, votre indépendance...

RIGOBERT.

Aussi loin que je le voudrai bien, je l'espère...

ANDRÉA.

Tenez, vous me faites pitié!...

RIGOBERT.

Avant longtemps, je vous ferai peut-être envie...

ANDRÉA.

Cela sera bien amusant!...

RIGOBERT.

C'est possible... pour moi surtout...

ANDRÉA.

En attendant, voilà Clotilde dans une belle situation!...

RIGOBERT.

Hélas! comment faire pour lui adoucir ce terrible coup!

ANDRÉA.

Je l'ignore!...

RIGOBERT.

Pauvre cher ange!... Tout lui tombe à la fois...

ANDRÉA.

Ah! que n'a-t-elle écouté mes conseils!...

RIGOBERT.

Il est bien temps de gémir!...

ANDRÉA.

Devons-nous lui annoncer immédiatement toute la
vérité ?

RIGOBERT.

Non pas!... Nous la tuerions !...

ANDRÉA.

Devons-nous la lui cacher, lui bâtir provisoirement
un conte sur l'absence prolongée de Georges?

RIGOBERT.

Ce serait peut-être le plus prudent... Cependant, il
me répugne de tromper ce loyal et vaillant cœur...

ANDRÉA.

Il faut pourtant nous arrêter à un parti.

RIGOBERT, *réfléchissant*.

Si encore ce maudit engagement à la Ccomédie française avait réussi!...

ANDRÉA.

Que vous êtes simple, mon pauvre Rigobert!...
Georges ne se fût pas éloigné; nous n'aurions rien à
faire ici...

RIGOBERT.

C'est juste !...

ANDRÉA.

Franchement, la proposition que l'on faisait à Clo-
.tilde n'était pas acceptable.... Moi qui n'ai pas son
talent, je l'eusse repoussée.

RIGOBERT.

C'était une véritable mystification !...

ANDRÉA.

Je ne comprends même pas que l'on ait osé la lui
faire...

RIGOBERT.

Il y a quelque chose là-dessous, Andréa.

ANDRÉA.

J'ai plusieurs raisons de le soupçonner...

RIGOBERT.

Ah !...

ANDRÉA.

Je vous expliquerai cela plus tard. Le plus pressé,
quant à présent, est de fixer ce que nous allons dire à
Clotilde...

RIGOBERT.

Oui, car elle ne va probablement pas tarder à rentrer...

ANDRÉA.

Je vous laisserais bien parler,... mais j'ai peur que
vous ne commettiez quelque sottise...

RIGOBERT.

Touchante confiance !...

ANDRÉA.

Eh! mon cher, comme on connait les saints...

RIGOBERT.

Vous ne me ferez donc pas grâce une seule fois de vos impertinences ?

ANDRÉA.

Il faut bien que je vous rembourse des vôtres... Je ne veux rien avoir à vous...

RIGOBERT.

Vous êtes assez riche pour cela...

ANDRÉA.

Voyons, que diriez-vous à Clotilde, si vous vous chargiez de la préparer ?

RIGOBERT.

Dam!... Je lui dirais que Georges m'a écrit...

ANDRÉA, *l'arrêtant.*

Et pourquoi pas à elle !

RIGOBERT.

Parce que sa mère est à toute extrémité...

ANDRÉA.

Et il n'aura pas pu adresser sa lettre à Clotilde ?...

RIGOBERT.

Pour ne pas faire jaser les domestiques...

ANDRÉA.

Ne pouvait-il pas alors vous prier de la lui remettre?...

RIGOBERT.

Oh! vous allez en chercher trop long...

ANDRÉA.

Votre idée n'a pas le sens commun, mon cher...

RIGOBERT.

Oh! j'étais bien sûr qu'elle ne serait pas de votre
goût!

ANDRÉA.

Franchement, il faudrait que je fusse bien peu difficile!...

RIGOBERT.

Faites alors la commission vous-même.

ANDRÉA.

Je n'aurai pas grand'peine à m'en tirer plus adroi-
tement.

RIGOBERT.

Tant mieux... Pourvu que la pauvre Clotilde soit un
peu ménagée.

ANDRÉA.

Soyez tranquille!... Ce n'est pas à une femme que
vous enseignerez le tact et la délicatesse...

RIGOBERT.

Que lui direz-vous, enfin?...

ANDRÉA.

Vous l'entendrez...

RIGOBERT.

Pour agir seule, à votre tête, ce n'était pas la peine
de me consulter...

ANDRÉA.

Si vous aviez eu une idée... par hasard...

RIGOBERT.

Qui valût la vôtre?...

ANDRÉA.

C'est vrai, j'étais trop modeste...

RIGOBERT.

Elle me traite de vaniteux!...

ANDRÉA.

On ne l'est pas pour se rendre justice, mon cher...
Cela s'appelle avoir conscience de soi...

RIGOBERT.

Oh! parbleu! je suis tranquille sur votre compte...
Quand le diable se présentera pour régler avec vous,
vous trouverez moyen de lui démontrer que vos péchés
capitaux sont de sublimes vertus...

ANDRÉA.

Certainement... Et comme il est homme d'esprit, il comprendra cela...

RIGOBERT.

C'est tout de même, j'aurais été bien aise de savoir comment vous allez vous y prendre... Je crains que vous maltraitiez ce pauvre Georges...

ANDRÉA.

Il le mériterait bien !...

RIGOBERT.

Lui?... pauvre ami!... Il est capable d'en mourir de chagrin.

ANDRÉA.

N'aurait-il pas dû comprendre mieux que moi tous les inconvénients qu'entraînerait sa liaison avec Clotilde ?

RIGOBERT.

Est-ce que l'on peut prévoir qu'une affection si bien faite pour assurer le bonheur, rencontrera tant de vicissitudes?...

ANDRÉA.

A quoi bon l'esprit, l'expérience, alors?

RIGOBERT.

Est-ce que le hasard ne vient pas les déconcerter à chaque instant?....

ANDRÉA.

Ah! vous appelez hasard ce qui arrive!...

RIGOBERT.

Qu'est-ce donc, s'il vous plaît?...

ANDRÉA.

C'est la conséquence très-logique, forcée, du caractère qu'ils se sont obstinés à donner à leur maudit amour.

RIGOBERT.

Comment cela?

ANDRÉA.

Comment cela!... Comment cela!... Je vous l'ai déjà expliqué vingt fois...

RIGOBERT.

Je ne me souviens plus.

ANDRÉA.

Tant pis pour vous... Je n'aime pas à répéter éternellement la même chose...

RIGOBERT.

Comme il vous plaira...

ANDRÉA.

C'est vrai!... avec ça qu'il est si difficile de comprendre qu'un amour constant, farouche, est une anomalie dans notre profession!...

29.

RIGOBERT.

Ah ! c'est cela ?... J'y suis !.... Vous ne vous êtes effectivement pas fait faute de chercher à nous le démontrer.

ANDRÉA.

La démonstration est-elle concluante, maintenant?

RIGOBERT.

Cela dépend...

ANDRÉA.

N'ai-je pas prévu, prédit tout ce qui a lieu?

RIGOBERT.

Oui, mais toutes vos prédictions eussent été en défaut, si Clotilde eût obtenu la place qu'elle mérite, et si Georges fût arrivé à la réputation, à la fortune...

ANDRÉA.

En d'autres termes, si leur position eût été faite, elle n'eût pas été à faire, n'est-ce pas?... Savez-vous bien, mon cher, que, s'il vivait encore, M. de la Palisse serait jaloux de vous ?...

RIGOBERT.

Vous n'eussiez certainement pas inspiré le même sentiment au bonhomme !...

ANDRÉA.

Allons, mon cher, n'ayez pas l'humeur si maussade... Vous savez bien que nos grandes méchancetés se passent en paroles.

RIGOBERT.

Oui, mais ce sont vos paroles qui ont déterminé Georges à se sacrifier à ce que vous lui avez fait supposer être l'intérêt de Clotilde...

ANDRÉA.

C'est un grand bonheur !...

RIGOBERT.

La suite se chargera de nous l'apprendre...

ANDRÉA.

Georges tout le premier saura bien le reconnaître un jour...

RIGOBERT.

J'en doute...

ANDRÉA.

Quant à Clotilde, sa carrière va prendre une face nouvelle, je vous en réponds... Chut! je l'entends... Laissez-moi faire...

II

LES PRÉCÉDENTS, CLOTILDE.

ANDRÉA.

Allons donc, flâneuse !... Nous t'attendons depuis un temps infini...

CLOTILDE.

Vraiment?... J'en suis désolée, mes bons amis... J'ai voulu profiter de la matinée pour faire quelques visites.

ANDRÉA.

Tu as bien fait, ma chère Clotilde... Ce sont de ces petites choses que tu as trop négligées depuis un an.

CLOTILDE.

Je ne sais pas si c'est un tort que je puisse me reprocher.

ANDRÉA.

Sois-en bien convaincue... Il est toujours préjudiciable de perdre ou de laisser refroidir ses relations, quand on appartient à la vie publique.

CLOTILDE.

Oh! il y a du pour et du contre... ·

ANDRÉA.

Si tu t'étais tenue moins à l'écart, il est probable que tout marcherait aujourd'hui à ton gré.

CLOTILDE.

Je ne crois pas...

ANDRÉA.

Moi, j'en suis sûre.

CLOTILDE.

Tu penses donc qu'il suffit d'être présent pour imposer aux intrigues et se faire rendre justice?

ANDRÉA.

Très-souvent...

CLOTILDE.

Tu es dans l'erreur...

ANDRÉA.

Ecoute, chère amie, je vois mieux que toi comment se passent les choses...

CLOTILDE.

Tu te trompes encore, Andréa... Mon expérience vaut la tienne...

ANDRÉA.

Pour te citer un exemple... Je viens d'obtenir un magnifique rôle qui appartenait de droit à notre premier sujet...

CLOTILDE.

C'est par là que tu veux me prouver l'influence des relations?...

ANDRÉA.

Sans doute...

CLOTILDE.

Mais, ma chère, tu donnes aux mots une beaucoup trop grande extension...

ANDRÉA.

Comment cela?...

CLOTILDE.

Parce que ce n'est pas vraisemblablement à ta seule

gracieuseté avec l'auteur de ce rôle, que tu dois cette faveur.

ANDRÉA.

A quoi donc?...

CLOTILDE.

Mais sans doute aux officieuses recommandations de M. de Saint-Léon.

ANDRÉA.

Eh bien! chère amie, si je ne l'avais pas conservé!...

CLOTILDE.

Tu n'eusses pas pu faire commettre une injustice... C'est vrai...

ANDRÉA.

En admettant ce que tu dis, j'eusse donc pu mieux encore l'empêcher?...

CLOTILDE.

Sans contredit!... Avec des relations de cette nature, que ne peut-on pas?...

ANDRÉA.

Tu vois donc bien que j'ai raison...

CLOTILDE.

A ton point de vue, c'est possible... Au mien, j'aime mieux être moins influente...

ANDRÉA.

Alors, de quoi te plains-tu?

CLOTILDE.

De rien!... Négligeant *d'utiles relations*, il est naturel, juste, que je sois oubliée, sacrifiée...

ANDRÉA.

Eh! ma bonne amie, il faut un peu de savoir-faire dans ce monde.

CLOTILDE.

Dis qu'il en faut beaucoup... qu'il en faut trop!... C'est ce qui m'empêche d'être à la hauteur des choses de si bas!...

RIGOBERT.

Très-bien! Clotilde.

ANDRÉA.

Que veux-tu? Nous ne pouvons pas refaire la société.

CLOTILDE.

C'est fâcheux!... En tout cas, nous ne sommes pas forcés de nous faire à son image.

RIGOBERT.

Heureusement!

ANDRÉA.

Tu as trop de puritanisme, ma bonne...

CLOTILDE.

C'est le plus grand vice qui existe, je le confesse, Andréa, car il est le plus ridicule...

ANDRÉA.

Tâche, sinon de te corriger, du moins de le dissimuler un peu.

CLOTILDE.

Je ferai mon possible pour profiter de tes vertueux conseils.

ANDRÉA.

Ne plaisante pas!... Tu t'en trouveras mieux.

CLOTILDE.

Aussi, vais-je m'empresser d'essayer...

ANDRÉA.

Tu es précisément dans d'excellentes circonstances pour cela...

CLOTILDE.

Sous quels rapports?...

ANDRÉA.

N'es-tu pas seule et libre?

CLOTILDE.

Seule... oui... Libre... une femme qui aime n'a pas la même manière que tout le monde d'entendre ce mot...

ANDRÉA.

Enfin ne peux-tu pas voir qui tu veux, faire tout ce qui te plaît?

CLOTILDE.

Sans aucun doute!

ANDRÉA.

Uses-en donc dans le sens de tes intérêts!

CLOTILDE.

C'est aussi ce que je fais.

ANDRÉA.

Renoue tes anciennes relations, formes-en de nouvelles... Reçois comme autrefois... Renonces enfin aux
habitudes bourgeoises...

CLOTILDE.

Je ne pousserai pas si loin... D'abord, parce que
j'aime la vie paisible... Ensuite, parce que cette résolution ne saurait convenir à Georges.

ANDRÉA.

Puisqu'il est absent!

CLOTILDE.

Il n'est pas absent pour toujours.

ANDRÉA.

Mon Dieu! qui sait?... Lorsqu'on est éloigné pour
affaires, sait-on quand on sera débarrassé?... D'ailleurs,
dût-il revenir bientôt, ce que j'ai de fortes raisons
de ne pas croire, ce serait toujours autant de gagné
pour toi... Ce moyen te conduirait peut-être à un bon
engagement...

CLOTILDE.

Non, ma chère, non, je n'arriverai pas par toutes ces intrigues plus ou moins louches et bruyantes... De loin comme de près, j'ai besoin de l'approbation de Georges, et il ne manquerait pas de me blâmer de changer aussi complètement ma manière d'être...

ANDRÉA.

Comment veux-tu qu'il le sache, si tu ne le lui dis pas?...

CLOTILDE.

Je lui dis tout, Andréa.

ANDRÉA.

Ma bonne amie, tu es la femme unique!

CLOTILDE.

Georges est bien sans pareil, à mes yeux...

RIGOBERT.

Voilà qui s'appelle savoir aimer!... Quel ange!...

ANDRÉA.

Voyons, Clotilde, sois raisonnable... Si des arrangements de famille ou des affaires importantes contraignaient Georges à une longue absence, tu ne ferais donc rien pour te poser convenablement?...

CLOTILDE.

Si... Je ferais tout ce qui est honnêtement permis...

ANDRÉA.

Si cela ne suffisait pas?...

CLOTILDE.

Je me remettrais à voyager...

ANDRÉA.

Et Georges qui ne le veut pas?...

CLOTILDE.

Dans ce cas, Georges y consentirait...

ANDRÉA.

Enfin, j'espère que tu auras tout le temps de t'occuper de toi et que tu réussiras, si tu y apportes quelque bonne voloné...

CLOTILDE.

Tu reviens bien souvent sur la durée probable de l'éloignement de Georges, Andréa... Est-ce que tu saurais quelque chose à cet égard?...

ANDRÉA.

En effet, j'ai entendu dire par de Saint-Léon que Georges serait peut-être obligé d'entreprendre un assez long voyage.

CLOTILDE

Il est étrange que M. de Saint-Léon se croie mieux renseigné que moi là-dessus.

ANDRÉA.

Mais non, ma bonne... M. de Saint-Léon est intime avec les plus proches parents de Georges.

CLOTILDE.

Cela n'est pas une raison... Ce voyage ne fût-il qu'en projet, Georges m'en aurait certainement informée.

ANDRÉA.

Il va sans doute le faire... Car je t'assure que la nouvelle est positive...

CLOTILDE.

Je n'en douterai pas moins jusqu'à ce qu'elle soit confirmée.

RIGOBERT.

Du reste, soyez bien sûre, Clotilde, que Georges ne souffrira pas moins que vous de cette cruelle nécessité!

CLOTILDE.

Vous savez aussi quelque chose de ce voyage, Rigobert?

RIGOBERT.

J'en ai entendu parler par M. Nestor de Mauny.

CLOTILDE.

Cet homme est dans tout cela!... Se trame-t-il donc quelque chose contre moi, mon Dieu?

ANDRÉA.

Une séparation n'est pas un complot, ma chère Clotilde...

CLOTILDE.

Oh! un malheur me menace, je le sens...

RIGOBERT.

Pourquoi vous faire de semblables idées, Clotilde ?...

CLOTILDE.

Parce que mes pressentiments ne me trompent point... D'ailleurs, vous savez bien que cela est vrai, vous... Oseriez-vous me soutenir le contraire ?

ANDRÉA.

Eh bien ! oui, puisqu'il faut te l'avouer... nous savons effectivement que Georges doit partir pour des régions lointaines...

CLOTILDE.

Et vous ne me le disiez pas !... Oh ! c'est mal ! vous n'êtes pas de véritables amis...

RIGOBERT.

La crainte de vous causer un chagrin anticipé nous a retenus, Clotilde.

CLOTILDE.

Oh ! mon Dieu ! ils ont donc enfin réussi à me l'arracher !...

RIGOBERT.

Georges vous reviendra, Clotilde, soyez en sûre.

CLOTILDE.

Il a pu souscrire à une pareille condition !

RIGOBERT.

Ah ! plaignez-le, Clotilde... Il n'est pas moins malheureux que vous.

ANDRÉA.

No to hâte pas trop non plus de juger l'évènement
et de le croire irréparable, ma bonne Clotilde... Ce que
nous considérons souvent comme fâcheux tourne parfois à bien... Qui sait si cette séparation ne sera pas le
principe de votre bonheur à venir?...

CLOTILDE.

Tais-toi, Andréa... Tes raisonnements me font mal...
Je veux croire encore que tout cela n'est qu'un mauvais rêve...

RIGOBERT.

Pauvre femme !... comme elle l'aime !...

III

LES PRÉCÉDENTS, MARIETTE.

MARIETTE.

Madame, voici une lettre qui arrive à l'instant.

CLOTILDE.

Donne !... C'est de lui ! c'est de Georges !... Voyons si
l'on ne vous a pas trompés... (*Lisant.*) « Ma bonne et
tendre Clotilde, je vous adorerai toujours, j'en prends
le ciel à témoin. Vivre sans vous m'est impossible...
Aussi, je vous dirais adieu, si je n'emportais l'espérance de vous retrouver bientôt....

Tu vois bien, Andréa, que Georges ne m'abandonne
pas...

« Armez-vous, comme moi, de courage, ma bien-aimée... Le temps des grandes épreuves est venu... J'ai compris qu'elles étaient inévitables et j'ai voulu voler au devant d'elles pour les abréger... Que ne puis-je les supporter seul !... J'ai réfléchi, ma Clotilde, à notre mutuelle situation, aux difficultés que nous n'avons cessé de rencontrer sur notre route, aux sévères avertissements de quelques-uns de nos amis...

Tu entends, Andréa, voilà ton ouvrage !...

« Oui, je le reconnais, notre position est fausse et nuit à chacun de nous, sous un rapport différent... Les libertins de votre monde ne vous pardonnent pas d'avoir un ami en dehors de leur cercle... Les soi-disant purs du mien me font un grief de notre union illégitime...

Pauvre Georges, qui croit que l'on a besoin de motifs ou de prétextes pour se nuire dans le monde !...

« J'aurais sacrifié sans peine mon ambition à notre bonheur... mais puis-je disposer de votre avenir, Clotilde?...

Noble cœur ! je te reconnais bien là !...

« Voici donc le parti auquel je m'arrête, malgré le douloureux déchirement qu'il m'impose... Je vous quitte...

Mon Dieu ! est-ce possible?...

« Je vous quitte pour aller occuper un consulat que je dois à l'influence de ma famille... Toute cette tourbe d'oisifs, de corrompus qui bourdonnent chaque soir dans les coulisses, vous supposant libre, ne croira plus peut-être devoir intriguer contre vous... Toutes les lâches vanités, alléchées par l'espoir, loin de vous barrer le passage, seront les premières à vous aider à remonter au rang qui vous est dû... Vous marcherez à

la gloire, à la fortune, sans obstacle, ma Clotilde...
Pendant ce temps, je tâcherai, à force de travail, d'é-
conomie, de ramasser de quoi m'affranchir de l'esclavage...

Pauvre Georges!...

« Une fois ce but atteint, je reviendrai, ma Clotilde,
recevoir le prix de tant de souffrances et de dévouement... Mon cœur me dit que vous me l'aurez conservé...

Oh! oui, tu peux le croire, va, noble ami!...

« Cette idée seule me soutiendra jusque-là... Adieu,
ma Clotilde adorée... Je vous laisse mon âme... Adieu...»

Elle fond en larmes.

ANDRÉA.

Allons, ma chère amie... du courage... Puisque ce
n'est qu'une séparation momentanée...

CLOTILDE.

On s'habitue à l'absence, Andréa.

RIGOBERT

Douteriez-vous de la constance de Georges, Clotilde?...

CLOTILDE.

Non!... Mais qui sait ce qui peut arriver?...

ANDRÉA.

Il ne t'arrivera rien que d'heureux, ma bonne amie...
Tu verras que toutes mes prévisions se réaliseront.

CLOTILDE.

Pauvre Georges!... Qu'il doit être malheureux, mon Dieu!... Si encore j'avais pu le voir, le serrer dans mes bras!...

ANDRÉA.

Le courage vous aurait manqué, mon amie... Georges a sagement agi en s'éloignant sans te revoir...

CLOTILDE.

Cruelle!... On voit bien que tu ignores l'amour et ses tortures...

ANDRÉA.

Calme-toi, ma bonne Clotilde... Vous vous écrirez souvent... Nous serons là pour te parler de lui... L'exercice de ton art, les soins de ta fortune, t'aideront d'ailleurs à traverser le temps...

RIGOBERT.

Oh! oui, vous verrez, chère amie, comme nous serons attentifs, ingénieux pour vous distraire de vos chagrins...

CLOTILDE.

Hélas! mes amis, vous ne me rendrez pas le courage.

ANDRÉA.

Si, ma bonne, nous t'entourerons de tant d'affection, qu'il faudra que tu reprennes ton énergie, que tu sortes victorieuse de la lutte... D'ailleurs, nous t'aiderons, Rigobert et moi, dans tes démarches... et pour te prouver que nous n'y mettrons pas de nonchalance, je veux

30

même commencer dès aujourd'hui... Voulez-vous m'accompagner, Rigobert?... Nous allons nous rendre chez
un haut et puissant seigneur qui s'honore de protéger
les arts.

CLOTILDE.

Nous avons le temps, ma chère amie.

ANDRÉA.

Du tout... Il ne faut pas renvoyer au lendemain ce
qu'on peut faire le jour... Tu as d'ailleurs besoin de
solitude, de recueillement... Nous reviendrons tantôt
te voir et dîner avec toi...

CLOTILDE.

Comme il vous plaira, mes amis.

ANDRÉA.

Votre bras, Rigobert... Au revoir, ma bonne Clotilde...

CLOTILDE.

Au revoir, mes amis.

Andréa et Rigobert sortent.

IV

CLOTILDE seule.

Que faire, mon Dieu!... que faire!... Dois-je écrire
à Georges ou me rendre auprès de lui? En est-il temps
encore?... S'il est parti!... D'ailleurs, en me cachant le
lieu de sa destination, ne semble-t-il pas m'interdire

de le rejoindre!... Serais-je sacrifiée, comme le dit Andréa?... Voilà donc comment se terminerait cet amour qui remplissait ma vie!... O Georges! avez-vous pu croire que je supporterais ce coup?... Votre cœur ne vous a-t-il pas averti que le mien se briserait à une pareille nouvelle?... Avez-vous pu supposer que mes facultés, que ma raison résisteraient à une si rude épreuve?... Vous avez obéi à mon intérêt, dites-vous?... Ai-je un autre intérêt dans le monde que votre amour?... Vous vous êtes immolé au devoir, à l'honneur... Le devoir!... L'honneur!... Ce sont là des mots qui ne représentent rien, Georges, quand ils méconnaissent les saintes et divines affections de l'âme... Le devoir?... c'est ce que nous commande la nature, non ce que nous prescrivent les conventions humaines... L'honneur?... C'est le culte de ce qui est beau, noble, grand, non la superstition de préjugés impitoyables!... Tu t'éloignes, mon Georges, pour que je remonte au rang qui m'appartient!... Un rang au théâtre!... Quelle démence ou quelle dérision! Quand ceux que créent les distinctions sociales ne sont que des chimères, de la fumée, que peuvent donc être ces rangs qu'imaginent et que se disputent des ombres!... Car sommes-nous autre chose, nous autres comédiens, malgré l'éclat, le bruit qui nous entourent?... Nos passions ardentes, nos talents, notre génie, l'action que nous pouvons avoir sur l'esprit, les mœurs de la multitude; les louanges, les couronnes qu'ils nous rapportent, qu'est-ce que tout cela, sinon d'éphémères manifestations de la fantaisie, du caprice?... Ah! je ne me méprends point sur la valeur essentielle, intime de notre art... Il exprime, il traduit, il colore, il anime; il ne crée rien... Sans l'œuvre du penseur, il n'existerait pas... Tous ces

grands effets qu'il obtient ne sont que la voix, le geste
de l'idée qui vit derrière eux... Aussi, comment veux-tu,
Georges, avec la conscience que j'ai de cela, que je me
console jamais de ton absence?... En te perdant, ne dois-
je pas perdre toute poésie?... Que deviendra pour
moi cet art factice où j'ai brillé?... Un métier, une
routine, pas plus!... Et ces excitations tumultueuses
qu'il souffle dans le cœur, comment s'apaiseront-elles,
toi n'étant plus là pour en conjurer le danger?... Si elles
ne me poussent pas au désordre, au mal, si la fièvre
qu'elles transmettent ne déborde pas en excès, il faudra donc qu'elles me consument!... Triste alternative!
ravager autour de soi ou se dévorer de ses propres
feux!... Voilà pourtant où en est l'artiste qui ne peut
s'ennoblir, se sauver par une sainte passion!...

V

LES PRÉCÉDENTS, MARIETTE.

MARIETTE.

Madame?...

CLOTILDE.

Que me veux-tu?

MARIETTE.

M. de Saint-Léon désire parler à madame.

CLOTILDE.

Tu n'as donc pas compris que je ne suis pas visible,
Mariette?

MARIETTE.

Si, madame... Mais M. de Saint-Léon a insisté pour
vous voir... Il a, dit-il, quelque chose de très-impor-
tant à communiquer à madame.

CLOTILDE.

Qu'il entre.... *(Mariette sort)* Que peut me vouloir,
dans un pareil moment, M. de Saint-Léon?... Je ne me
trompais pas... il se trame quelque chose contre moi...
Tâchons de pénétrer les mobiles de ces ténébreuses
manœuvres.

VI

LES PRÉCÉDENTS, SAINT-LÉON.

SAINT-LÉON, *s'inclinant profondément.*

Pardonnez-moi, madame, d'être indiscret, quand
votre porte est fermée pour tout le monde.

CLOTILDE.

En effet, monsieur, mon intention était de ne recevoir personne.

SAINT-LÉON.

Ce que j'ai à vous dire, madame, ne saurait souffrir
de retard.

CLOTILDE.

M'apportez-vous donc des nouvelles de Georges,
monsieur?... Parlez vite alors, je vous en supplie !

30.

SAINT-LÉON.

Mon Dieu ! ce ne sont pas précisément des nouvelles que je vous apporte... Ce sont plutôt des explications...

CLOTILDE.

Des explications ?... sur le départ de Georges, monsieur ?...

SAINT-LÉON.

Oui, madame...

CLOTILDE.

Permettez-moi de m'étonner que ce soit vous que
l'on en ait chargé...

SAINT-LÉON.

Qu'importe, madame, si ce que j'ai à vous apprendre
est utile à la conduite que vous jugerez à propos de
tenir par la suite.

CLOTILDE.

Je vous écoute, monsieur.

SAINT-LÉON.

Vous avez reçu une lettre de Georges, madame ?

CLOTILDE.

Oui, monsieur.

SAINT-LÉON.

Il vous fait savoir qu'il est nommé consul, et qu'il
quitte la France ?

CLOTILDE.

Effectivement.

CLOTILDE.

Il vous donne dans cette lettre, les raisons qui le forcent à agir ainsi?

CLOTILDE..

Tout cela est exact, monsieur.

SAINT-LÉON.

Enfin, en se retirant pour ne plus faire obstacle à votre carrière, il vous adresse ses vœux pour qu'elle se déroule aussi brillante que le comporte votre éminent talent.

CLOTILDE.

Vous connaissez le contenu de la lettre de Georges, monsieur, comme si vous l'aviez dictée.

SAINT-LÉON.

Eh bien, madame, voulez-vous que les vœux de votre ami se réalisent?

CLOTILDE.

Vous me le demandez sérieusement, monsieur?...

SAINT-LÉON.

Très-sérieusement!...

CLOTILDE.

Eh bien! monsieur, c'est comme si vous demandiez au mourant s'il veut vivre, à la mère qui voit périr son enfant, si elle veut le sauver!

SAINT-LÉON.

Le moyen est facile, madame.

CLOTILDE.

Il consiste ?

SAINT-LÉON.

A daigner m'accepter pour auxiliaire.

CLOTILDE.

Expliquez-vous, monsieur.

SAINT-LÉON.

Vous le savez, madame, il est bien difficile, dans ce monde, d'arriver seul, même avec les titres les plus respectables.

CLOTILDE.

Je le sais, monsieur.

SAINT-LÉON.

Vous avez certainement un talent qui commande l'admiration... Mais, dans l'état des choses, vous devez vous attendre à de nombreuses difficultés.

CLOTILDE.

Qu'y puis-je faire, monsieur ?

SAINT-LÉON.

Ce que je viens d'avoir l'honneur de vous dire, il n'y a qu'un instant, madame...

CLOTILDE.

Ce que vous me proposez-là est très-dangereux, monsieur.

SAINT - LÉON.

En quoi, s'il vous plaît?

CLOTILDE.

En ce que toute protection s'achète d'une manière
quelconque.

SAINT-LÉON.

La mienne serait désintéressée, madame.

CLOTILDE.

C'est possible... Le croirait-on?

SAINT-LÉON.

Vous vous inquiétez de ce que l'on pourrait penser
et dire?

CLOTILDE.

Beaucoup !

SAINT - LÉON.

C'est du respect humain cela, madame... Dans votre
situation, on doit s'élever au-dessus de ces misères...

CLOTILDE.

C'est avant tout, monsieur, le respect de Georges,
de moi-même.

SAINT-LÉON.

Pensez-vous donc que l'on vous supposera sans protecteur, madame, lors même que vous garderiez à l'absent la plus inviolable fidélité?

CLOTILDE.

On supposera, on dira ce que l'on voudra, monsieur... Seulement, rien dans ma conduite n'autorisera les propos malveillants ou injurieux.

SAINT-LÉON.

Très-bien... Où vous mènera cette austérité?

CLOTILDE.

Voilà ce qui m'inquiète peu... J'aurai rempli mon devoir, cela me suffira.

SAINT-LÉON.

Cependant, madame, les actions ne sont raisonnables qu'autant qu'elles ont un but utile.

CLOTILDE.

C'est précisément cette idée qui dirige les miennes.

SAINT-LÉON.

Ne vous faites-vous pas illusion?...

CLOTILDE.

Je ne le crois pas, monsieur... Je n'attends que des résultats légitimes, et j'ai foi dans l'amour de Georges.

SAINT-LÉON.

Georges, madame, est en route pour de lointains pays, et sa famille est bien opposée à votre réunion.

CLOTILDE.

Georges m'aime comme je l'aime, monsieur... Il ne trahira pas les promesses qu'il m'a faites.

SAINT-LÉON.

C'est peut-être une présomption trop avantageuse ; car enfin, rien n'obligeait absolument Georges à vous fuir...

CLOTILDE.

Il l'a fait par abnégation, par dévouement...

SAINT-LÉON.

C'est du moins la couleur qu'il a donnée à son éloignement...

CLOTILDE.

Vous l'outragez, monsieur!...

SAINT-LÉON.

Pardon, madame... cela n'entre pas dans mon intention... Les motifs de monsieur de Luceval ne me regardent pas... seulement, à sa place, je n'aurais jamais consenti à vous quitter.

CLOTILDE.

S'il est parti, monsieur, c'est encore une fois, que son grand cœur, son noble caractère le lui ont conseillé... J'en suis sûre, Georges ne violera pas ses serments.

SAINT-LÉON.

Eh bien! en l'admettant, qu'y aura-t-il de changé à

votre position?... Cela vous donnera-t-il l'emploi de
votre talent, la sécurité?

CLOTILDE.

Cela nous donnera mille fois plus, monsieur... En
nous retrouvant, nous ressaisirons le bonheur.

SAINT-LÉON.

Hélas! vous ne vous retrouverez que pour continuer
les mêmes vicissitudes, éprouver les mêmes ennuis...
Croyez-moi, Clotilde, si la fortune n'est pas le bonheur,
elle en est au moins la plus grande, la meilleure partie.

CLOTILDE.

Pourquoi cette fortune ne nous sourirait-elle pas
aussi, monsieur?... Suis-je dépourvue de tous moyens?...
Georges n'est-il pas un homme de mérite?...

SAINT-LÉON.

Sans doute... mais tout cela est éventuel...

CLOTILDE.

Eh! monsieur, bien malheureux ceux qui n'ont plus
rien à désirer, à faire!...

SAINT-LÉON.

Voyons, Clotilde, écoutez-moi.

CLOTILDE.

Vous ne me persuaderez pas, monsieur...

SAINT-LÉON.

Vous savez combien je vous ai aimée... Je vous aime
toujours!... Oui, je vous aime plus que jamais!

CLOTILDE.

Oh ! monsieur, qu'osez-vous me dire ?...

SAINT-LÉON.

Je le sais, je devrais rougir de cet aveu, car vous
m'avez repoussé, humilié !

CLOTILDE.

Mon cœur ne m'appartenait plus, quand vous vous
êtes déclaré, monsieur.

SAINT-LÉON.

Eh ! mon Dieu ! lors même que vous m'eussiez préféré
Georges ou que vous m'eussiez trahi pour lui, que
peut l'orgueil contre l'amour véritable ?

CLOTILDE.

Mais, monsieur, si je n'ai pu répondre à votre amour
avant d'être à Georges, comment le pourrai-je aujour-
d'hui ?

SAINT-LÉON.

Ne m'interrogez pas, madame... Je ne sais qu'une
chose, c'est que je vous aime toujours... que cette
passion me rend fou, qu'il m'a été impossible de la
comprimer plus longtemps !...

CLOTILDE.

Je m'en afflige, monsieur, autant que je m'en étonne...

SAINT-LÉON.

Voyons, Clotilde, parlons raison...

CLOTILDE.

Avec un fou?...

SAINT-LÉON.

Puisque cette folie vient de vous, vous saurez comprendre son langage...

CLOTILDE.

A quoi bon, s'il me blesse!...

SAINT-LÉON.

Qu'importe!... Il faut que vous sachiez tout... Quand vous connaîtrez l'étendue de mon amour, ce qu'il peut me suggérer, peut-être serez-vous moins sévère...

CLOTILDE.

Vous êtes bien audacieux ou bien imprudent, M. de Saint-Léon.

SAINT-LÉON.

Je suis amoureux, madame, comme on ne l'a jamais été... L'amour désespéré fait tout oser, tout entreprendre...

CLOTILDE.

Hélas! je le vois bien...

SAINT-LÉON.

Voici ce que j'ai à vous proposer.

CLOTILDE.

De grâce, monsieur, ne poussons pas plus loin!

SAINT-LÉON.

Si fait... Vous m'entendrez ..

CLOTILDE. ·

Vous abusez, monsieur...

SAINT-LÉON.

Je suis riche... Je suis puissant... Par moi vous arri-
verez à la première situation, vous vivrez dans un luxe
presque royal !

CLOTILDE.

Vous m'insultez, monsieur !...

SAINT-LÉON.

Le voulez-vous ?...

CLOTILDE.

Je ne suis point à vendre, monsieur !

SAINT-LÉON.

Vous faut-il plus que ma fortune, plus que mon influence ?...

CLOTILDE.

Non, monsieur... Dispensez-vous de continuer vos
outrages... Je n'ai aucune condition à débattre avec
vous...

SAINT-LÉON.

Est-ce ma main, mon nom que vous voulez... Je sous-
crirai à tout... mais vous serez à moi !...

CLOTILDE.

Jamais ! monsieur...

SAINT-LÉON.

Les offres que je vous fais valent pourtant la peine
que vous y songiez, madame...

CLOTILDE.

Elles m'indignent! me révoltent!

SAINT-LÉON.

J'oublie tout le passé, Clotilde... Vous êtes toujours
pour moi la femme de mes premiers rêves!...

CLOTILDE.

Moi, monsieur, je tiens à m'en souvenir... Je suis à
Georges pour la vie...

SAINT-LÉON.

Vous êtes inflexible, madame!... Rien ne peut vous
toucher, ni l'amour le plus ardent, ni les sacrifices les
plus absolus!..

CLOTILDE.

J'aime, monsieur... Je veux conserver, malgré vous,
votre estime...

SAINT-LÉON.

Et si vous n'obtenez que ma haine!...

CLOTILDE.

Je crois assez à votre honneur, pour n'avoir à redouter rien de pareil...

SAINT-LÉON.

L'amour se lasse, se rebute, à la fin!...

CLOTILDE.

Vos sentiments, monsieur, me protégeront contre les égarements d'une passion insensée.

SAINT-LÉON.

Eh bien! non, cette passion se révolte!... Vous l'avez méprisée... elle se redresse contre vous!...

CLOTILDE.

Oh! vous ne vous vengerez pas, j'espère, d'un cœur qui ne peut vous appartenir!

SAINT-LÉON.

Et quand je le ferais!

CLOTILDE.

Ce serait indigne de vous, monsieur...

SAINT-LÉON.

Il faut donc que j'endure indéfiniment vos dédains?

CLOTILDE.

Faut-il que je me prostitue à votre dépravation, moi?

SAINT-LÉON.

Ainsi, c'est bien arrêté dans votre esprit, vous ne voulez pas m'appartenir?...

CLOTILDE.

Jamais!... Je vous l'ai dit...

SAINT-LÉON.

Rien ne pourra vaincre cette obstination?

CLOTILDE.

Rien absolument, ni vos offres, ni vos menaces.

SAINT-LÉON.

Nous verrons, madame... Vous apprendrez un jour, mais trop tard, que la fortune, le crédit, la [persévérance peuvent tout...

CLOTILDE.

Quand ils luttent contre la misère, l'impuissance, c'est possible... En moi, vous trouverez un adversaire armé, déterminé au combat, monsieur... -

SAINT-LÉON.

Nous en jugerons... En attendant, voudriez-vous me permettre de vous éclairer quelque peu sur les risques de votre situation?...

CLOTILDE.

Dispensez-vous-en, monsieur, je ne vous redoute point.

SAINT-LÉON.

Vous souvient-il, madame, de la prière que vous fit Georges de ne plus retourner en province?... C'est moi qui avais excité sa jalousie... Vous souvient-il de la lettre que vous écrivit le directeur de la Comédie Française pour vous engager en qualité de *troisième soubrette?*... C'est encore à moi que vous la deviez... Quant à l'indifférence de vos anciens amis, devenus auteurs influents ou directeurs, vous devinez sans peine qu'elle avait toujours la même cause... Mais ce qui vous surprendra, c'est que je suis également l'auteur du départ de Georges.

CLOTILDE.

Vous êtes un homme habile, monsieur de Saint-Léon...

SAINT-LÉON.

Oui, c'est moi qui lui ai fait donner un consulat, après l'avoir fait convaincre que sa présence ici entravait votre carrière, compromettait votre avenir...

CLOTILDE.

C'est admirable, monsieur... On ne fait pas meilleur usage de son crédit, je vous assure!...

SAINT-LÉON.

Eh bien! madame, je me propose de continuer cette œuvre politique...

CLOTILDE.

Vous le devez pour votre gloire, monsieur.

SAINT-LÉON.

Oui, je vous prouverai que vous avez méconnu vos plus chers intérêts en vous montrant cruelle à mon égard... Vous ne mettrez plus les pieds sur un théâtre de Paris, qu'autant que je le voudrai bien... Il vous faudra, si vous ne vous amendez, vous user en province, vieillir sur les grandes routes, au milieu d'un public qui ne peut rien pour consacrer le talent... Quant à Georges, toutes mes mesures sont prises pour le retenir là-bas tant que cela me paraîtra nécessaire... Voyez donc, madame, si vous vous sentez le courage de me braver jusqu'au bout!...

CLOTILDE.

Vous êtes un lâche, monsieur de Saint-Léon, un bas,
un misérable hypocrite... Vous tenez à l'égard d'une
femme qui ne vous a fait aucun mal , une conduite qui
serait odieuse à l'égard d'un ennemi déloyal plus fort
que vous!

SAINT-LÉON.

Il faut bien employer ce moyen, ma toute belle, les
autres ne pouvant réussir... Mais vous n'aurez plus désormais à me reprocher ma dissimulation... Vous voilà
prévenue... Vous saurez maintenant à qui attribuer les
vicissitudes qui fondront sur vous.

CLOTILDE, *le congédiant du geste.*

Oui, chevalier... Allez!... ne perdez pas de temps...
Ce serait dommage de ne pas mener à bonne fin une
aussi honorable tâche.

SAINT-LÉON, *s'inclinant.*

Vous n'aurez rien à regretter sous ce rapport, madame...

Il sort.

VII

CLOTILDE seule

Mais cet homme est infâme !... Comment! parce que
je n'ai pas voulu répondre à sa passion, il se croit en
droit de me persécuter !... Parce qu'il est riche, je dois
céder à ses impurs désirs, ou tomber victime de son

orgueil, de sa haine !... Parce que mon cœur le repousse
pour garder religieusement sa foi à Georges, il doit me
ruiner dans le présent et l'avenir !... Quelle est donc la
bassesse humaine, pour que l'argent puisse trouver
des complices à d'aussi révoltantes iniquités?... O mon
Georges ! tu n'es point là pour châtier le lâche qui ne
rougit pas de s'attaquer à une femme seule, sans défense ! Tu sauras tout, noble ami... Tu apprendras
comment l'on traite ta pauvre Clotilde... Je te donnerai le secret de ces difficultés qui n'ont cessé de nous
assaillir et ont fini par nous séparer... Pauvre cher
être ! voilà donc la cause qui t'a enlevé à mon amour :
une hypocrite et odieuse trahison !... Ah ! une aussi
indigne conduite crie vengeance et t'ordonne de revenir !... Mais, dois-je commettre le plus loyal des caractères avec ce misérable?... S'il tuait Georges, mon
Dieu ! n'aurais-je pas à me reprocher ce malheur éternellement ?... Est-il juste d'ailleurs, est-il raisonnable
qu'un honnête homme s'expose contre un fourbe dé-
gradé?... Et que prouve le duel?... N'est-ce pas une
loterie, souvent un assassinat !... Non, je ne jouerai
pas imprudemment l'existence de mon Georges bien-
aimé... J'ensevelirai dans le mépris les lâchetés de ce
malheureux : c'est la seule vengeance qu'elles méri-
tent... D'un autre côté, maintenant que Georges occupe
un poste éminent, dois-je le lui faire abandonner?...
Serait-ce agir sensément?... Il souffre loin de moi, c'est
vrai... Ne souffrira-t-il pas aussi auprès, s'il lui est
impossible de tirer parti de son état?... Pauvre femme !
il est donc écrit que tu dois endurer toutes les tortures,
t'agiter, sans trève ni repos, dans un insupportable
supplice !... Que je suis à plaindre, mon Dieu !...

31.

VIII

LA PRÉCÉDENTE, RIGOBERT.

RIGOBERT.

Eh bien ! ma chère Clotilde, je vous retrouve encore dans les larmes ?

CLOTILDE.

Ah ! je suis désolée, monsieur Rigobert...

RIGOBERT.

Tout cela s'arrangera , ma chère enfant... Georges vous sera rendu, soyez-en sûre...

CLOTILDE.

Hélas ! c'est maintenant moins possible que jamais...

RIGOBERT.

Pourquoi donc, je vous prie ?

CLOTILDE.

Ah ! c'est que vous ignorez l'auteur de tous nos maux...

RIGOBERT.

Expliquez-vous, Clotilde...

CLOTILDE.

Nous pensions qu'il n'y avait, dans l'éloignement de Georges , qu'un motif de délicatesse exagérée, qu'un acte de dévouement...

RIGOBERT.

Eh bien?...

CLOTILDE.

Eh bien! tout ce qui nous est arrivé, depuis que nous nous appartenons, est l'œuvre d'une infernale machination.

RIGOBERT.

Pas possible?...

CLOTILDE.

Oui, mon ami... d'une infernale machination.

RIGOBERT.

Dirigée par la famille de Georges, sans doute?

CLOTILDE.

Dirigée par le digne chevalier de Saint-Léon...

RIGOBERT.

Lui?...

CLOTILDE.

Lui-même!...

. RIGOBERT.

J'aurais dû m'en douter!

CLOTILDE.

Comment supposer qu'un homme qui passait pour honorable, pût descendre jusque-là?...

RIGOBERT.

Vous êtes certaine de ce que vous dites, Clotilde?

CLOTILDE.

Très-certaine!...

RIGOBERT.

Mais quels ont pu être les mobiles de cet homme?..

CLOTILDE.

La basse vengeance d'un espoir déçu.

RIGOBERT.

Ce n'est pas croyable!...

CLOTILDE.

C'est pourtant l'exacte vérité...

RIGOBERT.

Et de qui tenez-vous cela, Clotilde?

CLOTILDE.

De lui-même!

RIGOBERT.

Il a eu l'audace de vous l'avouer?

CLOTILDE.

Il a eu le cynisme de s'en vanter!

RIGOBERT.

Le misérable!... Mais non, c'est trop odieux... son dépit l'aura emporté... C'est la forfanterie d'un sot orgueil...

CLOTILDE.

C'est l'aveu, parfaitement réfléchi, d'un plan de conduite suivi avec persévérance.

RIGOBERT.

Mais c'est abominable !... Il faut en instruire Georges.

CLOTILDE.

Gardons-nous-en bien, mon ami !...

RIGOBERT.

Non, certes... dût-il en résulter le plus affreux scandale !

CLOTILDE.

Georges doit tout ignorer, vous dis-je...

RIGOBERT.

Oh ! par exemple voilà qui est curieux... Ce misérable vous aura persécutés l'un et l'autre, il vous aura séparés, écrasés de ses perfidies, et tout cela impunément ?...

CLOTILDE.

Oui, Rigobert... Il le faut, temporairement du moins...

RIGOBERT.

Comment ! il est venu se déclarer insolemment votre ennemi, parce que vous n'avez point cédé à ses honteux caprices, et nous le ménagerions ?...

CLOTILDE.

Il a fait plus encore, Rigobert... Cependant nous devons attendre.

RIGOBERT.

C'est trop fort !...

CLOTILDE.

.Oui, nous devons attendre, car cét homme ne s'est pas borné à me dire le mal qu'il nous a fait, il a poussé l'effronterie jusqu'à m'apprendre celui qu'il nous réserve encore...

RIGOBERT.

Il vous a menacée ?

CLOTILDE.

De me poursuivre sans relâche...

RIGOBERT.

Et vous ne voulez pas mettre un terme à ces violences?...

CLOTILDE.

Non, Rigobert, je ne veux compromettre ni la vie, ni la position actuelle de mon Georges... J'accepte toutes ces peines, toutes ces humiliations comme un commencement d'expiation de mes fautes.

RIGOBERT.

Eh bien! je me chargerai de le punir, moi!...

IX

LES PRÉCÉDENTS, ANDRÉA.

ANDRÉA.

Mais je crois, Dieu me pardonne, que notre ami Rigobert est dans un accès belliqueux.

CLOTILDE.

Il cède à un mouvement d'indignation bien naturel, Andréa... Seulement, il comprendra qu'il y a des infamies que le mépris seul peut châtier...

RIGOBERT.

Tout cela est très-beau, peut-être même très-raisonnable... Mais il ne faut pas que les lâches puissent toujours se cacher derrière de grands principes... Je vous le répète, c'est moi qui lui demanderai raison!...

ANDRÉA.

Je ne vous ai jamais vu si batailleur, mon cher... Après qui en avez-vous décidément?

RIGOBERT.

Après votre lâche de Saint-Léon.

ANDRÉA.

Allons donc!... Quelle plaisanterie!...

RIGOBERT.

Je désirerais que c'en fût une... Vous auriez au moins l'excuse de m'avoir préféré un galant homme...

ANDRÉA.

Ah ça! que dit-il, Clotilde?... Notre ami perd-il la tête?... Je n'en serais pas surprise, au moins.

CLOTILDE.

Malheureusement non, Andréa.

ANDRÉA.

Enfin, qu'y a-t-il?... Finirez-vous bientôt de vous exprimer par logogriphes!...

RIGOBERT.

Il y a que votre Saint-Léon est un misérable!...

ANDRÉA.

Vous, je ne m'en rapporte pas à ce que vous dites... Parle, toi, Clotilde... parle... que signifie tout cela?...

CLOTILDE.

Ma chère amie, M. de Saint-Léon est l'auteur de tous mes chagrins...

ANDRÉA.

Tu te trompes... Tu le calomnies...

CLOTILDE.

Plût à Dieu!...

RIGOBERT.

Je n'aurais pas à lui brûler la cervelle!...

ANDRÉA.

Tu es le jouet de quelque erreur, Clotilde...

CLOTILDE.

Ah! tu avais raison, Andréa... La fortune, le crédit peuvent beaucoup de choses... Ils peuvent même assassiner impunément!

RIGOBERT.

Je vous prouverai le contraire, Clotilde...

ANDRÉA.

Mais enfin, expliquez-vous donc?... vous me faites mourir d'impatience!...

CLOTILDE.

Tu ne devines donc pas que tu ne suffis point à monsieur le chevalier et que, ne pouvant me compter au nombre de ses conquêtes, il a juré de me faire souffrir par tous les moyens et de me perdre?...

ANDRÉA.

Des preuves, Clotilde?...

CLOTILDE.

Les aveux mêmes de cet homme, il n'y a qu'un instant.

ANDRÉA.

A toi?

CLOTILDE.

A moi-même... Des protestations d'amour d'abord... Puis des offres éblouissantes... Sa fortune, sa main... que sais-je?... Enfin, sur mon refus et mon dédain, la révélation des sourdes persécutions qu'il nous a fait endurer et la menace de ruiner mon avenir d'artiste...

ANDRÉA.

Le perfide!... Le monstre!... Tout cela serait vrai?...

CLOTILDE.

Vrai comme je te le dis.

ANDRÉA.

J'en demeure confondue !

RIGOBERT.

Comprenez-vous maintenant ma colère et mes projets, Andréa ?

ANDRÉA.

Le perfide !... oh ! oui, cela crie vengeance... Vous êtes un brave cœur, Rigobert...

RIGOBERT.

Enfin !... Voilà la première fois que vous me dites quelque chose d'aimable.

ANDRÉA.

C'est que c'est la première fois que vous le méritez...

RIGOBERT.

C'est-à-dire que votre passion, votre intérêt le veulent ainsi en ce moment.

ANDRÉA.

Interprétez la chose comme il vous plaira... peu m'importe... mais vengeons-nous, mes amis, vengeons-nous !

CLOTILDE.

A quoi bon, Andréa !

ANDRÉA.

A satisfaire notre juste fureur... d'abord... Ensuite, à démasquer l'infâme !...

CLOTILDE.

Que pourrons-nous contre son opulence?...

ANDRÉA.

Tu le verras... Rigobert, vous allez provoquer cet homme... Moi, je cours chez toutes nos connaissances les éclairer sur ses indignités...

CLOTILDE.

On ne te croira pas, Andréa...

ANDRÉA.

On croit toujours une jolie femme qui parle avec conviction...

CLOTILDE.

On dira que tu es délaissée.

ANDRÉA.

Je prouverai que je puis trouver mieux que lui... (*Jetant un regard tendre à Rigobert*) N'est-ce pas, Rigobert?...

RIGOBERT.

De quoi n'êtes-vous pas capable?...

ANDRÉA.

C'est vrai... Je réparerai tout le mal qu'il t'a fait, va, Clotilde... sois tranquille...

CLOTILDE.

Hélas!... est-ce possible?...

ANDRÉA.

· Si c'est possible?... Je crois bien!... Tu reparaîtras
sur la scène parisienne, au premier rang!...

CLOTILDE.

Je n'y tiens plus, Andréa...

ANDRÉA.

Je le veux, moi!...

CLOTILDE.

Non, mon amie, non... J'ai besoin de repos... J'ai
besoin d'air... Je partirai...

ANDREA.

Retrouver Georges?...

CLOTILDE.

J'irai l'attendre... dans la retraite...

ANDRÉA.

Ne l'attendras-tu pas aussi bien à Paris?

CLOTILDE.

J'y ai trop souffert, Andréa.

ANDRÉA.

Raison de plus pour y retrouver le bonheur.

CLOTILDE.

Non, mon amie... Dans la solitude, j'adoucirai l'a-
mertume de mon âme, afin que Georges me revoie
calme comme aux plus beaux jours de notre félicité.

ANDRÉA.

Au moins, tu vas lui écrire?

CLOTILDE.

Dans le plus suave recueillement de mon cœur...

RIGOBERT.

Et quand partirez-vous ?

CLOTILDE.

Le plutôt possible, vous pouvez le croire.

ANDRÉA.

Allons, chère Clotilde, puissions-nous te revoir bientôt...

CLOTILDE.

J'ai bon espoir, Andréa.

RIGOBERT.

Comme nous serons tous heureux, quand ce bon Georges sera de retour !... Il va joliment accourir dès qu'il aura reçu votre lettre... (*A part*) Sans compter que je vais lui apprendre tout ce qui s'est passé et lui recommander ce beau chevalier de Saint-Léon.

CLOTILDE.

Oui, mes amis, réjouissons-nous, car le bonheur va enfin, je l'espère, se fixer définitivement au milieu de nous.

X

LES PRÉCÉDENTS, MARIETTE.

MARIETTE.

Une lettre pour madame... Elle est très-pressée...

CLOTILDE, *prenant la lettre.*

Je soupçonne qu'elle est de Saint-Léon.

ANDRÉA.

Ce sont sans doute des excuses.

CLOTILDE.

Je n'en ai pas besoin!...

ANDRÉA.

Voyons toujours.

RIGOBERT.

Oui, oui, voyons... c'est mon avis...

CLOTILDE, *lisant.*

« Madame, je m'empresse de vous faire passer une nouvelle qui ne peut manquer de vous intéresser au plus haut point...

« Votre adorateur passionné,

« DE SAINT-LÉON. »

ANDRÉA.

Le traître!...

CLOTILDE.

C'est probablement encore quelque infamie.

RIGOBERT.

Voyons la nouvelle.

CLOTILDE, *lisant la seconde lettre.*

« Mon cher Nestor, vous avez fait de trop généreux

efforts en faveur de l'avenir de mon fils, pour ne pas vous associer à nos joies... Nous avons enfin décidé Georges à se marier... »

Voyez-vous ?... Que vous disais-je ?... Oh ! cet homme me poursuivra donc sans cesse ?...

RIGOBERT.

C'est assurément un mensonge.....

ANDRÉA.

De qui est cette lettre ?...

CLOTILDE, *allant à la signature.*

Grand Dieu !... du père de Georges....

Elle tombe évanouie dans un fauteuil. La lettre lui échappe des mains. Andréa s'empresse auprès de son amie. Rigobert sonne la femme de chambre qui accourt, puis il ramasse la lettre dont il achève la lecture.

RIGOBERT.

« Il vient d'épouser une riche héritière, avant de se rendre à son poste..... Nous avons dû, vous le comprenez, tenir tout cela aussi secret que possible, afin d'éviter les scènes de cette femme qui l'avait ensorcelé...... Il a beaucoup souffert pour nous obéir, mais nous avons tout lieu d'espérer qu'il se guérira par l'absence et surtout par les soins d'une femme charmante.... »

CLOTILDE.

Marié !... Mon Georges à une autre femme !.... Oh !- mais c'est impossible !.... Cette lettre est une imposture, n'est-ce pas monsieur Rigobert ?... (*Rigobert garde le silence*). Vous ne répondez pas !..... Mais dites-moi donc que c'est une lâcheté de plus de ce

St- Léon !.... (*Rigobert retourne la lettre pour chercher les timbres et continue à garder le silence.*) N'est-
il pas vrai, mon ami, que ce papier ne vient pas du
père de Georges ?.... Commettre un faux pour boule-
verser, tuer une pauvre femme! Ah ! le malheureux !...
(*Rigobert baisse la tête*). Vous baissez la tête, Rigobert ?... Vous évitez mon regard !..... Vous n'avez pas
un seul mot à me dire ?..... Cette horrible nouvelle est
donc vraie ?..... O mon Dieu ! vous avez pu permettre
qu'une pauvre âme fût brisée au moment où elle
renaissait à l'espérance !...

!Elle sanglotte.

ANDRÉA, *à part.*

Oh ! les hommes !..... Comptez donc sur eux?..... On
a bien raison de dire que le meilleur ne vaut rien.....

RIGOBERT, *à part.*

Pauvre Clotilde !..... Je n'aurais jamais cru cela de
Georges..... Voilà pourtant ce que fait faire l'ambition !.....

CLOTILDE.

Georges a pu me trahir, me sacrifier !... moi qui eusse
donné mille existences pour lui !... O mon Dieu ! le
dévouement n'est donc pas de ce monde, puisque le
plus noble des hommes y peut faillir...... Malheureuse
Clotilde !.....

ANDRÉA.

Allons, ma chère amie, aie du courage..... Si l'amour
te manque, l'amitié te reste.....

CLOTILDE.

Ah ! j'en mourrai, Andréa....

ANDRÉA.

Non, mon amie, tu vivras pour prouver une fois de plus, que nous valons mieux par le cœur que ce sexe impitoyable qui nous immole à ses passions.....

CLOTILDE.

Je n'ai plus rien à faire dans le monde, Andréa...... Je n'ai plus qu'à ensevelir ma honte et mes douleurs... J'ai eu l'orgueil de croire que je pourrais vivre digne, heureuse, constamment aimée, en méconnaissant les lois de la société!...... J'ai été frappée, punie dans cet orgueil...... La mort seule pourra me délivrer de mes tortures.....

XI

LES PRÉCÉDENTS, UN CORRESPONDANT DE THÉATRES.

CLOTILDE.

Ah! c'est vous, monsieur.... Vous arrivez à propos...

LE CORRESPONDANT.

Auriez-vous réfléchi, madame, et changé de détermination ?.....

CLOTILDE.

Oui, j'accepte les offres du théâtre impérial de St.-Pétersbourg.... Je partirai sur-le-champ.

ANDRÉA.

Que dis-tu?

RIGOBERT.

Y songez-vous, Clotilde?...

.2

CLOTILDE.

Oui, mes amis, je partirai...... Je ne vais pas encore
assez loin !....

ANDRÉA.

Quoi ! tu vas t'enterrer dans un si affreux climat !..

CLOTILDE.

Mon cœur s'y éteindra peut-être plus vite, Andréa...
(*Au correspondant*). Je vous le répète monsieur, c'est
convenu....

LE CORRESPONDANT.

Alors, si madame veut signer ?...

CLOTILDE, *avec un soupir.*

Signons, monsieur..... (*Le correspondant qui a tiré
les papiers de sa poche et les a posés sur la table, lui
présente la plume. Clotilde s'adressant à Andréa et à
Rigobert avant de signer*) Nous ne nous reverrons
sans doute plus, mes amis.....

Georges entre à ce moment.

XII

LES PRÉCÉDENTS, GEORGES.

GEORGES.

Pourquoi donc, Clotilde ?

CLOTILDE.

Georges !.....

Elle tombe dans un fauteuil.

GEORGES.

Clotilde !.... Ma chère âme ! Qu'avez-vous !...

ANDRÉA.

Ah! monsieur Georges, vous la tuerez !...

GEORGES.

C'est moi, ma Clotilde bien aimée !... moi, qui ne vous quitterai plus ?....

RIGOBERT.

Elle vous croyait perdu pour jamais, mon ami...

GEORGES.

Revenez à vous, Clotilde !.... C'est Georges qui vous aime !....

CLOTILDE, *ouvrant les yeux.*

O Georges ! ne me trompez pas !...,

GEORGES.

Mais qu'avez-vous, grand Dieu !.... Votre raison s'égare !..

CLOTILDE.

Vous avez pu céder, ô Georges !....

GEORGES.

Qu'y a-t-il, mon Dieu?... De grâce, mes amis, expliquez-moi tout ceci !...

ANDRÉA.

N'êtes-vous pas marié, monsieur Georges ?...

GEORGES.

Pas encore... Mais quoi ! vous savez ?...

CLOTILDE.

O Georges, que n'êtes-vous parti sans me revoir !...

GEORGES.

Et mon mariage, ma Clotilde !...

CLOTILDE.

Est-ce de la folie ou de la cruauté, Georges ?

GEORGES.

C'est tout ce qu'il y a de plus sensé, de plus naturel, ma bien aimée... Pour me marier, il faut bien que je vienne chercher ma femme.... Eussiez-vous trouvé convenable que je vous écrivisse de venir au contraire trouver votre mari ?...

CLOTILDE.

Juste ciel ! qu'entends-je !

GEORGES.

Quelque chose de fort simple, ma Clotilde. Je vous ai dit que je ne saurais vivre sans vous... Ma famille l'a compris enfin... J'ai maintenant une position honorable et je vous offre de la partager.... Est-ce que vous n'acceptez pas?...

CLOTILDE, *se jetant à son cou.*

Oh ! mon ami !...

RIGOBERT.

Je savais bien que Georges était un homme d'honneur !...

ANDRÉA.

Je savais, moi, qu'il serait un homme de raison..

GEORGES.

Oui, mes amis, je crois être un honnête homme de bon sens... C'est pourquoi Clotilde ne regrettera pas, je l'espère, de porter mon nom...

CLOTILDE.

Cher Georges !...

GEORGES.

J'ai reconnu que l'on ne viole pas en vain les conventions sociales ; que la meilleure preuve d'amour est de rendre respectable aux yeux de tous, la femme que l'on aime ; que ce n'est point le mariage qui est un préjugé, mais bien cette trompeuse indépendance qui fausse et brise tous les liens... enfin qu'il n'y a de paix, de considération, de bonheur vrai, que dans une union légitime assortie !...

RIGOBERT.

Bravo ! Georges...

GEORGES.

Pensez-vous ainsi, Clotilde ?

CLOTILDE.

Je vous adore, mon Georges... Ma vie entière ne suffira pas à vous payer de tant de bonheur !...

GEORGES.

Alors ne perdons pas de temps, disposons-nous à partir pour mon consulat...

ANDRÉA.

Moi, je reste pour régler divers petits comptes avec monsieur de St-Léon...

RIGOBERT.

Je vous y aiderai, Andréa.

ANDRÉA.

C'est entendu...

GEORGES.

Nous dînons chez le bon Nestor, mes amis... C'est lui qui donne le repas des fiançailles... Empressons-nous de le rejoindre, de lui annoncer que les parties sont d'accord, n'attendent plus que l'acte civil, la bénédiction du prêtre...

CLOTILDE.

O bonheur !...

RIGOBERT, *à Andréa.*

Ah ! si vous aviez voulu !...

ANDRÉA.

Il est toujours temps !...

FIN DE LA CINQUIÈME ET DERNIÈRE PARTIE

TABLE DES MATIÈRES

Imprimerie D. Bardin, à Saint-Germain.

www.ingramcontent.com/pod-product-compliance
Lightning Source LLC
Chambersburg PA
CBHW070619270326
41926CB00011B/1742